新選組記念館青木繁男

調べ・知り・聞いた秘話を語る！

京都幕末おもしろばなし

百話

一、幕末女性群像　8

平清盛・源平時代の京都史跡を歩く 13 コース
定価 本体 648 円+税
978-4-89704-302-9　C2026
A4 判　34 頁
平安時代末期、世に言う源平時代のゆかりの史跡や社寺を中心に紹介したコース本。白河・鳥羽らの院政、藤原摂関家の争い、保元・平治の乱、平氏の台頭と滅亡などなど、複雑だからこそ面白い時代の古都を歩いてじっくり味わえる一冊。

龍馬・新選組らの京都史跡を歩く 13 コース
定価 本体 552 円+税
978-4-89704-266-4 C2026
A4 判　34 頁
幕末・明治維新の舞台となった京都の史跡や社寺を中心に紹介したコース本。安政年間から・慶応・明治に至る十年余りの間、激動の舞台となった京都には今もなお洛中洛外に史跡・史話が残っており、多くのファンを魅了しています！そんな幕末好き京都好きの方にオススメの一冊です！

ベテランガイド
青木繁男が京を歩く！
地図と親しみやすいイラストを配した
青木節の史跡解説文で " 歩く " 歴史コース！

戦国時代の京都の史跡を歩く 13 コース
定価 本体 600 円+税
978-4-89704-331-9 C2026
A4 判　34 頁
動乱の中心だった戦国の京都の史跡や社寺を中心に紹介したコース本。信長・秀吉・家康など京都に生きた権力者ゆかりの地を紹介。戦国時代の旅人の一人となって、約 450 年前の京都を歩いてみませんか？

明治・大正時代の京都史跡を歩く 13 コース
定価 本体 600 円+税
978-4-89704-319-7 C2026
A4 判　34 頁
近代都市として発達した京都の明治の面影や大正ロマンを感じさせる建造物を紹介したコース本。疏水事業により日本で初めて電車が走り、いくつもの大学が誕生した京都。寺社仏閣とは違う、「近代化していこうとした京都」の痕跡をたどってみて下さい。

一　幕末女性群像

勤王芸者三人衆

1 中西君尾《きみお》

日本最初の軍歌に「都風流《みやこふうりゅう》トコトンヤレ節」という唄がある。昭和一桁以前生まれの人であれば「宮さん宮さん　お馬の前にヒラヒラするのはなんぢゃいなトコトンヤレ　トンヤレナ」で始まる歌を知っている方は多いのではないか。作詞や作曲は誰かと問えば知られていない。岩倉具視《ともみ》とか大村益次郎、品川弥二郎とか言われてきたが、作詞は品川であり作曲は勤王芸者三人衆の一人中西君尾（1844～1918）である。高杉晋作や久坂玄瑞《くさかげんずい》（長州藩士）とも浮名を流した彼女は、維新当時弥二郎と深い仲だったとのこと。「辛苦をともにした二人が、いよいよ明日は別れとい

中西君尾

う晩、弥二郎の示した歌詞に君尾が即興で節づけしたのがトンヤレ節である」という。

桂小五郎と幾松、久坂玄瑞とお辰、品川弥二郎と君尾がこのペアーで、勤王芸者と呼ばれてきた。

「錦の御旗」も彼女が考えたという説もある。これが正しいように思われる。考えてみるとこの旗は、旗とは「似てもつかない旗」である。この旗が慶応4年（1868）1月の「鳥羽伏見の戦い」で西軍の勝機を生み出した。西陣帯を即席に改造した「旗らしくない旗」、これがキラキラと輝き西軍の士気を発揚し、日和見《ひよりみ》に戦場近くにいた諸藩に刺激を与え、官軍となった西軍への参戦が次々と始まり、東軍（旧幕府軍）は大坂へ敗退する一大要因となったのである。この蔭に女性の力が大きく働いていたのである。

さて勤王芸者君尾はどんな人物であったか。彼女は今のＪＲ山陰線八木駅から10町程入った丹波国船井郡西田村（現・京都府南丹市八木町西田南城）の生まれで美しい娘として育った。父は侠気の博徒西田の友七といわれている。母そで（袖）も娘きみ（本名）も美人であり、これが父友七の殺される因となった。村の名主川勝家から望まれたが、文久元年（1861）、17歳の時、祇園の置屋・島村屋から姉で芸妓の君鶴に引かれて出たのであった。兄は松尾嘉平治《かへいじ》といい剣道に長じ、西本願寺内の道場で師範をやっていたが、のちに京都椹木町にあった演武場の師範になった。安政5年（1858）、父親が「蝮の勝次」に賭博の遺恨から殺される事件が起こった。美しい母娘に目を付けていたともいう。嘉平治が親の仇討をしたいと努力したが、遂に出来なかった。西田村は亀岡領でも園部領でもない天領であった。治外法権の土地であったので、安全地帯としていろいろな潜伏者も多くあったという。

小川煙村《えんそん》『勤王芸者』（明治43年）、井筒月翁《げつおう》『維新侠艶録』（昭和3年）などに詳しい。

錦の御旗

「きみ」は父友七が殺され、そして出刃安に狙われて危ない所を宮部と言う浪人に救われ母の「そで」と共に上京。建仁寺《けんにんじ》町の槍術師範・江良太造の世話になる。その後17歳の春、「君尾」という名で芸妓に出た。主に貸座敷、縄手大和橋北入東側の魚品《うおしな》という貸座敷で長州の高杉晋作（1839～1867）を介して多くの長州藩士とのつながりを持つ。伊藤俊介（博文）（1841～1909）などは高杉の後輩で高杉の遊んでいるのをぼんやりと玄関で待っていたという。

「錦の御旗」は、大久保一蔵（利通《としみち》）と岩倉具視に会い、錦旗調製のことを託された品川弥二郎（1843～1900）が京都西陣で買い求めた反物を、討幕の密勅が出た慶応3年10月に、討幕の密勅を奉じると共に山口に持ち帰り、京都から連れて来た岡吉春に製作を命じた。当時、この一の坂川河畔に養蚕所があり、その2階で製作されたといわれている。

他の説には、岩倉具視（国学者の玉松操の提案があったと言われる）が、大久保に制作を依頼したとされる。この材料は、薩摩の大久保利通が愛人の「おゆう」（杉浦勇）に買いに行かせた物、「大和錦」と紅白の「緞子《どんす》」でこれを鳥羽・伏見の戦いが始まる三ヶ月くらい前に大久保が京都から長州に持ち込んで作らせたという。

利通寵妾・おゆうは、祇園のお茶屋一力亭の9代目主人・杉浦治郎右衛門為充の娘といい、明治2年（1869）、大久保が東京に居を構えるにいたって、京都から東京に移り住む。利通との間に四男・大久保利夫、六男・大久保駿熊、七男・大久保七熊、八男・大久保利賢が生まれた。ちなみに大久保は、安政4年（1857）12月、薩摩藩士・早崎七郎右衛門の次女・満寿と結婚。満寿との間には長男・大久保利和、次男・牧野伸顕、三男・大久保利武、五男・石原雄熊、長女・芳子が生まれている。

2「君尾の仇討ち」

ある日、然《さ》る客人の座敷で仇討ちの話しを聞いた。彼女は人一倍気の強い女であり、仇討ちに燃えたっていた。女の身であり、また芸妓として何も出来ないが客の多くは武士で助太刀を願うには好都合であった。

そんな頃の秋の或る日、品川弥二郎の席となり、仲間の芸妓衆と「東福寺へ紅葉狩」に出掛けた。東福寺の紅葉は今でも名高い。一行は祇園から大和大路を下り、七条より2km も行ったところ、向こうから来る博徒の一団とすれ違った。その一団の中の年配の一人は紛れもない父の仇「蝮の勝次」であった。君尾の胸は高鳴り、眼は血走った。帯の短剣を握った。品川はとっさにこれに気付いて問うと「私が日頃話している父の仇の男です」と言い捨てると足袋跣《はだし》となり、短刀を抜いた。品川は「危ない、退け退け、お身ではとても駄目だ。俺が討って進ぜる」と刀を抜きて彼女の前に立った。

相手は多勢をたのみ、ドスを抜き放った。品川が追い、切り込んだ「蝮の勝次」は切り倒され、仲間はその迫力に

南座（東山区四条大橋東詰）

恐れをなして逃走して行った。彼女は短剣で「父の仇」ととどめをさした。品川は、勝次を討った刀を記念として君尾に贈った。この刀は銘「貞広」といわれ、中西家に大切に保存されていたが、太平洋戦争の後、米駐在軍よりの命令で供出され不明となった。この君尾は大正7年（1918）75歳の天寿を全うした。

南座

南座（京都市東山区大和大路西入ル）付近の四条河原は、歌舞伎の祖・出雲阿国が興行を始めたという地で、南座はそこに建つ劇場である。元和6年（1620）頃に創設、現在も興行が続けられており、毎年12月の顔見世は京の冬の風物詩となっている。元治元年11月1日、中村富十郎の「仮名手本忠臣蔵」の初日上演中、大入り（満員）で中に入れない新選組の若侍三人が、「金ならいくらでも出す」と言いつつ強引に入り、酒に酔って入場、隣席の客と口論したり、舞台に向かって「大根役者」と罵声を浴びせたりした。この時の客席に勤王芸者と名高い中西君尾がおり、隊士たちが鉄扇で君尾の面を打ち、連れ去ろうとしたところを、一人の若侍が助けたと伝わっている。

3 「井上の命を救った鏡の話―君尾と井上聞多の恋」

志道聞多《しじもんた》ともいわれる、後の井上馨《かおる》（1836～1915）である。

文久2年（1862）秋ごろ、高杉晋作の紹介で井上は君尾と出会った。晋作としては「井上の相手として
よかろう」というくらいの腹だった。ところが、この2人はとても「熱い仲」となり井上は毎日通いつめる。
そのさ中、井上は久坂たちと品川御殿山の英国公使館焼討ちに加わることとなり、東上する。この時その席で
君尾との惜別の恋心は耐えざるものがあった。井上は一首を送った。

「君思ふ言葉も今は打出の　濱の夕波あだにかえすな」

君尾の返歌

「千早振よろずの神に祈るなり　わかれし君のやすかれとのみ」

文久2年（1863）12月12日、品川御殿山英国公使館焼討ちを隊長高杉晋作・副将久坂玄瑞・伊藤俊輔（博文）・寺島忠三郎、品川弥二郎ら12人と実行した帰途、井上は信州松代の佐久間象山を訪ね外国の事情を識り開国論者に変じて行ったという説がある。帰藩し、すぐ藩主（毛利そうせい公（理解力が強く「そうせい（イエス）」と言った。）に外国留学の必要性を訴えその結果、秘密訪英留学が決まり、井上たちは上洛、京の仲間たち（久坂たち同志）と一夕別離の宴を縄手の魚品で開いた。君尾もその席に出た。差し向かいとなった井上と君尾のつもる話、惜別、又惜別!!　当時外国へ行くということは大変なことであった。

その時君尾は「手鏡」をとり出して「鏡は女の魂でございます。どうぞあちらに行かれても妾だと思い召されて…」と。井上の膝に頭を埋めた。井上はうれしく、それを受け取り「俺もお身に何ぞやりたいがこれを片身と納めてくれ」と小柄《こづか》を取って与えた。この手鏡は祇園町北側の小間物屋「松葉儀兵衛」の作ったもので今様のガラスでなく「銅鏡の手鏡（金属を磨いた鏡）」であった。また小柄は中西家にあったが、今は井上家の所蔵となっている。訪英留学1年の元治元年、下関戦争に敗退した長州へ急ぎ井上・伊藤らは帰国、「禁門の変」に敗れた長藩は俗論派が藩の主力を占め、井上たちは弾圧の憂き目にさらされた。

元治元年（1864）9月25日、井上は、城下の袖解橋《そでときばし》で俗論派に要撃され身に数ヶ所の手傷を負った。その時、彼の命を救ったのが君尾からの「情愛の鏡」であった。犯人は止めを刺したが、鏡に守られ、剣は届かなかった。この話は戦前の小学校の国語の教科書にも載り、筆者も少年の頃、ありありとその情景を思い浮かべたことを思い出す。井上は偶然にも近くにいた青年外科医の奮闘と「君尾の鏡」という二つの幸運により、一命を救われた。名高い話として残っている。

井上世外詩碑と伊藤博文詩碑

井上馨は、第1次長州征伐では武備恭順を主張したために俗論党（撰鋒隊の壮士・児玉七十郎等数人）に襲われ（袖解橋の変）、瀕死の重傷を負った。ただ、芸妓の中西君尾から貰った鏡を懐にしまっていた為、急所を守ることが出来、美濃の浪人で医師の所郁太郎の手術を受けて一命を取り留めた。所は、長州藩領の吉敷郡に開業していたという。このときあまりの重傷に聞多は兄・五郎三郎（光遠）（?～1869）に介錯を頼んだ。しかしながら母親が血だらけの聞多をかき抱き兄に対して介錯を思いとどまらせた。この時のエピソードは昭和16年（1941）の第五期国定国語教科書（国民学校国語教科書『初等科國語八』）に「母の力」と題して紹介されている。井上馨は、中井弘夫人だった武子（1850～1920）を略奪して結婚している。

「井上世外詩碑」が東山区粟田口高台寺山町に立つ。侯爵井上馨自作の詩の対句を表に記し、裏面には建立の経緯を記す。井上と伊藤博文は明治42年（1909）に木戸孝允（1833～1877）の三十三回忌列席のため来京。中井慈眼が伊藤・井上の詩碑を東山に建立することを発意し明治43年に建設された。「伊藤博文詩碑」はこの碑の西方にある。中井慈眼（1851〜1932）は中井三郎兵衛と称し、三条東洞院で紙商（和洋紙問屋「中井商店」）を営んだ人物。府会議員・市会議員をつとめ明治京都の実業界で重きをなした。かたわら京都を観光都市として発展させるために東山の開発に尽力した。中井は近くの将軍塚の大日堂を明治41年に建立し、この碑一帯の整備にも意を注いだ。

4 品川弥二郎寓居跡―君尾との愛の巣

京都市中京区高倉通綾小路上ル西側‥
元京都手形交換所跡

昔は7月17日祇園祭前祭りには、京都の金融機関は皆臨時休業だった。祇園祭の人出で「手形交換所」への通行が出来ない。「手形交換」が出来ないので休み、この日期日の手形や小切手は翌日18日の支払いとなった。私も銀行に勤務していたので、この休みを利用して、よく夏山へ登った。この手形交換所付近が品川弥二郎が幕末住んでいて「勤王芸者君尾」と愛の巣を営んでいたところだった。古くは源三位《げんさんみ》頼政の屋敷だった。裏に頼政の祠があったが、交換所と銀行協会が木屋町二条に移転し、今はそこの西北隅に移されている。頼政の祠堂の祭祀は毎年6月25日に行われている。頼政の子孫下間氏の邸宅であった。

品川の恩師・吉田松陰がその死の一週間前の安政6年（1859）10月20日、郷里萩の岩倉獄中に居る門弟入江九一に宛てた手紙に、「尊攘堂を建てて大学校とし天下の有志を入寮寄宿させて尊攘の学風の下、神道・朱子・儒学、その他如何なる学問からもその長所を取り、天下の英才を教育して天下の人心を一定にしたい」という素願《そがん》をこめて書き残した。入江九一は「蛤御門の変」で討死したが、明治に入ってからこの手紙を水戸で発見して以来、品川は入江に代わって尊攘堂を建てようとしていた。明治20年（1887）、海外視察より帰った品川は、入江の実弟野村靖、和歌山県知事松本鼎《かなえ》らと土地を購入し、京都高倉通錦小路邸内一室に松陰を祀り、その遺墨を始め殉難志士の事跡の資料などを集めて、松陰の命日10月27日には祭典を行い、一般の人々にも参拝と所蔵品の縦覧を許した。

以来、維新の事跡に関する寄贈品が相次ぎ、千余点にまで膨らんだ。明治33年（1900）2月品川弥二郎の死去の後、所蔵品は保存会員の手で当時の京都帝国大学に寄贈され、同学内に尊攘堂を新築して松陰の遺志を実現する事となった。明治34年文部大臣の許可を受け以来、学長を祭主として毎年10月27日の松陰忌、2月26日の品川忌には祭典を行い所蔵品の展観、随時来訪の篤志家への閲覧を行ってきた。尊攘堂の中には松陰の木像が祀られてあり、安政6年10月11日獄中より堀江克之助（芳之助）（1810～1871）に宛てた「水火和合ノ論」や品川に宛てた書などが保存されている。堀江は水戸藩の郷士で、ハリス要撃を企て、江戸伝馬町の獄に投ぜられ、松陰と同獄となり、獄中で特に親交を結んだ。また、久坂玄瑞たち松門下の英才20余人がお互いの碑を建て墓を築く盟約「一灯銭申合せ」など、維新の英才志士の遺

超勝寺
（左京区新麩屋町通三条上ル超勝寺門前82）

尊攘堂（左京区吉田本町、京都大学吉田キャンパス本部構内）

書遺墨が多数所蔵されている。かつての尊攘堂跡にはマンションが建ち、すぐそばの京都観光のメッカ、錦市場は買物客で賑わっている。祇園祭も平成26年（2014）から昔の様に先のお祭り7月17日、後のお祭り7月24日と昔通りとなった。品川も君尾と祭を楽しんだのだろう。

君尾の御子息の話

君尾は辰次郎（1874～1948）を生み、辰次郎（巴）は祇園街女紅場の役員となったという。君尾の葬儀には大勢の人が参列し、贈られた献花には山県有朋や総理大臣を出した伊藤家・京都知事だった北垣家の名前もあったという。辰次郎が建てた君尾墓所は、超勝寺にある。「白梅でちよと一杯死出の旅」という辞世の句を残している。

5 久坂玄瑞の首を運んだ女―「島原のお辰、天神の「辰路《たつじ》」

「禁門の変の花」と言うべき久坂玄瑞《くさかげんずい》（1840～1864）と寺島忠三郎（1843～1864）は鷹《たか》司《つかさ》邸に入り自刃し、花と燃えその若き命を散らした。その遺骸は鷹司家使用人・金田義和によって洛北詩仙堂に埋葬されたとされる。太政官布告によって改葬され、今は京都東山霊山に墓がある。その他、山口県萩市椿東椎原（護国山）の杉家墓所内に遺髪の埋葬された墓碑が立つ。久坂と寺島の位牌は今も詩仙堂に祀られているのは確かである。田中光顕（宮内大臣）著「憂国遺言」（昭和15年）の中に久坂の首は上善寺に葬っていないと書かれている。その理由は一婦人が来て首を持ち帰ったと書かれている。田中は土佐を脱藩して、長州の高杉のもとへ「亡命」しているので、この辺の事情をよく聞き知っていたのではないだろうか。

上善寺には「長州人首塚碑」があり、長州藩士入江九一（１８３７～１８６４）・原道太（久留米脱藩）（１８３８～１８６４）・半田門吉（久留米脱藩）（１８３４～１８６４）・那須俊平（土佐脱藩）（１８０７～１８６４）・長門の田村育蔵（１８３６～１８６４）・緒方弥左衛門・小橋友之輔（讃岐高松脱藩）（１８４６～１８６４）・と無名の１人計８名を葬っている。当時堺町御門警衛隊長であった越前藩軍務官・桑山十蔵が主君松平春嶽の許しを得て、越前藩菩提寺であったこの寺に葬ったものである。この不詳１名の首は寺島忠三郎ではないか？久坂と寺島の首は守護職の首検のあと上善寺の仲間のところへ葬られ、鷹司家により遺体は詩仙堂に葬られたのだろう。その後、久坂の首はどこへ葬られたのだろうか。島原のお辰は愛人の首をどこへ葬ったのか。

久坂玄瑞（１８４０～１８６４）は、松陰の妹「文」（１８４３～１９２１）と安政４年（１８５７）12月、余り気の向かないまま

長州人首塚碑（北区鞍馬口通寺町東入ル上善寺門前町 338、上善寺内）

久坂玄瑞

結婚をした。彼は文久年間から元治元年迄殆んど京都で活動し、長州藩の鷹司家担当官として務め、長州藩は天皇の信頼を得ていた。京都島原の花街は京都一の花街のとして貴族も出入りをしており、太夫《たゆう》・天神《てんじん》という最上級の遊女は、吉野太夫に代表される様に中国にまでその名声は届いていた。久坂も鷹司家の人々と訪れ、天神の「辰路」（1846～1910）との出会いがあり、これが燃え上がったのだろう。男子を一子、設けている。多くの志士や各藩士、新選組たちも出入していた花街で子供を残しているのは、新選組の近藤勇、永倉新八、山野八十八、反幕府派では久坂と品川だけであろう。久坂の末孫の方が平安高校（現・龍谷大学付属平安高等学校）の教職者で、私も幕末史の関連事業で知ることが出来て、久坂の愛した女性「辰路」と島原桔梗屋を知った。島原にその愛の巣があったのだろう。萩藩医であった玄瑞は、規則に従い当初頭を丸めていたが、形のよい坊主頭、色白で端正な顔立ち、6尺豊かな長身の青年の二本差し姿はそれだけでも目を引く。うっとりするような美声で詩を吟じ、しかも潤沢な藩費を使えるお大尽である。入れ上げた芸妓も多く、伏見西柳屋町の「佐々木ひろ」との浮き名も残る。

久坂玄瑞は藩内の尊王攘夷派の中心人物として、前述通り京都政界で活躍。萩においては松下村塾の四天王の一人で、師の吉田松陰の評価がもっとも高かった。四天王は、他に高杉晋作、吉田稔麿、入江九一。

文久3年（1863）8月の「八月十八日の政変」は、会津・薩摩藩中心の公武合体派が、長州藩中心の尊王攘夷派を追放したもので、文久の政変、堺町御門の変ともいわれている。

資料は殆どないが、この後、久坂玄瑞は、法雲寺（京都市中京区河原町通二条通上ル清水町）を拠点として活動している。ここの本堂は、文政元年（1818）に再建で、久坂玄瑞は、この本堂を八月十八日の政変以後から無念の死までの1年間、毎日のように眺めて活動していたと推測できる。本堂東に「菊野大明神」が祀られている。ここは、京都での悪縁切り、つまり、良縁結びの神様の三つの代表格のひとつ。昭和63年（1988）

安阿弥寺（下京区西七条北西野町）

法雲寺（中京区河原町通二条通上ル清水町）

に祠《ほこら》を改修。他の二つは、安井金比羅宮、鉄輪の井戸。

久坂は禁門の変で来洛し天王山に陣を置き、島原の辰路に会いに来た。この時、お辰は座敷がかかっていて仕事中で会えず、置屋に帰ってきてこれを聞いた。お辰はハダシのまま玄瑞を追い、ひたすら走りに走った。幸運にも吉祥院の桂川橋で追いつき、これが久坂と最後の別れとなった。

京は禁門の変でドンドン焼けという大火災に見舞われ、3分の2が燃え、火は西本願寺まで迫った。西本願寺は大イチョウが水を噴き上げ寺を救ったといわれ、今も大イチョウの大木は大切にされ御神木とされている。島原もこれで類焼を免れた。

辰路《たつじ》（１８４６〜１９１０）は、京都島原桔梗屋の芸妓で本名、井筒タツ。辰次、お辰とも。京都の町医者・井筒太助（玄庵）の二女という。元治元年（１８６４）9月9日、玄瑞との長男・秀次郎を生む。西本願寺の東の香木屋さんに息子と二人お世話になっていた辰路は、明治2年10月に秀次郎が玄瑞の子である旨の認知届けを長州藩に提出した。松下村塾門下の野村靖（和作）、品川弥二郎が「秀次郎の相貌は玄瑞にそっくり」と証言した事もあり、藩は同年11月17日付けで秀次郎を玄瑞の子であると認知した。

子どもを引き取られた辰路は、翌明治3年（１８７０）4月、当時の角屋《すみや》当主中川氏（十代目）と桔梗屋の女将の仲立ちによって、井筒太助次女タツとなって、下京西七条の裕福な農家の竹岡甚之助と結婚する。明治43年（１９１０）11月2

日、他界。65歳であった。墓は京都市西七条の「安阿弥寺《あんなみじ》」にある。

秀次郎は周防国（山口県）阿武郡徳佐村の酒造家・椿儷介《つばきせんすけ》に引き取られて養育された。秀次郎は、玄瑞の面影を残している、との理由から有名な鉢巻姿の玄瑞・肖像画のモデルにされた（「日本百傑伝」所収）。秀次郎は曾野治三郎四女スエを嫁にもらい、一男二女に恵まれた。昭和7年（1932）67歳死去の秀次郎の子、誠一（法学士）は、俳句もうまく花囚と号す。大正15年（1926）に病死。その子にあたるのが現当主の久坂恵一氏で、奈良市にお住まいになられる。恵一氏は、先祖、子孫の経歴を丹念に調査され、「久坂家略伝」という小冊子にまとめられ、自費出版されている。

平成27年（2015）のNHK大河ドラマは「花燃ゆ」は、松陰妹で、久坂の最初の妻「文」が主人公である。辰路は果たして……シナリオに入っているのか。久坂の愛は花と燃えたのだ。

久坂玄瑞

久坂玄瑞と寺島忠三郎については、鷹司家の小姓頭・金田義和が二人の死に場所を目撃していた。左太腿の負傷で脱出はほぼ叶わない状態の久坂とは異なり、寺島忠三郎は脱出可能な状態であった。だが、寺島は、脱出を勧める金田の説得を聴き容れなかった。久坂と寺島は鷹司邸本殿の局口で割腹して果てた。

合戦後、金田は、山口某という中間（従者）に命じ、焼け跡の中から二人の骨を拾わせ、一乗寺に葬った。維新後、元長州藩士で県令、貴族院議員、宮中顧問官等を歴任した楫取素彦（小田村文助、素太郎）が遺骨を京都東山の霊山に改葬した。

久坂玄瑞は松陰が見込んだ英才。萩城下で藩医・久坂良迪の次男として誕生。名は通武《みちたけ》。母、兄、父を相次いで亡くしたため、15歳で家督を継いだ。

藩校明倫館や藩校医学所好生館で医学や洋学を学び、その前後に目を患い、治療のために訪れた熊本で、肥後藩士・宮部鼎三から吉田松陰の存在を教えられた。

松陰に手紙を書いて松下村塾に入門し、幼なじみの高杉晋作を誘ったのも久坂らしい。

松下村塾では高杉晋作、吉田稔麿《としまろ》とで「村塾三秀」、入江九一を加えて「松門四天王」といわれる。

安政5年（1858）、江戸遊学中に安政の大獄が起こり、師の松陰が刑死した。久坂はこれを契機に長州尊攘運動の先頭に立ち、藩論の攘夷転換に力を尽くすことになった。松陰の「草莽崛起《そうもうくっき》」論を基に、諸藩の「草莽」の志士たちの横断的な連合組織を構想し、他藩の志士たちとも精力的に交流している。たとえば武市半平太による土佐勤王党の結成、坂本龍馬の脱藩も久坂の影響が大きい。ちなみに龍馬の脱藩は、半平太から手紙を託され、長州に久坂を訪ねた翌月のことである。

寺島忠三郎と一燈銭申合

久坂玄瑞と死をともにした志士寺島忠三郎は、松下村塾に安政5年（1858）頃に入塾、そして、塾の増築工事に参加、間部詮勝《まなべあきかつ》要撃計画に加わった。また、松陰が、再度野山獄に入れられたとき、藩の重臣宅に抗議、そのことで謹慎させられる。久坂玄瑞が提案した「一燈銭申合」にも参加、そして藩の重臣長井雅楽《うた》の暗殺を実行しようとしたが失敗。藩に自首して、京の法雲寺で久坂玄瑞とともに謹慎した。

「一燈銭申合《いっとうせんもうしあわせ》」とは、これまで同士が危機に陥ったり、あるいはその墓を建てるにしても、まとまった金がどこにもなくて非常に困った経験をふまえ、毎月わずかの金額でもいいから松下村塾に持ち寄って、それをいざというときの資金にまわそう、という申し合わせである。

久坂妻・文《ふみ》

久坂妻・文は、22歳で未亡人となった。しかし、養子に迎えた久米次郎を立派に育てて生きていこうと決意した。元治元年9月22日、久米次郎は久坂家の当主を継いだ。維新の動乱を、久米次郎と実家・杉家の思いやりに支えられながら耐え抜いた文であったが、その彼女に衝撃的な情報が伝わったのは、明治2年になってからだった。なんと、義助（玄瑞）が生前京都の女性に生ませた男の子が名乗り出た、というのだ。文の動揺もよそに、その元治元年9月9日に生まれた当時6歳の少年は、義助の子であるという証は何も持っていなかったが、その容貌が義助にそっくりであるという品川や野村たち松門生の生き残りの証言が何よりの決め手となり、明治2年11月17日には、藩から長州藩士・久坂義助の子であるという認知をもらう。その秀次郎は、それから母の手を離れ、義助の従姉イチ（大谷家当主・忠兵衛の妹、義助にとって母の弟の娘）夫婦、徳佐（現・山口市阿東）の酒造家・椿家で育てられることになった。

やがて明治12年（1879）9月8日、16歳になった「秀次郎」は正式に久坂家の家督を継ぐ。そして同日、そのころ「道明」と改名していた22歳の久米次郎は、「弟」秀次郎に譲る形で、実家の楫取（小田村）姓に戻った。

養子も去ったあと、戸籍上でのみ秀次郎の「母」になっていた文に、転機が来る。楫取家に嫁いでいた姉・寿《ひさ》が若くして亡くなったのだ。

まだ女親の世話を求める家族を残された義兄・素彦のもとに、後妻として嫁するようすすめたのは、寿《ひさ》と文の実母・瀧《たき》だった。義助の死後、20年近くも未亡人生活を送る娘が気の毒でたまらなかったのだろう。親族会議の結果、いったん久坂家の籍から杉家の籍に戻った文は「美和子」と改名して、かつての義兄のもとに嫁していった。

明治16年、41歳になっていた文は、ふたたび実家に復姓していた久米次郎の「母」になった。運命のめぐり合わせというものだろうか。そのとき、義助からもらった手紙を胸に抱いてやってきたという。久米次郎は明治29年、台湾に出兵したとき39歳で戦死している。

文（美和子）はその後夫の出世にしたがい、ついには男爵夫人と呼ばれるまでになる。子供にはついに恵まれなかったが、大正10年79歳で生涯を終えた。墓は防府市大楽寺の夫の隣にある。

久坂秀次郎はやがて上京し、品川弥二郎の世話になって仕事を得ることになる。いわゆる会社勤めのサラリーマンをやり、昭和7年67歳でこの世を去る。父親ほどの激烈な人生ではなかったが、彼の子孫には今なお脈々と優駿な血が受け継がれている。

6 三本木《さんぼんぎ》の幾松《いくまつ》と小五郎

私は昭和30年代、河原町丸太町の銀行の小さな支店に勤務した。ここで知ったのが、平成25年（２０１３）大河ドラマの主人公「新島八重」、そして幕末勤王芸者でつとに有名な「幾松」であった。ある時「青木君、この通帳を届けてください」と上司から言われ、丸太町通河原町を一筋東にある土手町通を下り、大きいお屋敷へ行った。これが桂小五郎（木戸孝允《たかよし》）の邸宅で、お子さんの木戸さんが上品なおばあさんとお二人で玄関へ出てこられ通帳を届けた。木戸忠太郎（１８７１～１９５９）さんは背の高い上品なご老人でだるま研究蒐集家でもあった。可愛らしい小柄なおばあさんと静かに住んでおられたのをよく覚えている。その土手町通の丸太町通の北側には三本木花街があり、幾松さんはこの町の芸妓さんであったと言われていて、有名な料亭「吉田屋」での新選組局長・近藤勇との対決の話はここで起こった事件なのである。

幾松（1843〜1886）についてはよく分かっていなく、諸説が歴史本をにぎわしている。彼女の出生地、幼少時代、芸妓時代には諸説あり、一般の人々には祇園の芸妓と思われていたり、観光用の木屋町御池上ルの幾松旅館が近藤との対決場のようになっていたりしている。幾松は芸妓時代の源氏名で維新の後は木戸孝允（小五郎）の妻となり「木戸松子」となられた。孝允死去の後は翠光院となられ、今の幾松旅館のところ（長州藩の下屋敷とも言われている）で尼となり生活されていた。

幾松の父は若狭小浜《おばま》藩の木崎（生咲）市兵衛、母は医師細川益庵の娘、末子となっている。天保14年（1843）生まれ。兄弟は男4人、女3人であったらしい。父は弓師の浅沼忠左衛門の次男で木崎家の養子に入った。そして町奉行の祐筆となったが、とある事件に巻き込まれ、罪を受け、妻子を残して京都に出た。母は子供をつれ、三方《みかた》の神子《みこ》浦《うら》の実家に戻り、幾松はここで5年過ごし、嘉永4年（1851）、父を追って一家は京都にのぼった。その頃父は死亡し、母は御幸町松原下ルの提灯屋に嫁いだとも言われている。また父は生きていて、明治7年頃、木戸「土手町邸」で留守居役をしていたとも…。

幾松はその後、一条諸大夫《しょだいぶ》の次男の養女となるが安政3年（1856）に14歳で三本木吉田屋から舞妓に出た。美しく賢く、秀でた彼女は二代目幾松となり、三本木の有名な芸妓となった。笛と舞を得意とした。

別説では実母は上賀茂助右衛門の娘ヤス、天保12年頃御所の女官の侍女をしていて殿上人の胤を宿したので鞍馬口新町のソノという人のところで女の子を産み、その後小浜の武士木崎要なる夫婦の養女となったが、その後この家に実子が生まれ、夷川富小路の箱職人の養女となった。どちらにも共通している小浜の木崎が出身母体のように思われる。

木戸邸跡（中京区末丸町）

「木戸孝允公邸遺構」石碑
（北区小山中溝町）

上／木戸孝允
下／幾松

木戸孝允終焉の地（中京区土手町通夷川上ル末丸町 284、職員会館かもがわ内）

幾松の出ていた東三本木は丸太町河原町北側を東へ一筋目を北に入ると道は東と西に別れ、東は東三本木、西は西三本木といわれ、鴨川に沿った涼しい場所で東三本木には料理屋待合旅館が並んでいたところで廓と言うような形でなくお酌さんと呼ばれる白拍子様のサービスガールの置屋があった様だ。昭和30年代にはその面影があり、「幾松さんのおいいやしたお家はあの露地のひょうたんがかかっているお家どすえ」と教えられたことがあった。この三本木花街は明治期に入り廃絶し、今、京都一のカマボコ屋さんで有名な茨木屋さんは、明治初期ここで商いを行っておられたとか。今も山紫水明処として残る頼山陽邸もここにある。三樹三郎たち志士たちの拠点でもあったのだ。あの吉田屋も昭和40年代迄、高級旅館として存在していた。

長州藩公用方として御所に出入りの桂小五郎（木戸孝允）が三本木の幾松と会ったのは文久3年7月頃、新選組が京都で動き出した頃で吉田屋が運命の出会いを果たした。その後、八月十八日政変、池田屋事件、禁門の変と激動の京都で二人の恋は燃え上がり、彼女は桂を守るために必死の働きをすることとなる。橋下の乞食に混じって潜伏している桂に食料を送った話は有名だが、これの本当の話は長藩出入の政商今井氏の下女お里が主人の命で桂小五郎に握り飯を運んだと言うことは知られていない。近藤と対決した吉田屋ではいち早く桂を鴨川への通路から河原の藪の中へ逃がし、お座敷で「京の四季」を舞っていたとか、蹴上《けあげ》の奥の日向《ひむかい》大神宮に隠れていた桂と会いに行ったとか。京都を脱出し、城崎《きのさき》温泉に潜み、土地の女子に子を孕《はら》ましたのを彼女が水風呂に入れ流産に追い込んだとか。幾松の気性の強い話が今も語られ続けている。

明治10年（1877）木戸孝允は、土手町の別邸で西南戦争の西郷を気にしながら44歳でこの世を去った。幾松（松子）は髪を下ろして「翠光院」として京都木屋町の別邸で夫の位牌を守り、明治19年（1886）4月、夫と同じく44歳で世を去った。

勤王芸者幾松としてつとに有名で諸説入り交り、幕末ロマンの代表女性であるが彼女も人間であり、明治、木戸の外遊中に東京で芝居役者と浮気したとか、本当は木戸が死去後1年位後に仏門に入った、未亡人になり元の芸妓仲間と遊び歩いたとか。土手町木戸邸から木屋町に移住したのもそれではないかとも思われる。やはり幾松も人間であったのだ。高杉晋作の女、おうのと同じく、伊藤博文や井上馨が幾松を仏門に入れたとも…。幾松も現代に通じる人間性豊かな自由な女性であったのだ。

木戸家の明治以降

明治2年（1869）

木戸孝允は鴨川畔の近衛家下屋敷を買い取り京都別邸にする。

明治4年（1871）

4月14日、次男（養子）木戸忠太郎（1871～1959）が生まれる。松子（幾松）の妹・信《のぶ》（1850～1907）の子という。実際は孝允の子である。

明治10年（1877）

1月、第122代・明治天皇の行幸に伴い孝允は入洛する。その後、胃腸の持病により倒れる。

5月6日、孝允は危篤に陥り、その報を聞き、妻・松子は東京を発つ。

5月10日、松子は馬車を乗り継ぎ京都着、別邸で木戸の看病を続けた。

5月19日、孝允を京都滞在中の明治天皇が見舞う。

5月26日、孝允に脳病の発作があり、胃病により亡くなる。その後、子・忠太郎が住した。

昭和2年（1927）

木戸忠太郎は達磨堂を新築し、達磨コレクションを陳列する。
昭和8年（1933）
11月、旧邸は明治天皇に関する史跡として、史蹟名勝天然紀念物保存法（大正八年四月十日法律第四十四号）により史蹟指定された。
昭和18年（1943）
旧邸は忠太郎により京都市に寄贈される。
昭和23年（1948）
6月、明治天皇関係史蹟（明治天皇聖蹟）とともに史蹟指定が解除された。

達磨堂は、木戸忠太郎の達磨関連蒐集物の陳列堂として建てられた。忠太郎は明治42年（1909）、満鉄勤務時代の大連で初めて「起上り達磨」を手に入れ以来、蒐集を始めたという。郷土人形、玩具、日用品、装飾品、書画など達磨に関する蒐集を50年間続けた。その数は1万とも3万点ともいう。達磨の人形は世界各地に及び、ロシアのマトリョーシカ人形なども見られる。忠太郎をモデルにした眼鏡をかけた珍しい達磨もある。また、その眼鏡の達磨を手に持つ本人肖像も掛けられている。入り口に、日本画家・下村観山（1873～1930）の衝立「達磨図」などもある。京都市北区小山中溝町の新村出《しんむらいづる》博士旧邸には、「木戸孝允公邸遺構」と刻まれた石碑が建つ。木戸旧邸は大正12年（1923）に改築され、その際に建物の一部（玄関）がこちらに移築されたとのことだ。新村出は一時期土手町丸太町下ルの旧木戸孝允邸に住み、この地に移転した時、旧木戸邸の一部を移築した。

幕末の恋、愛人たちと花街

7 先斗町の小仲《おなか》―後藤象《しょう》二郎《じろう》の押しかけ女房

参議後藤象二郎夫人雪子（1847～1918）の話。後藤象二郎（1838～1897）は土佐藩の大物である。陽気でハッタリ屋で龍馬とよく似た人柄、土佐人の持つ明るさか!! 彼は豪快で花街では大いにもてた。土佐藩士・上士であり、交際費は役目柄十分に持っていてよく遊んだ。

先斗町の丸梅の小仲《おなか》（後に正夫人）と近喜《きんよし》という料理屋でよく会っていたという。京都で尊攘派と佐幕派に大胆に接触し、政治活動拠点として、祇園や先斗町を舞台とし、宴席では同志の前で小仲とラブシーンを演じたり「後藤はこっちの方でも天才だ」と感心されていた。小仲と象二郎の熱愛ぶりには芸妓仲間からうらやましがられていたが、寝物語に象二郎の言う身請け話が一向に実現がない!! イライラした彼女は芸妓仲間のアイデアで眉毛をそり落としお歯黒に染めて土佐藩邸のある木屋町蛸薬師西側へ押しかけて強行談判に出た。これには、さすがの後藤もお手上げですぐに落籍したという。

後藤には吉田東洋の親族で藩の要職の寺田剛正《たけまさ》（左右馬《そうま》）（1808～1877）の次女「磯子」という妻が居た。安政元年（1854）、彼は17歳で結婚、二人の間には二男二女が生まれ、磯子は慶応3年（1867）、後藤が京で活躍している最中に病死した。彼の活躍は慶応2年、長崎から始まり、敵対していた龍馬とも深い仲となった。その後慶応3年の大政奉還の建議、薩長同盟、イカルス号事件、藩論統一と京・大坂・土佐で大活躍。連日連夜の宴席をサポートしたのは小仲であった。福澤諭吉は「小仲は肝の据わった女傑である」と言っている。こんな話もある。大政奉還の話で近藤勇と対面した象二郎はお互いに刀を脇に置くことを提言し近藤もこれに応じた。この時、小仲はピストルを帯の中に入れて部屋の外で待機していたらしい。

小仲の実家は三条の鮨屋で押しかけ女房の小仲は明治3年（1870）5月、目出度く参議伯爵夫人となる。武士の出の象二郎が、町人の出の雪子（小仲）と結婚するのは、まだ、明治のごく初期では、そのままでは難しかったのか、雪子は、岩崎弥太郎の養妹という形をとり、岩崎家から嫁入りした形で正妻となった。京都では当時「京の三条のすし屋の娘、今じゃ参議のお台様」と言う唄が流行したという。

慶応2年に長崎丸山で連日豪遊し、公金の出費が多額のため谷干城《かんじょう》らが探索に来たが後藤の人柄に魅せられ、事実を追求せず却って弁護したとか。

後藤象二郎

坂本龍馬と長崎で出会うときも芸妓が大きな役目を演じた。敵同士の立場での清風亭での会談では龍馬の女「お元」を根回しとして後藤は先手を打った。会談は成功した。維新後の彼は浪費ぐせのせいで借金まみれで板垣退助が金策に走り助けた。京都では大和大路新橋での「パークス事件」で大活躍し、英国女王から宝剣を贈呈された。維新後は、板垣退助の自由党結党に参加。黒田内閣から第一次松方内閣にかけて逓信大臣、引き続き第二次伊藤内閣では農商務大臣を務める等、党派を超えた政治家として活躍する。明治11年（1878）、パリ万博で渡航し、明治16年の1月には、旅行鞄を買ったとい

伊藤梅子

伊藤博文

戸田極子

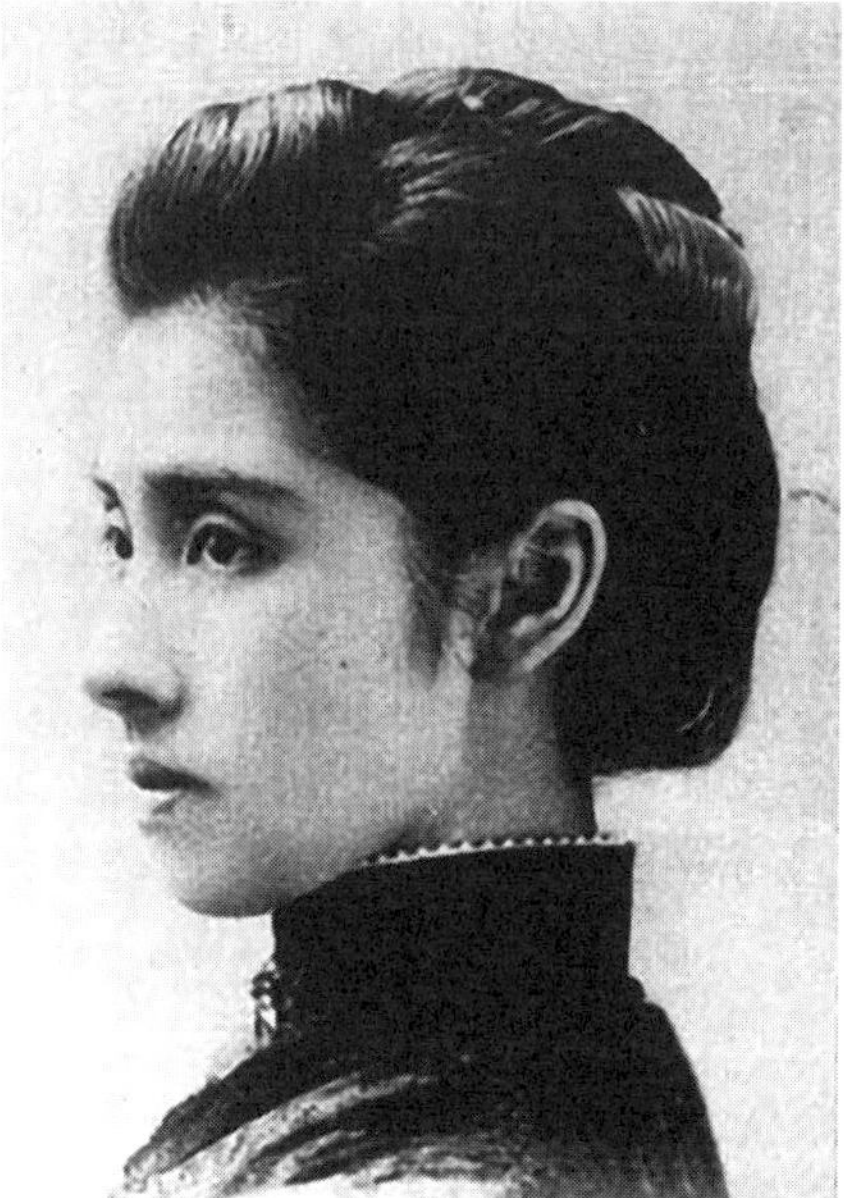
陸奥亮子

うシャンゼリゼのルイ・ヴィトンルの顧客名簿に日本人第1号として後藤の名が残っている。彼らしいエピソードである。

□勤王志士と芸妓ら

平野国臣と芸妓・小勇、久坂玄瑞と島原芸者辰路、井上馨・品川弥二郎と祇園芸者君尾、桂小五郎の正妻となった三本木の歌舞芸者幾松、桂小五郎・伊藤博文と祇園のお加代（「顔が光って見える」くらいの超美人といわれる）、高杉晋作と祇園の小梨花・愛人おうの、山県有朋と祇園の舞妓小菊、後藤象二郎と先斗町の芸者小仲（後に正夫人）、大久保利通と祇園一力養女おゆう（のち第二正夫人）、西郷隆盛とお末（祇園の芸妓）・お虎（祇園奈良富の仲居）（いずれも大女）、坂本龍馬と長崎芸妓・お元、京都花街のひとつ七条新地の旅館で働いていたお龍など、志士と芸妓らの恋愛話は枚挙にいとまがない。勝海舟も、愛人を何人か自宅に住まわせ、さらに下働きの女性にも手を出したという。初代内閣総理大臣・伊藤博文などは、一度結婚したあとに芸者に一目ぼれして離婚、その芸妓（梅子夫人）と結婚、その後も次から次へと愛人を作り、名前が伝わってるだけで10人以上という。（明田鉄男（1990）「日本花街史」雄山閣など）

伊藤博文の最初の妻は、文久3年（1863）結婚した、松下村塾で一緒だった入江九一の妹おすみ。山県有朋と奪い合いをしたという。下関で遊んでいる時に馬関稲荷町の置屋「いろは」の養女で芸者の小梅と知り合う。博文は小梅にベタボレし、おすみと離縁して、慶応2年（1866）4月小梅と結婚。これが「梅子」。博文の妻梅子（1848～1924）は、なかなかよくできた女だったといわれた。この頃は博文の先輩である木戸孝允をはじめとして、陸奥宗光が横浜の芸者を妻にしたりなど、花柳界の出身者を妻に迎える者が多かった。陸奥《むつ》亮子《りょうこ》（１８５６～１９００）は、明治の初めに東京新橋柏屋の芸妓となり、小鈴（小兼）の名で通る。新橋で一、二を争う美貌の名妓だったという。明治５年（１８７２）２月11日、陸奥宗光の先妻蓮子が亡くなり、同年５月に17歳で宗光に見初められて後妻となる。のちに社交界入りした亮子は、「鹿鳴館の華」と呼ばれた。

明治初年、横浜富貴楼は一時政治の中心地となったことがある。伊藤博文、井上馨、山田顕義などが富貴楼に集まったからである。これは、なにかと煙たい大先輩の西郷隆盛や大久保利通などの目を避け、岩倉具視、三条実美の非難を逃れる意味もあった。

このとき博文が富貴楼で愛した女は、おびただしい数にのぼった。名前の分かる女だけで七、八名、無名のものまでいれると、たいへんな数になったという。さらに関わりあった女性、まず玉蝶、玉蝶は新橋の芸者で、たいそう美人。次は戸田極子（伯爵戸田氏共の妻）（１８５７～１９３６）。岩倉具視の次女であり、陸奥亮子と共に「鹿鳴館の華」と言われた美女。明治20年（１８８７）４月20日に、伊藤博文夫妻主催の「仮面舞踏会」。博文は気に入った人妻極子を誘い庭園の茂みに消える。これは周囲にばれ、新聞でも「破廉恥男」として罵倒される。次は林屋お鉄。お鉄は赤坂一ツ木の餅屋・林勝太郎の娘。赤坂芸者お鉄は21歳の時に博文と出会い、博文のほかにも、岩崎弥太郎・後藤象二郎とも浮名を流す。そして小雄。大阪南地の富田屋にいた13歳の少女だった小雄のことを気に入った博文は、大磯の別荘に連れて行き、正妻梅子に預けた。

それから広島の芸者光菊、芸者亀田うた、大磯の旅館で女中お福、築地新喜楽の芸者で元吉原の花魁、伊藤きん、祇園芸者の政千代、品川のお春、神戸奈良屋の看板娘お末、芸者になった近藤勇の娘とかも伝えられる。他にも女子教育者の下田歌子と噂になったりと、すごい！

8 お虎─西郷どんと仲が佳かった祇園の豚姫

西郷隆盛（1828～1877）が二度目の島流しを赦免されてから維新まで、幕藩体制最後の時期は、西郷は京に上り薩藩随一の実力者として各方面の人物と折衝、応対しつつ倒幕への道を歩んでいく。政治的駆引き、取引にあたって女のはべる酒席が不可欠とされた。この時代、彼は上から下まで絹ずくめの服装で持ち物の末まで凝っていたらしい。隆《りゅう》とした「いでたち」で柳《りゅう》暗《あん》花《か》明《めい》の巷を流し、女たちの嬌声にまとわりつかれた時もあった。西郷の女性関係について勝海舟の証言がある。「例の豚姫の話があるだろう。豚姫というのは祇園で名高い話だ。豚のように肥えていた茶屋の仲居だ。この仲居が西郷にひどく惚れて、西郷もこの仲居を愛していたよ。しかし、今の奴らが茶屋女とくっつくのとはわけが違っている。どうとも言われぬ佳い所があったのだ。」

この豚姫は本名「お虎」、料亭「奈良富」の仲居で西郷と関係が出来て名高くなった。ここが西郷の西郷なるところで、皆は美妓、名妓をマークするのに彼は「豚姫」といわれる女性を選ぶのだ。このお虎は人柄のよい女で西郷と気が合ったのだろう。慶応4年（1868）2月大総督府参謀として東上の際、進発のその

西郷隆盛

西郷菊次郎

日、西郷を見送りに来た。お虎に30両をあたえて年来の情をねんごろに謝したといわれている。

その後、維新、戊辰戦争で各地を転戦する間、明治6年10月鹿児島に引き籠るまで、40代の壮年期の西郷の身辺には、必ず女性の存在があった事は否定できない。しかし、彼の本当に愛した女性は大島へ「島送り」の時の「愛加那《あいかな》」であろう。彼は安政6年（1859）正月から文久2年（1862）正月まで丸3年を大島で暮らした。その時10歳ちがう島娘・愛加那と結ばれて、菊次郎、菊子の男女二人の子をもうけた。風光美しく、人情厚い南の島での彼の彼女との愛の3年は、波乱に富む人生の中で幸せの時の一つであったろう。

これより先25歳の時に藩士・伊集院兼寛《かねひろ》の姉・須賀と結ばれたが、彼の江戸出府中に女性のほうからの申し出で安政元年（1854）に離婚している。当時彼の家は赤貧で弟、妹も…、彼は最初の妻にすまなく思っていた。その後、慶応元年（1865）正月、小松帯刀《たてわき》の仲人で岩山絲子（1838～1922）を迎えた。絲子夫人は寅太郎（侯爵）・牛次郎・酉三の3人の子供をもうけ、先の妻、愛加那の二人の子を引き取った。絲子夫人は城山で夫の最後を見届けたあと、西郷の名誉回復の後、わが子寅太郎が陸軍大佐となり、大島から引き取った愛加那の子・菊次郎が明治37年（1904）京都市長になるのを見届け、大正11年に80歳の天寿を全うした。

9 人斬り半次郎こと桐野利秋と煙管屋おさと―四条小橋の恋

下京区四条小橋東詰め南側の村田煙管店。これが「人斬り半次郎」と恐れられた剣客の愛人の家だった。桐野利秋（1838～1877）がおさとを見初め、ベタぼれだったことは確認できる。桐野は「京在日記」

という日記を残している。慶応3年（１８６７）9月1日から12月10日までのおよそ１００日間と短いが、大政奉還、坂本龍馬暗殺、王政復古政変など、幕末の激動期の事件が書かれている。

彼は天保9年12月2日、鹿児島郡吉野村の薩藩士中村兼秋の三男として生まれた。中村半次郎と称し、才知にすぐれ示現流の達人となる。文久2年（１８６２）4月島津久光が千余兵を連れ上京したとき、彼も同行し4月16日「錦、東洞院」（京都大丸北東に碑がある）の藩邸に着いた。彼は正門の守衛をつとめた。久光たちは江戸へ行ったが彼は留守居組として残った。久光は江戸の帰り「生麦事件」という大事件を起した。久光たちは帰国したが半次郎はまたも残留組として残った。文久2年から3年にかけて京の町は激動の嵐、テロの嵐が吹きまくった。文久3年5月20日姉小路公知《きんとも》事件が起こり、田中新兵衛が犯人とされ、自刃した。この為、薩藩の乾御門《いぬいごもん》の警備役は解任となった。

その頃から村田煙管屋の「おさと」と仲良くなり、度々出入した。そしてその頃西郷吉之助（隆盛）が許さ

桐野利秋

おさとの墓（左京区鹿ケ谷若王子山町、若王子墓地内）

れて上京し政治活動を始めた。西郷は「禁門の変」で大活躍をし、半次郎も西郷のサポーターとなって行き、度々愛人の家を密議の場所としていた。そして「人斬り半次郎」として京で活躍、戊辰の役では鳥羽・伏見戦で活躍し、西郷に抜擢され東征軍のリーダーとして会津へ。そして西郷と何度も運命をともにし「西南の役」で西郷と共に城山に。西郷自決を見届け、岩崎谷で阿修羅の如く戦い、ついに討死した。享年40。後に西郷と共に賊名を除かれ追贈された。京都になじみ深い半次郎であった。

独身を貫き通したおさと（またはお駒、おはん）は、大正10年（1921）8月11日、没。享年81。桐野利秋という妻帯者に恋し、傷心のおさとは新島襄と八重夫妻に出会い、洗礼を受けてクリスチャンになった。村田家は新島夫妻のスポンサーであったともいう。おさとの墓は、若王子墓地（現・左京区鹿ヶ谷若王子山町）にある。

10 静《しずか》の人―高杉晋作の恋人「おうの」

服装は武士だが、マゲのない坊主頭、5尺2寸、165cm位の低い体に色白の馬面顔。高杉晋作（1839〜1867）の馬面顔は有名である。馬に乗って指揮した晋作にこんな狂歌が歌われた。

「コリャドウジャ、世ハサカサマニナリニケリ、乗ッタ人ヨリ馬ガ丸顔」

身に余る長い刀を差して下関の遊里「裏町」の堺屋へぶらりとやってきた。切れ目でつりあがった目、鼻筋は通っている。老けている様だが歳は25・6歳位、馬面顔と口が大きいが、遊びは金離れも佳くサッパリしていた。芸妓を三人揚げ、女たちに三味線を弾かせて唄わせて遊んだあと、「此の糸」という源氏名の妓を選んで別室に誘った。残った二人には充分にお金が渡されていた。遊びなれた不思議な男だった。「本当にお武士なんやろか?得体の知れんお人だけど、遊び上手なお人や。気風がええわ、「おうのちゃん」床付けてどうやった」。一刻後、この不思議な客を送り出し店の内所に戻ってきた「おうの」に同席していた二人の妓がひやかしを言った。そんなことを問われても「此の糸」は恥ずかしそうにほほえんでいるだけ。

堺屋には芸妓が10人居る。この中で「此の糸」は新参者だった。文久3年（1863）この店に来てから未だ一ヶ月も経っていない。歳はようやく21になったところであった。性質はおとなしく、色白で瓜実顔。身体は丸みがあり無口でおっとりとしている。「白痴美といえる女」であった。二日後、例の男はまたフラッとやって来た。今度はれっきとした武士を三人従えていた。長州藩士である。四人は人を遠ざけて一部屋で何か協議をしている様子。半刻の後それが終わると「此

高杉晋作

おうの

の糸」の他、三人揚げて痛飲を始めた。WCに供をした妓の一人が男に聞いた。赤禰《あかね》という男は「おぬし等あの男誰か知らんと相手にしちょうたんか？いや驚いた。あれはのう長州藩「奇兵隊総監」の高杉晋作ちゅう男じゃ。あの男は知らんでも奇兵隊なら知っちょろうが…」「へえ、あれが奇兵隊の高杉晋作さまかぁ‼」妓は目をむいた。四人が帰ったあとに「此の糸」は皆にひどく冷やかされた。

「ほんとに佳いお客に見込まれたもんだ。あの人はおうのさんに首ったけだよ。奇兵隊の総監ちゅうたらそこらの三ピンとはわけが違うからね。わたしゃあの人を見た時最初からタダモノぢゃないと思っていたよ。」

みんなが冷やかすし、そんなに言うので「おうの」は舞い上がっていた。奇兵隊の総監には新知行160石が支給され藩の御用所の政務座役という重要な大きい役職者であるという。藩の要職者、そんな方がなぜアンナイガグリ坊主の若者なのか。本当だろうか。自分のような卑しい家業の女を本気で好くはずがない。ほんの一時の慰みごとに過ぎないのだと「おうの」は自分に言い聞かせていた。だが男が自分をヒザにかかえながら、真面目な顔で生国《しょうごく》や係累、前借はどれだけかを何回も何回も聞く。なにも無ければ聞くことはない。肌を合わせた最初からこの男と自分は非常に馬が合っている。ともかく一時でも楽しい夢を見ていると思えばそれでいいのだと「おうの」は深く深く思っていた。

「維新回天の志士」たちと紅灯《こうとう》に働く女たちとの色話は本当に当時多くあった。龍馬とお龍《りょう》、小五郎と幾松、玄瑞とお辰、西郷とお虎ｅｔｃ。晋作と「おうの」との場合は只「妾」として終わらずに晋作死後「おうの」は菩提を弔って26歳の若さで出家し、一生守ったところに偉いところがある。二人が出会い別離まで5年しかか年月はなかった。晋作は慶応3年（１８６７）12月、維新回天の8ヶ月前、29歳の若さで死んだ。「おうの」は尼となり明治43年（１９１０）8月天寿を全うした。遊女身分で人間的に愛され、一生の生活も保障された。彼女は幸せであった。

扨《さ》て「おうの」は巷の説によれば萩城下に店を経営していた油商の娘木屋「うの」だという。店が没落し遊女に出たのだとも。大坂生れであるとか。父は水戸浪士、母は京女とも……。「おうの」は堺屋に来るまでの自分の前半生を決して人に語らなかったという。

一つの説、萩誕生説は、15・6歳の頃瓦町の蓮池院で攘夷の話を聞き感動の余り晋作に銀打ちのカンザシを献じ、松陰も彼女を松下村塾に招き勤王の大事を説いた。以来「おうの」は松陰を崇拝し、「遊女」になってからは俗論党の秘密情報を晋作に知らせ働いたという。

しかしこの話は信憑性がない。「おうの」白痴説の反論として後世作られたものであろう。下関では二人は濃密に生活を続けた。萩城下の妻「雅子」が長男をつれて一年半位、下関に住居を移している。この時の晋作の詩「妻君、まさに我、閑居に到らんとす。妾女の胸間患い余りあり、これより両花艶美を争う。主人手を拱いて意如何」。

また長崎から長文の「おうの」に宛てた手紙が残っている。この中で「おうの」白痴を裏付ける一文「人になぶられぬ事、かんにようにござ候」など。なぶられぬ事とは人に付け入られぬようにせよという意である。注目すべきことは晋作死後42年間の間、女盛りを身辺を美しく過ごした点にある。龍馬のお龍と対照的である。お龍は土佐に行き、折り合い悪く京に戻り東山の龍馬墓の近くで庵室を作り弔うはずが男出入多く、その後東上し龍馬の朋友の間を転々としながら行商人西村の妻となった。「おうの」は高杉家から扶持が寄せられていた。東行庵で天寿を全うした。その墓石には雪庵梅処尼首座と刻まれている。

11 佐久間象山の人形妻と妾たち

天保4年（1833）11月下旬、佐久間象山（1811～1864）は、江戸遊学が信濃松代《しなのまつしろ》藩主・真田《さなだ》幸貫《ゆきつら》（1791～1852）に認められ出府、学費も藩からの支給。23歳の彼は登竜門であった佐藤一斎門下となる。佐藤一斎《いっさい》（1772～1859）は陽明学派、朱子学を講じながら陽明学へ入っていく。朱子学を正学と信じる象山はこれに反対、そして「以下、経学は受けないで文章と詩学だけを受けた」という。帰藩してのち、天保10年（1839）2月12日に再び江戸に入り、神田お玉ケ池に塾「象山書院」を開く。ここで門下生に教授しながら一斎の門に出入した。当時の江戸は英才が集い、梁川星巌・藤田東湖・渡辺華山・安井息軒《そっけん》等々名士が居り、彼はこの人々と交流し自己を磨いた。そして師一斎門下の英才として名が江戸に広まった。彼は天才的でまた運が良かった。彼の才能に藩公が惚れこみ、肩入れをし、藩の金を惜しみなく出費した。

天保12年藩公幸貫は老中となり、13年には海防掛となる。幸貫は象山を9月2日松代藩の江戸藩邸学問所頭取として重用し、海外事情を勉強させた。このあたりから彼は海防を考え、活躍を始めた。そして西洋学者と交流し、海外を勉強、藩公に長文の海防意見書を出した。そして蘭学の必要を感じ、天保13年（1842）9月7日、伊豆韮山代官・江川坦庵（英龍《ひでたつ》、太郎左衛門）（1801～1855）の門に入り、西洋砲術を学び大砲も製作した。この年、妾・お菊（浅草蔵前札差和泉屋九兵衛の娘、16歳）を娶る。江戸でお玉ケ池を根城に暮らし、弘化2年（1845）5月20日、妾の蝶（芝久保町田中安兵衛の娘、16歳）に長女菖蒲《あやめ》を生ませた。しかし菖蒲は半年後に死んだ。弘化3年（1846）閏5月に松代へ帰り、一度暇を出した妾の菊を再び抱え入れて随伴させた。7月中旬、お蝶に長男恭太郎を生ませた。この子も1歳5ヶ月で死んでいった。この時彼は36歳、嘉永元年11月11日、妾・お菊に次男恪二郎《らくじろう》（1848～1877）を生ませた。この子は後に象山が京都で暗殺後、勝海舟の口利きで新選組に仇討ちとして入るが、土方歳三に追放され、維新後四国で官吏《かんり》となり、明治10年宴席で急死した。29歳であった。象山の姉・けいの長男安世も秀才でその人物を吉田松陰に嘱目されたが、発狂し明治3年（1870）実母のけいを刺し殺してしまったので、持てあました家族が止まなく安世を殺し、自殺として届け出た話が残っている。

象山は西洋砲術・蘭学を学び江戸への出府をくりかえしていた。嘉永3年深川の藩屋敷に砲術教授の塾を開いた。その時勝海舟、会津藩の山本覚馬が入門した。嘉永4年（1851）、5月28日から江戸木挽町に住み、砲術塾を開く。7月29日に長州藩の吉田寅治郎（松陰）が入門した。嘉永5年6月3日藩公真田幸貫が江戸で死去された。23歳から42歳までパトロン的存在の大きな支持者を失った失意の象山は…、そして半年後12月に彼は、門弟海舟の妹順を正妻として迎えた。お順には月経がないと知っていたといわれている。順は子を産めない女性であり、

佐久間象山

佐久間象山遭難之碑（中京区二条木屋町下ル一之船入町）

佐久間象山の塾跡（東京都中央区銀座６丁目15）

人形のような夫人であったが、象山は「彼女の妻になりたいとの願望」で結婚したともいうが、順17歳、象山は41歳、幸貫が他界した為、幕府とのパイプ役としての政略婚であった。嘉永6年（1853）12月1日付で象山の塾に坂本龍馬が入門している。安政元年（1854）4月松陰との関係から伝馬牢に入り、9月蟄居の命にて松代へ向かう。故郷の地では無視され、優秀な跡継ぎが欲しいので、安政6年（1859）、柳左衛門に妾の世話を頼んでいる。「まあ、お面の方はどうでもいいわ、お尻の大きい安産型の女を頼む」と言っている。しかし彼が注文した多産系安産型の妾さんはやってこなかった。万延元年（1860）9月21日に高杉晋作が、昨年4月25日に吉田松陰が長門の獄中で記した門弟高杉を紹介する書を携えて松代を訪ねて、翌日夜に象山と朝方まで会談する。文久2年（1862）12月下旬に長州藩の山県半蔵（宍戸璣《たまき》）と久坂玄瑞《くさかげんずい》らが、少し前には土佐藩の中岡慎太郎、衣斐《いび》小平と原四郎が松代を訪れ、山内容堂公の書を携え象山赦免を運動し土佐藩に招く承諾を求めた。また長州の小倉健作（松田謙三）も象山を訪ねている。

元治元年（1864）3月7日、松代藩は幕府の命で象山の逼塞を免じて、上京を命じた。京都に居た将軍家茂《いえもち》が象山に上洛を求めたという。赦免となったのは54歳。9年間子作りに励めなかった田舎暮らしだった。松代藩に藩政改革を具申したが無視され面白くなかった象山は都路と名付けた愛馬に洋式馬具、洋式のいでたちで15名の供をつれ、得意然として3月29日入洛、六角通東洞院西入越前屋に宿した。幕末京都は嵐が吹き荒れていた。4月3日、幕府は象山に海陸備向掛手付雇を命じて扶持方二十人手当金拾五両を給した。10日に常陸太守晃親王（山階宮）が象山を召して天文・地理・兵法を問い、其洋式馭馬を覧る。12日に禁裏守衛総督一橋慶喜に謁して、時務の諮問に対し政策を申上する。14日、堤町の鴨川東岸丸太町橋向うに転居。26日に象山の元へ福井藩士中根靭負《ゆきえ》が来訪して時務を談じ、翌日にまた同藩士村田巳三郎《みさぶろう》（氏寿《うじひさ》）と共に訪れて対外問題を論じた。

5月1日に二条城で将軍徳川家茂に謁見。3日に弾正尹《だんじょうのかみ》朝彦親王（中川宮）に召されて時務を諮《はか》られる。16日に木屋町三条に転居。間数が多く鴨川を臨む二階建で展望が良く特に雨に煙る景色を気に入り「煙雨楼」と命名する。ここが象山の最期の家となる。

6月10日に山階宮に謁見し、時事意見を言上する。11日に会津藩士広沢安任《やすとう》を訪ね、午後に大目付永井尚志《なおゆき》を訪ねる。17日に山本覚馬を訪ねる。18日に山階宮に参殿。21日に中川宮に参殿。27日に不穏な長州藩兵の動向を探る折に長岡藩士小林虎三郎が来て松代藩主・真田幸教《さなだゆきのり》の大津止宿を聞く。直ちに馬で駆けつけ幸教に入京の危険を説くが聞き入られず彦根藩士に談じても埒が明かず、空しく翌朝帰る。藩主入京。7月1日に関白二条斉敬《なりゆき》に謁見して時事意見を言上する。2日に山本覚馬が来て一橋殿に急事を告げ、馬で参じるが留守、無事であった。4日に仏光寺で藩主幸教に謁見。6日に再び関白殿下へ参上。

7月11日懐中に執筆した開港の勅諭草案を持ち、山階宮邸を訪問したが不在のため、その帰路、馬の口取、半平一人をつれ三条木屋町上ルに差し掛かったところを二人に馬上で斬られた。刺客の浪士は平戸の松浦虎太郎、因州の前田伊右衛門、肥後の河上彦斎《げんさい》らとされる。12日、松代藩は、士道を失うと判断し佐久間家は断絶となる。13日に京都花園妙心寺内大法院に葬る。大法院は、寛文2年（1662）信州松代藩主であった真田信之（真田幸村は弟）の孫・長姫《おさひめ》が信之の菩提寺として創建したことにはじまる。象山死後、お順は勝家に戻り、明治期は兄勝海舟の秘書として彼を守り生きたという。

明治22年2月11日に正四位を贈られる。

昭和6年5月16日に象山神社創立の許可を受ける。

12 大久保利通《としみち》の愛人も京女
―祇園一力の娘おゆうと地味な満寿《ます》夫人

大久保利通（1830～1878）が暗殺されたのは明治11年5月14日、妻・満寿は7ヵ月後の12月17日、その後を追うように亡くなった。享年40と伝える。大久保と西郷隆盛（1828～1877）はよく対比され、西郷は情の人、大久保は理知の人といわれてきた。満寿は冷血な政治家・大久保の妻として20年間を共に生き、そして殆んど同時に死んだという以外に何も語られていない、希有の地味な人である。

徳富猪一郎（蘇峰）（1863～1957）は、大久保のことを「公は酒を嗜まず、喫煙を好む而して明眸《めいぼう》皓歯《こうし》に対しても相当の趣味を持っていた様だ。」と婉曲な言い方で大久保にも妻以外の女性が居たことを仄《ほの》めかしている。

大久保の失恋の歌もある。

「不言恋といふこと」

「くれ竹の世にことの歯の甲斐あらば　はやくもひとにいわしものを」

「なかなかにふかきいろなる岩つつじ　いわぬ思いをひとは知らずや」

「被妨恋」

「逢《あい》みたとたのみしものを　玉章の道さへ今は絶ぬとすらむ」

「久かたの月にあらねどわが恋は　くものはれまをまちやわたらむ」

この歌を見ると上手とは言えないが、俊才英明の大久保の恋の相手は誰だったのか、京都の女性と思われる。

さて、大久保一蔵（利通）が上洛を命じられたのは文久元年（1861）12月。薩摩藩の最高権力者・島津久光（1817～1887）は、動き出した運動に対して時期尚早と反対した家老らを退け、替って精忠組のリーダー大久保と伊地知《いじち》貞馨《さだか》（1826～1887）を抜擢して御小納戸役《おんこなんどやく》に任命した。かねてつながっていた小松帯刀（1835～1870）や中山尚之助実善（1838～1878）は既に藩の中枢に居たので、島津久光を取りまくこの4人に藩の実権が移った。この時大久保32歳。囲碁を好んだ久光に近づく為、囲碁の練習からはじめた大久保の戦術は当たり、藩を動かす地位までたどりついた。そして大久保らは政情をよく見ていた。つまり朝廷は攘夷論にとらわれ、幕府に定見が無いから、どちらも現在の危機に対応できない。ここに雄藩が登場すべき理由がある。雄藩は如何にすべきか。小松ら4人は次の運動方針を決めた。英才大久保の考えを元に「国家の政体を制定すること」すなわち政治体制を開国後の難局にふさわしく作り直すことであった。近代史家の田中惣五郎（1894～1961）は「大久保の得意とするところは思想の卓越にあらずして見通しの正確にあり、未来を洞察する代わりに現代を処理する手腕にあります。」と評している。

大久保利通

こうして久光をトップとして、薩藩あげての公武合体運動開始が整った。久光は島津斉彬《なりあきら》（1809～1858）の遺策を継ぎ、兵を率いて京、江戸に出かけ政治目的の実現を意図した。幕府の法の定めでは、大名身分でない（久光は藩主ではなかった）彼がそんな行動をするには障害があった。久光は運動の名分を必要とした。そこで事前工作のために、大久保は初めて京都にやっ

て来た。時は文久2年（1862）正月である。時を同じくして、会津守護職が会津より京にやって来た。入京して、大久保はまず近衛家へ。近衛忠房（1838～1873）に会い、久光上京を告げ、藩意を説明し協力を頼んだ。忠房正室は、島津斉彬の養女・貞姫（光子）（実父は島津久長）（1849～1871）であった。大久保は述べた。「朝廷の権威をかりて、一橋慶喜（1837～1913）、松平慶永《よしなが》（春嶽《しゅんがく》）（1828～1890）の幕閣登用を実現し、幕政改革。それを雄藩連合の力で保障しようというプログラムで、いわば斉彬の一橋派運動と同じものである」と。近衛忠房はびっくり仰天した。安政大獄の暗黒時代が浮かび、彼は震えあがった。近衛の拒絶、それだけではなく所司代や分家の佐土原藩や江戸藩邸も反対したが、久光と大久保は初志を曲げなかった。ここに藩の公武合体の狙いは明らかになった。反対の声は薩藩内でも強かった。斉彬と協調した島津久徴《ひさなる》（1752～1809）派は不信表明。他面、有馬新七（1825～1862）ら精忠組激派（尊攘派）は久光上京を倒幕挙兵のチャンスと画策。久光らがこの状況で強行すれば、不測の事態のおそれがあった。

ここに西郷吉之助（隆盛）の出現の必要が生じた。精忠組にも久徴派にも信望のある西郷を大島から呼び戻す必要が生じた。文久2年2月西郷は3年ぶりに帰藩した。これには大久保の尽力が大きかった。大久保は計画への西郷の賛成と協力を期待したが、西郷は朝廷・幕府に対する事前工作の不備を突き、強く反対した。斉彬への崇敬の強い西郷には久光を軽く見る感情があり、また、幕威が大きく退化している現状は判らなかっただろう。これに久光は立腹、大久保は板ばさみとなり、西郷もひとまず運動協力に態度を変え、九州視察に先発、下関で久光一行と待ち合わせることになった。文久2年3月16日、久光は小松・中山・大久保ら腹心を従え、精兵1000余兵を率いて鹿児島を出発、日本中は沸き立った。特に全国の尊攘志士たちは久光の真意を誤解し、薩藩の行動開始を好機到来と奮い立った。志士たちが続々と京都・大坂に集ってきた。久光は藩士に「浪人軽卒之所業」に巻き込まれるなと布告し、志士の動きを警戒した。大久保は久光同様、尊攘派に批判的であった。しかし大久保は尊攘派と一線を画したが、彼らとの関係を全く絶ったわけではなかった。前年の暮れに著名な尊攘志士平野国臣《くにおみ》（１８２８～１８６４）と伊牟《いむ》田《た》尚平《しょうへい》（薩摩脱藩）（１８３２～１８６８）が入薩を謀った時、大久保は彼らに便宜を図り、表向きは丁寧に応対し帰りの旅費10両づつ支給して感謝された。尊攘派の潜在力を将来の布石としたのだった。現状、薩藩公武合体運動の成功は尊攘派対策にかかっていた。久光出発で尊攘志士の気勢は上った。この状態を見た西郷は身をもって尊攘派の動きを統制鎮撫しなければならぬと決意し、下関で一行を待ち合いせよとの久光の命令を破って京都に急行した。西郷は尊攘志士は「死地の兵」であり、自ら「死地に入らず候ては死地の兵を救ふ事でき申さず」と考えた。

久光は西郷の行動に怒った。西郷が尊攘派を煽動、或いは彼らと同調して騒ぎを大きくするつもりでいると見たからである。大久保は急ぎ西郷に会わねばと、久光の許しを得て一行と別れ西郷を追った。大久保は京都で西郷が激徒鎮撫に苦心していたことを知り、安心して兵庫に帰り久光に説明した。しかし久光の怒りは解けず、久光は西郷を厳罰に処すと決めた。ここで大久保は死を決意した。彼は西郷を人気の無い浜辺に誘い、刺し違えて死のうと申し入れた。西郷は死の申し出を受け入れなかった。「月照との心中」に生き残った彼は「天命への悟り」を開き、死を急がなくなったといわれる。彼は「ここで死ぬのは犬死である、自分が死ねば天下の大事を誰がするのか、自分は罪を甘んじて受ける」といい、やがて「徳之島」、次いで「沖永良部島」に送られた。大久保はしばらくの間出仕を差控えた。久光が自分を手放すはずはないと見抜いていた。出仕差控えは数日で許された。

西郷が去り、尊攘派の押え手はいなくなった。薩藩激派は、田中河内介（１８１５～１８６２）や真木和泉（１８１３～１８６４）らと伏見の寺田屋に集合、九条関白邸攻撃を画策し暴発寸前となった。大久保は久光の命を受け説得に赴いたが、彼らの意志は固かった。彼ら尊攘派は尊王論を徹底させ、天皇の命にのみ従い、大名の命には従わなくてもよいとした。久光や中山実善はこれを許すことが出来なかった。久光は4月23日夜、寺田屋に鎮撫使を派遣し、首謀者9名を惨殺し残りは藩地へ送り返した。薩藩尊攘派は壊滅した。これを「寺田屋騒動」という。朝廷はこの事件で態度を変え、島津久光に「浪士取締り」の勅命を与えた。こうして久光らの京都滞在は合法的になった。大久保は久光の片腕として働いた。文久2年（1862）5月大久保は、岩倉具視《ともみ》の邸を訪問しており、後の岩倉・大久保コンビがここから始まるのである。彼は御小納戸役に出世した。そしてあの有名な「生麦事件」が起こり、薩英戦争に参加。この体験が彼ら薩藩人の眼をいっぺんに開くことになった。やがて「八月十八日の政変」が起こり、薩藩は京都政局に。今度は、久光は兵力1500名を率いて、文久3年（1863）10月3日、「参預会議」の準備と称して上京した。

元治元年（1864）の春、公武合体運動が不成功に終わり、新しい時代は新しく強い人物を求めていた。そこで登場したのが「西郷隆盛と五代友厚」であった。薩藩内に西郷を待望する空気が高まった。薩英戦争で活躍した旧精忠組下級士の間にその声は強かった。久光の政治力は低下しており、ついに久光は西郷赦免を認めた。西郷は早速京都に来て「軍賦役」に任命され、藩政に復帰した。そして元治元年7月の「禁門の変」での西郷の大活躍と指導は、薩藩の名声を西郷自身の名と共には大いに上げた。そして次は大久保の出番が廻ってきた。この頃から大久保は京都の石薬師町に住まい出した。そして薩長同盟へと動いていく。慶応2年（1866）12月25日王政復古を望まなかった孝明帝が急死し、15歳の明治帝が皇位につく。この時公家政治犯の赦免が行われたが岩倉は許されず慶応3年（1867）12月8日、ようやく岩倉が復活。大久保と岩倉、二人の大活躍がはじまり出す。そして慶応4年正月の戊辰の役・鳥羽伏見の開戦そして勝利、新政府へと…。

さて、大久保の妻・満寿《ます》は薩摩藩士早崎七郎右衛門の次女に生れた。満寿が大久保の元に嫁いだのは安政

4年（1857）12月、この時大久保28歳。島津斉彬がやっと藩主となり、役もついたが生活は苦しかった。その時西郷は重用され、大活躍の最中。そして文久以後、大久保は久光のブレーンとなり、多忙をきわめ家で過ごすことはほとんど無かったが次々と子供は出生している。結婚後安政6年（1859）から明治2年（1869）までに利和（彦熊・長男）、伸顕（伸熊・次男）、利武（三熊・三男）、雄熊（五男）と男の子4人、その後、最後に女の子一人、芳子（長女）が生れた。義父母と3人の義妹の大家族の中で、妻は頑張った。大久保家の人たちは愉快で人柄も佳かったらしい。東京に移り住み始めたのが明治9年（1876）。政治家として冷徹な独裁者と言われた大久保は、家庭でも独裁であったけれど亭主関白ではなく、家族の扱いはやさしく行き届いていた。子供の教育には熱心で「明治のパパ」の典型であった。満寿の墓は利通墓と共に、港区青山霊園の大久保利通の青銅色の顕彰碑と向き合う様にあり、大久保増寿子とある。

万事、欧風の生活習慣を実行した大久保も「一夫一婦主義」だけは見習わなかった。おゆうが大久保と暮し始めたのは慶応2年（1866）3月頃という。慶応3年生れの利夫（達熊）（四男）、明治3年（1870）に生れた駿熊（六男）と明治5年生れの七熊（七男）は、「祇園一力」の娘・おゆう（杉浦勇）の生んだ子であった。そして大久保「横死」のあと、おゆうは明治11年（1878）10月男の子利賢（八男）を生んだ。彼女も石薬師の大久保利通の京屋敷で、あの激動期、彼をサポートしていていた。おゆうは訪れる人々をもてなし、大久保宛ての手紙には「おゆうによろしく」といった文章が時々出て来る。「錦の御旗」を作るための生地もおゆうの帯にすると言って買わせたという話が残っており、大久保家にも「おゆう様は大切な仕事をされた方」と伝わっているという。大正7年（1918）1月26日死去のおゆうと、その子供達の墓も青山霊園である。

祇園一力（東山区花見小路四条下ル祇園町南側 569）

大久保家の人々（おゆうは前列右２人目）

13 京の二流花街の芸妓さんが明治の高官夫人となった
―八坂下河原の「山猫芸者お加代」と先斗町の「自前芸者菊尾」

龍馬が暗殺された慶応3年（1867）11月15日、龍馬は近江屋の近くの宿に福岡孝弟《たかちか》を2回訪ねている。初めは午後3時頃、福岡は不在であった。また午後5時頃、再び龍馬は下宿を訪れた。福岡は未だ帰っていなかったが、福岡の従者の和田某が、「先刻名刺を持った使者が「隣の坂本先生（才谷先生）はお宅に来ておらぬか」とたずねてきました」と告げたが、龍馬はこれを怪しむことなく、それよりも福岡の愛人でそこにいたお加代（のちの孝弟夫人）に「福岡の帰るまで僕の宿においでよ」と誘って帰っていった。お加代はやってこなかったが中岡慎太郎（石川清之助）がやって来た。お加代は遊びにやって来ていたら難の巻添えになるところだった。

詳しくはP194の渡辺一郎（篤）犯行自白説に記すが、所司代の謀吏・増次郎がこの時情報活動していたと証言にあるので、これも所司代の謀吏が福岡宅に龍馬所在を確認に来たのだ。龍馬はあの頃大政奉還を果たし、新政府の人事を熱心に考えていた時であり、永井尚志《なおゆき》が「龍馬は殺るな」と近藤勇に言っている時で安心していたのではないだろうか。「シャモ」を買いに行き峰吉が帰った時、午後8時過ぎには事件は終わっていたので午後7時過ぎに犯行は行われていた。

福岡の下宿は近江屋の下手（南）三軒目の酒屋の二階であった。（現・中京区河原町通蛸薬師下ル西側塩屋町）。福岡孝弟の生家は土佐藩家老の支族。吉田東洋の塾で、後藤象二郎や岩崎弥太郎らと共に学ぶ。東洋が参政に上った時大監察に就任。東洋暗殺と共に辞任。文久3年（1863）藩情は一変し、藩主山内豊範《とよのり》の側役となり、慶応に入ると乾退助（板垣退助）や中岡慎太郎と共に海援隊と提携、龍馬の脱藩の罪を解いた。この年、参政となり京都へ後藤と共に上京、近江屋の下手に住んだ。後藤と薩摩藩の小松帯刀と共に慶喜に謁して大政奉還を勧めた。福岡は薩長の武力倒幕論に対して、公義政体論を唱えた人である。維新政府参与由利公正と共に五箇条御誓文の起草に尽くした。

この福岡藤次（孝弟）も、当時は「山猫芸者」といわれた八坂下河原の芸妓お加代を妻とした。福岡は文部大輔、司法大輔、元老院議員、参議兼文部卿となり子爵、お加代は明治の高官夫人となった。

さて、「菊尾」（後に万佐子）は、土佐藩士神山左多衛（神山郡廉《こうやまくにきよ》）（1829～1909）（木屋町二条下ル東側に寓居していた人）の愛人。彼も維新後、参与となり各県令、元老院議員、貴族院議員、男爵となり81歳まで生きていた。文政12年土佐藩士の子として高知で出生、慶応3年（1867）10月3日山内容堂の命を受け、後藤象二郎、福岡孝弟、寺村左膳らと二条城に板倉伊賀守勝静《かつきよ》の命に応じ容堂の手になる大政返上と議政所設置の建白書を呈出した。これは維新の新政局の制度案を打ち出した最初のものであった。後藤らは建白書の採用運動を各方面に行い、神山も大政奉還運動に尽力した。しかし神山は廉直な反面、「遊里大好き人間」で先斗町の近喜《ちかよし》、木屋町三条上ル松力には毎日の様に通った。先斗町三条下ルの伊勢竹《いせたけ》という小料理屋の娘に「菊尾」という自前芸者がおり、美人で売れっ妓で先斗町の近喜・松力・大駒・瓢亭に出入し、土佐藩士に特に可愛がられていた。この神山も菊尾をひかして夫人にした。菊尾は名を万佐子と改め夫によく尽くした。維新後の京都の花々が色彩豊かに鹿鳴館を彩っていたのだ。

福岡孝弟

14 小松帯刀《たてわき》と京女琴子

小松帯刀（1835～1870）は、薩摩喜入《きいれ》領主・肝付兼善《きもつきかねよし》の三男、幼名を尚五郎という。安政3年（1856）吉利の領主小松相馬（清猷《きよもと》）の養子となって、宮之原主計の養女となっていた、7歳年上の清猷の妹・近（千賀）と結婚。安政5年（1858）、小松清廉《きよかど》と改名した。名門の出であり、島津斉彬《なりあきら》の開明思想の感化を受ける。斉彬亡き後、藩主忠義の側役となり、国父久光の藩政改革を助けた。勤王派として西郷吉之助（隆盛）、大久保一蔵（利通）と相たずさえて活路を模索した。大久保ら門地の低い者が藩政に参与できたのも帯刀の存在が大きかった。文久2年（1862）家老となるが、京都に居ること多く朝廷幕府諸藩の間の調整や折衝など国事に奔走した。坂本龍馬との親交も深く、薩長同盟成立後に龍馬・お龍《りょう》が二度目の薩摩入りの時「新婚旅行」の世話とくつろぎを提供したのも帯刀である。龍馬の考えをよく理解し、西郷・大久保ら英才を要路に配して新時代の幕を切って落とした。大立者は、本当は帯刀だったのである。

明快な論理雄弁かつ寛仁《かんじん》の人柄は維新後も諸方から期待されたが、明治3年（1870）惜しくも病没した。勝海舟は誠の「士大夫《したいふ》」といって褒めた。彼が生きていたら「西南の役」は起きていなかったと言われている。「小松幼若略歴」という資料が残されている。小松の性格を知る上で面白い。彼は幼少より儒学を学び、15歳の頃から本気で勉強し昼夜を問わず励み、かつ弟3人にも教えた。御付の守役が勉強を教える必要がない程であった。ところが17歳頃から病気勝ちとなり、母親が勉強のしすぎであると大変心配した。そこで彼は「琵琶《びわ》」を弾き始めた。そしてのめり込んでいった。執事が先祖の例を引いて「おぼれるものではない」と進言する。彼は涙を流し琵琶を捨て、二度と琵琶を手にすることは無かった。

この頃から若手下級士の集まりである「精忠組」の面々と交流を始めた。彼は上級士であるがお供を連れず、

琴子

小松帯刀

小松家の墓(鹿児島県日置市日吉町吉利)

一人で温泉に行き、身分を明かさず平たく人と交際をした。

私も大河ドラマ「篤姫」の平成20年（2008）、鹿児島へ行き日置町を訪れ小松のお墓に参った。明治期の廃仏毀釈でお寺は消失し、墓地も荒れていたのが、大河ドラマの影響で人が多く訪れるので、修理中だった。

清河八郎とお蓮のお墓と対照的に、ここでは小松家の大きい墓碑が、正夫人のお近の墓と並んでいたが、京都の芸妓さんであった琴子のお墓は墓地の隅に「妾の墓」と刻まれていた。上級職の家の養子、そして小松家は平重盛の子孫であり名家であった。正夫人に子供はなく、祇園の名妓だった琴子（三木琴）の京都で生んだ男の子（清直）が、のちに小松家を相続した。

当時小松帯刀はお近を薩摩に残したままだったので、京都で側室に16歳前後だった琴子を迎えた。琴、三味線、踊り、古今の書物、絵画など教養をすべて習得しており、芸技、学問だけでなく、和歌の道にも秀でた京都祇園の名妓とうたわれた少女であったと言われる。その職柄を生かして京都における情報収集者として小松帯刀に協力していたとも言われている。慶応元年（1865）10月26日には、小松帯刀と琴子との間に長男・小松清直（幼名・安千代）が誕生している。

小松帯刀は知名度が低いが、慶応2年（1866）1月21日相国寺《しょうこくじ》内薩摩藩邸において、小松・西郷吉之助（隆盛）・大久保一蔵（利通）・桂小五郎（木戸孝允）・坂本龍馬が列席し同盟成立した。慶応元年12月、桂は京都より小松・西郷の使者黒田了介に促されて藩主の命もあり長州から上京、伏見で西郷らが出迎え相国寺藩邸に入る。十数日滞在、交渉したが成立せず帰国しようとしていたところへ龍馬がやって来た。1月20日である、話は何一つ出来ていないので彼は怒り、1月21日会談となり相協力し皇国の為に戦うという六ヶ条よりなるさ薩長同盟が成立した。小松は当時薩藩の家老であった。大政奉還には薩摩代表として出席。維新後参与兼外国事務係と総務局顧問。明治3年7月20日、没。享年35。若き英才の死は惜しまれた。京都一条戻り橋、九条家別荘には琴子と長男が残った。帯刀の死後、小松家は、明治3年（１８７０）10月に外孫の町田久成《ひさなり》実弟である町田申四郎実種（千賀の甥）が小松家当主となり、小松清緝《きよつぐ》と名乗った。正妻・近（千賀）は小松帯刀が拝領していた１０００石のうち、１００石を一代限りとして受け取る。あとの１００石は小松清緝及びその家督後継者に与えるよう小松帯刀は遺言していた。残り８００石は琴子との間にできた長男・小松清直（１８６６～１９１８）に与えられた。

小松帯刀が亡くなった年には、琴子との間に、長女・小松壽美《すみ》も誕生したが、小松帯刀の没後、琴子は長男・清直を、鹿児島の近（千賀）に預けて、長女・壽美と共に、生前小松と親交の厚かった五代友厚邸で余生を送る。そして、小松家当主になっていた小松清緝は明治5年（１８７２）に隠居。同年9月25日小松清直が当主となった。

琴子は明治7年（１８７４）8月27日に大坂で病死。享年26。

15 将軍徳川慶喜《よしのぶ》の妻「美賀子《みかこ》」と側室「新門の娘・お芳《よし》」

最後の将軍の正室となった美賀子の眼には!!

一条忠香《ただか》の養女、美賀子が慶喜と婚約したのは嘉永6年（1853）の初夏、美賀子19歳、慶喜は2つ年下の17歳であった。慶喜は11歳の時、12代将軍家慶《いえよし》の内意で一条忠香の娘・千代姫と婚約したが、千代姫が天然痘にかかって生れもつかない醜いお顔になられたので一条家から婚約解消を申し出られた。そして今出川実順《さねあや》卿の妹・美賀子を養女として一条家に入れ再度婚約を申し出られた。新しく選ばれた美賀子は、面長で鼻筋が通り眸もと澄く口の小さい京人形そのものの公家美人。余りに整った顔立ちは、瞳が夢見るように潤み、花の蕾が今開いたような艶やかであった。彼女に入ってくる夫となる相手の情報は賛美に満ち溢れ、未来は素晴らしく広がり明るいものであった。

この若者・慶喜は、水戸徳川烈公の第7子で母は有栖川宮王女・登美宮吉子《とみのみやよしこ》であった。15人の徳川代々の将軍のうち、正夫人を母とするのは3代家光とこの慶喜の二人のみであった。12代の家慶は幼い頃の慶喜が亡き吾が実子の初之丞に似ていたので特別に目をかけて、将来は徳川宗家を継がせる為に一橋家に入れていた。家慶には多くの子供が生れたがすべて夭折し、第四子の男の子家定（13代将軍）のみが生き残ったが、病身で「言語障害」があった。実父の斉昭《なりあき》は幼児から聡明で貴公子の風格のある七男慶喜を評して、「天晴名将とならん。されどよくせずば手に余るべし」と大きく期待した。天性多芸で器用な慶喜は和歌をよくし、絵を好み学問武術と何一つ出来ぬものはない優秀さで、周囲の人の目にも何一つ非の打ち所のない人として映っていた。

こんな中で成長した慶喜の前に、暗雲が広がり始めた。美賀子と婚約した頃、嘉永6年6月3日、ペリー率いる米軍艦が日本に来航、その黒船騒ぎの最中、第12代将軍家慶《いえよし》が病死。黒船と将軍の急死、2つの事件が引き金となり、国内は開国と攘夷、勤王と佐幕の幕末の大動乱が始まった。家定が13代将軍となったが病弱で嗣子が生まれる可能性は無かった。将軍家に跡継ぎがいない時は、三家三卿（一橋・田安・清水）の中から佳い人物を選ぶことになっていた。この時点で候補者は2人、紀州藩主慶福《よしとみ》（家茂）と一橋慶喜。慶福は一番将軍家に近いのだが8歳の少年だった。慶喜は17歳で、最も君主にふさわしい心身ともに優れものであった。慶喜擁立の一橋派の島津斉彬、松平慶永らの工作が始まり、紀州を推す大名の反撃も激しかった。

安政2年（1855）9月、美賀子は結婚の為、京を出立するに先立ち、特別のご沙汰をもって、御所に参内し、大盃を賜った。そして、1ヶ月後江戸城の広敷に到着した。11月11日誠順院（斉位《なりくら》正室）に引取られ一橋邸に移り、11月15日結納の儀が行われ、初めて東国に下った美賀子は只、夢の世界に導かれた様だった。12月3日婚礼が行われた。美賀子21歳、慶喜19歳。慶喜は17歳の時、水戸藩士の娘を側室にしていたので新妻に対して年上の物慣れた男の様に振舞った。慶喜の水戸家は質実倹約の家風であったが一橋家は美賀子の室を桜御殿と呼び、調度もすべて桜で女主人の部屋らしい、はなやかな住まいであった。慶喜の部屋は若松殿といわれ、すべて松で飾られていた。桜御殿の中では幕末の激しい嵐も聞えず、彼女はハネムーンの甘い夢に浸っていた。しかし彼女にも運命の暗い姿を見せたのは、安政5年（1858）井伊直弼《なおすけ》が大老なってからのことであった。

6月19日、井伊は勅許を得ずに日米修好通商条約を独断で調印、25日には将軍継承を紀州の慶福（のちの家茂）に決定してしまった。この条約は違勅であると全国の尊攘志士を大いに怒らせた。松平慶永（春獄）は大老の邸に押しかけて、談判を行い、慶喜も不安げに見送る美賀子をふり切り登城し大老に詰問した。そして烈公斉昭は、尾張慶恕《よしくみ》（のち慶勝）と登城し抗議したが、大老井伊は「不時登城」は違反行為として、斉昭をはじめ一橋派の大名を隠居謹慎処分にした。これを機としてこの年から翌年にかけて恐怖政治「安政の大獄」が

徳川慶喜

新門辰五郎

強行され、橋本左内、吉田松陰など大弾圧を行い、反幕、尊攘運動に油を注ぐ結果となった。登城差し止めの慶喜には何れ何らかの沙汰が下されるのは必定であった。

この嵐の前の静けさの中で、彼女は胎内に新しい命を宿していた。安政5年7月16日女の子を出産した。泣き声もあげない弱い女児で、その夜のうちに身罷《みまか》ってしまった。この赤ん坊を抱き泣く母親は、真夏の暑さでも氷の様に冷たい亡骸に、千代姫の呪いを思い知る様な気がした。慶喜の元婚約者・一条家の千代姫は不幸な自分に代わって仕合せな彼女（美賀子）を恨み呪っているという噂も聞いていた。その後美賀子は何人もの子供を授かったが、すべて早世したという説もある。安政6年（1859）8月、慶喜は謹慎を命ぜられた。朝起床すぐ麻の上下を着用正座、沐浴せず月《さか》代《やき》も剃らず雨戸を閉め、意地になって法を守る態度を示し、彼女は息詰まる日々を悶々と過ごした。

万延元年（1860）3月3日大老が暗殺され、8月には、慶喜の父の斉昭がこの世を去った。文久2年（1862）2月、政治は幕府に任せて朝廷はその施策を容認するという公武合体政策のため、「和宮降嫁《かずのみやこうか》」が行われた。そして慶喜は将軍後見職を任じられ幕末激動の京都へ、長い別居生活となり、美賀子は桜御殿で留守を守った。彼女は政治のことはよく分からなかったが、慶喜が「国内の攘夷派は井伊大老の結んだ安政の条約を破棄し、外国勢を追い払ってしまえと幕府に迫り世論をかき立てているが、今ここで攘夷を行えば契約違反を理由に列強国は軍事攻撃を日本に仕掛けてくる。そうならば近代的軍備の無い日本は敗れ、清国の様に西欧の植民地となる」と話しているのを聞き、容易ならないことが日本に起こっているのを知った。けれど彼女にとって天下が如何に変ろうと夫の心が自分の上にある限り、どんな苦しみにも堪えられると思うのだった。

さて、慶喜は将軍後見職に任命され激動の京都へ入った。筆者は幕末京都の歴史ウォークを過去20年間にわたり、京都市民生涯学習活動として行ってきた。慶喜の京都での生活がよく見えてきた。当時彼は二条城には入らずに御池千本東神泉苑の前の若狭小浜藩京都邸を借り受け住み、これを拠点として文久3年（1863）12月から慶応3年（1867）9月まで3年10ヶ月、政治活動を行っていた。

この近くの来迎寺《らいごうじ》には、門内すぐに「新門辰五郎一家禁門の変戦死者」の大きい供養碑がある。聞いてみると、慶喜の警護防火に来京し

新門辰五郎一家禁門の変戦死者供養碑
（中京区神泉苑町通姉小路下ル瓦師町、来迎寺内）

新村信（慶喜側室）
静岡まで慶喜に付いて行く

ていた新門一家が寺を借りていた。慶喜が大活躍し勝利した禁門の変では、サポートをしていた子分たち40数名が戦死していて、墓地には墓もある。寺坊は「今でも新門さんの子孫の方がお参りにこられます」と話された。

慶喜は新門辰五郎の娘・お芳を呼び慶喜の千本屋敷に住まわせた。「一夜として女に伽《とぎ》をさせない夜は無い」といわれている元気で若い慶喜は京都の女を何人か侍《はべ》らせたが、江戸女のお芳を熱愛していた。京女、特に公家関係の女は、表面こそ温和しいが嫉妬心が強く、優しい言葉であったがジュンサイであった。が、お芳は江戸っ子の父親に似て大柄で眉が濃く、眸は一寸大、性格も裏表の無いオープンな質で、慶喜にとっては一切気を使わず政務に打ち込めた、最良のサポーターであった。彼女の存在が当時、多くの志士たちが花街の女性とラブロマンスを展開しているが、彼には外のことであった。自由奔放なお芳と慶喜の日常は、江戸で孤独を守っている美賀子にとって、体中がそそけ立つ程に妬ましい日々であったであろう。

後にお芳は、静岡に行くことを自分から拒否したとも、慶喜に暇を出されたともいわれている。

元治《げんじ》元年（１８６４）禁門の変で、慶喜は病気の松平容保《かたもり》をサポートして大活躍、一気に声望が全国に轟き、江戸の幕閣たちは将軍家茂《いえもち》を大きく凌いでいる彼に恐れを抱いた。慶応元年（１８６５）長州征伐の為、上坂していた14代将軍家茂が大坂城で急死した。幕閣たちも仕方なく彼を立てることにしたが、彼は将軍就任を断った。空位のまま10ヶ月が流れた。江戸城大奥は彼の就任は大反対、彼の近代的感覚では大奥廃止になりかねないと、家定の生母・本寿院、家茂の生母・実成院《じつじょういん》、家定の正室・天璋院たちだ。天璋院（篤姫）は慶喜を将軍位にする為に、工作員として江戸城に来た人だそうだが、反対の立場に変っていた。そして家茂未亡人和宮…、美賀子は御台所として大奥にと考えるだけでもぞーとしてきた。慶喜の頭の中には美賀子への配慮もあったし、この困難な政局の嵐の中へ、火中の栗を拾いに行く様なものと考えていたのだろう。しかし老中からの強請《きょうせい》で慶応2年12月5日、15代将軍に就任した。当時政治の中心は京都で、彼は江戸城へは行かず美賀子も江戸城大奥へ入らなかった。激動の嵐がそうさせたのか、聡明な彼の作戦であったのか。一年後には大政奉還、王政復古となり、大奥に入らなかった将軍の正妻は、3代将軍家光夫人・孝子（本理院）と美賀子だけと江戸城の歴史に名をとどめた。将軍就任の彼はすぐに内閣制度の組閣、軍政も西洋式にした。夫人の美賀子は「これでは人心を失っても仕方ない」と嫉妬交じりの愚痴が出るのを防げなかった。

当時、「渋沢栄一」も、慶喜の下で近代的陸軍の伝習隊結成の仕事を行っていた。渋沢はこの頃、新選組の近藤・土方との出会いがあったと回想談で語っている。慶喜は、日本を西欧列国の侵略から守るために大政奉還を決意し実行した。大政奉還を行っても「実質の政治は薩長では不可能であろう、旧徳川政権主力を中心に近代化を」と彼は考えていた。そして大坂城に退いた。しかし薩長の挑発はすさまじく、慶応3年12月の江戸の大挑発で、江戸、大坂の幕臣は決戦を叫んだ。慶応4年（1868）正月、鳥羽、伏見に火の手が上る。近代的視野に立つ彼は、京坂を戦火から守るために、恥を忍んで深夜開陽丸で江戸へ逃げ帰った。この時「お芳」が伝馬船で彼の開陽丸を追いかけたという話もある。彼女を乗船させたが「家来を置き去りにして女を連れていくとはあんまりな」と小姓に非難されたという。この「敵前逃亡」が現在でも慶喜の評価の悪さになっているのだ。しかし、慶喜は「禁門の変」で直接指揮を取った将である。筆者は、「市街の3分2が炎上し人々が苦しんだ戦禍を思い、近代性を持つ大きい政治家である慶喜が、京都、大坂を戦難災害から救ったのだ」と評価している。

慶応4年2月12日、ようやく戻るも慶喜は、江戸城から上野寛永寺へ。美賀子は一橋邸に居て、夫の寝具や衣類を上野へ運んだ。勝と西郷の努力で江戸無血開城へ進み、一橋邸に天樟院と本寿院が来た為、美賀子は小石川梅御殿に移り、次は永蟄居となった久世大和守広周《ひろちか》の旧下屋敷（現・江東区清澄町）に移った。夫とは別居であり、対面できなかった。慶喜は上野から水戸へ7月には駿府へ一人で移動。淋しい夫人は失意の時間を過ごし、彼は気楽になって田舎暮らしを楽しんでいたのだろう。明治2年（1869）9月謹慎解除され、11

月やっと美賀子は駿府へ、美賀子と結婚14年、静岡でやっと一私人となった33歳の彼は、男盛りのエネルギーを閨事に打ち込み子孫を作ることに専念した。

静岡で最後迄新村信と成田幸子の側室二人が世話をした。その間に生まれた子供はすべて美賀子を実母として育てられた。晩年の美賀子はほのかに残りの色香のある品位ある美しい老女となり、明治27年（1894）乳ガンとなった。静岡には良い医師がいないので東京の千駄ヶ谷邸（徳川家達の屋敷）に移って手厚い治療を受けたが、この年の7月9日他界した。60歳であった。明治30年、慶喜は東京の巣鴨へ移り住んだ。大正2年（1913）10月21日、彼は77歳の生涯を終わった。夫人美賀子と共に谷中の墓地に、遺言により墓石は簡素な土饅頭型の夫婦墓（円墳）で眠っている。

16 勝海舟の妹―お順

海舟の妹お順（1836〜1907）は、海舟の師・洋学の大家・開国論学者の佐久間象山（1811〜1864）の妻であった。「これぞ佳き男」に巡り会えず、当時ではハイミスであった彼女に現れた理想の男が、象山である。二人は親子ほどの年の差を乗り越え嘉永5年（1852）結婚した。象山は自信家で優秀な自分の子孫を残す為、お菊とお蝶という二人の妾とお菊の生んだ恪二郎《らくじろう》という男児とともに暮らしていた。しかし、お菊は我が子を置いて幕府御典医・高木常庵の後妻として家を出た。お順はその三ヵ月後に正妻として佐久間家へ入ったという。お順の父・小吉や兄・海舟はこの奇妙な生活に猛反対したが、お順は天下一の学者の妻になることは私のかねての夢だったと言って聞き入れなかったという。奇妙な新婚生活を送って一年が過ぎた頃、吉田松陰が鎖国の禁を破って西洋に密航しようとして幕吏に捕縛される事件がおきる。松陰の密航に協力したとして師である佐久間象山は伝馬町の牢に入る。半年後に出獄が許されるが出身藩の松代《まつしろ》で蟄居を言い渡され鍵付の駕籠に乗せられて松代へ護送された。お順は姑《しゅうとめ》と妾のお蝶、象山の息子の恪二郎を伴ってこの駕籠の後を追ったという。蟄居が解かれるまでの9年間を松代で過ごし、姑の死を見取ったお順は父・小吉亡き後、床に伏せっている母に会う為に江戸へ戻る。一方象山は蟄居が解かれると幕命によりすぐさま恪二郎を伴って京都へ上る。しかし、元治元年3月、熊本勤王党の人斬り彦斎《げんさい》が象山を暗殺する。佐久間家は断絶となる悲運に遭《あ》った。お順には未だ子供が出来ていなかったのだ。

三浦恪二郎（三浦は義母・お順の母の姓を名乗った）は、父の仇討ちの為に新選組に入隊した。海舟が、当時京都守護職会津藩の山本覚馬を通じて近藤勇に頼んだのだ。しかし恪二郎は駄目男で非行多く、土方歳三が隊か

お順

勝海舟

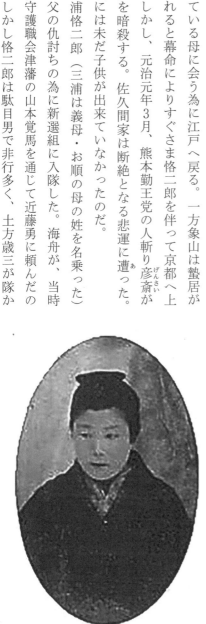

ら追い出した。松代に帰り、維新後は父の名声により四国で官吏となり、宴会席で頓死したという。口惜しがったお順は、山岡鉄舟門下の剣客村上俊五郎に再嫁したが、亡夫の仇討ちが目的の結婚で、村上が腰を上げないので離婚し、勝邸に戻った。瑞枝と改名したお順は、赤坂氷川町の勝邸で玄関の受付係をしたが、「柔よく剛を制す」で乱暴な刺客や壮士も彼女の優雅の中に「リン」とした態度に軽くいなされて、帰ったと伝えられている。以後、勝家と共に、江戸、静岡、東京で暮らし、明治40年に73歳で没。墓は、東京都新宿区牛込赤城元町清隆寺。

17 京島原の花街

島原の地は、昔は京都の郊外で朱雀野《すざくの》といわれた土地である。もっと古くは平安初期鴻臚館《こうろかん》（迎賓館）のあったところで、今も角屋《すみや》の北西側角に石碑が建っている。中世期にはここは歓喜寿院《かんきじゅいん》の境内で、西口の地名は当《とう》の口《くち》と呼んだ。京都に於ける廓《くるわ》の始めは、応永年間に足利義満《よしみつ》の許可による「九条の里」であるとされ、これは「応仁の乱」の後、二条万里《まり》小路（柳馬場）の空き地に移された。天正年間以来大いに栄えたが皇居に近い為、慶長7年（１６０２）に新町と西洞院《にしのとういん》の間の「六条の地」に移し、通称「六条三筋町《ろくじょうみすじまち》」として繁昌した。正式名は「六条柳町」。有名な二代目吉野太夫（１６０６～１６４３）はこの時代の名妓である。中国までその名は聞えていたと言われている。その話は井原西鶴（１６４２～１６９３）が、日本文学の名作「好色一代男」に描いている。また夕霧太夫（?～１６７８）、高尾太夫と共に寛永三名妓といわれる。

角屋（下京区西新屋敷揚屋町 32）

東鴻臚館址碑（下京区西新屋敷揚屋町）

島原住吉神社「目玉の松ちゃん」の石柱
（下京区西新屋敷下之町 1-6）

輪違屋（下京区西新屋敷中之町）
上は輪違屋に残る近藤勇の書

寛永17（1640）・18年、更に西の朱雀野の地を選んで東西99間南北123間の地が与えられ、「六条三筋町」と「西洞院通の太夫町」と「中堂寺」の三地域にあった遊里がここに集められ移転させられて、堀で囲んだ東西192m・南北236mの地内に縦横各三筋の町が設けられ東一方口の、唯一の官許の廓として発足した。公称は「西新屋敷町」と呼ばれたが、通称の「島原」の方が有名になり、今日に及んでいる。その名の由来は、当時名高い戦であった「島原の乱」で天草一揆が立て籠もった「島原城（原城）」の様に一方にのみ開いている城の形から来たと言われている。元は堀で囲まれていて、大門の前に「さらば垣」や橋もあったのだろう。古い地図を見ると角倉《すみのくら》家により堀削された西高瀬川が「大門」の少し東に通っていて、きっと「通行船」もあり遊客はこの舟で来遊したのではないかと思われている。

江戸時代後期になると、東一方口では不便であるし、京の町も西の方へ発展し辺りも都市化してきたので、享保17年（1732）西の口に「西門」が作られ、大坂から住吉神社も土地の富豪により勧進されて建てられた。現在の西門は、近年中央卸売市場の魚中卸業者が門内に家を買い店舗を作ったせいで、その通行のトラックが門を破壊したので「角屋保存会」が立派な石碑を建ててある。入口の「島原住吉神社」の石垣のみが、昔を偲ばせている。神社の「目玉の松ちゃん」の石柱や「映画会社」や「役者」の名の石柱が面白い風景を見せている。

島原に現存する唯一の置屋輪違屋《わちがいや》に残る近藤勇の詩が、屏風に表装されて残されている。

（右側の詩文）

婦人好色不撰価　安直売身十六年　年明年塞未離里　終是蹉跎白髪天

江都撃剣匠　浪士　近藤勇藤原昌宜書

文庫版「輪違屋糸里」の巻末にある対談での浅田次郎と十代目当主高橋利樹氏によれば、この書は、置屋であった「養花楼」（現・輪違屋）の太夫が角屋に行って、近藤に書いて貰い持ち帰ったものという。この手の書は沢山あったが紙屑屋に出してしまい、残った1枚を屏風に仕立てたとのこと。

（左側の詩文）

陽台雲暖別開卿　媚粉嬌脂闘麗粧　十字街頭八文字　緩移蓮歩下風香

録島原　一浪士近藤勇藤原昌宜書

（左側の詩文は、儒学者寺門静軒《てらかどせいけん》（1796〜1868）の「島原」と題した詩と全く同じ）

近藤勇は輪違屋に直接遊びに通っていたという。

18 京の花街は幕末こんなにあった

平成26年（2014）の夏は10年ぶりに島原の輪違屋さんが一般に公開された。平成16年（2004）NHK大河ドラマ「新選組！」が三谷幸喜さんの面白いシナリオで大ヒットし、島原や壬生に観光客がどーっと押し寄せた。その時も3ヶ月間位一般公開された。2015年の大河ドラマ「花燃ゆ」の主役、松陰の御妹子「文」さんの最初の夫・久坂玄瑞《くさかげんずい》には、島原に愛人・お辰天神（辰路）がいた。

幕末京の花街は燃え上がった志士たちで溢れた。

七条通りの鴨川の西に、角倉了以《すみのくらりょうい》が造った高瀬川が流れる。この川岸には「七条新地（現、五条楽園）」があった。龍馬の妻・お龍の働いていた扇岩楼《せんがんろう》もあった。ここには昔の面影を残す桃山風の大玄関を残す茶屋が一軒残っている。この北に隣接する様に五条橋下、六条新地があったが、七条新地に合併した。「橋下」とは下級の花街である。

高瀬川に沿って、五条より更に北は下木屋町。鴨川の五条大橋を渡って東に北へ向かって宮川町。祇園会の御神輿洗《おみこしあら》いの神事との関連が伝わり、八坂神社の禊《みそぎ》の斎場としての鴨川の別称「宮川」と呼ばれた。京都の古い信仰と遊興の地として、円山《まるやま》の入口に当たり花街が生まれ発展して行った。団栗橋を挟んで西側に西石垣《さいせき》通、東側の宮川筋一丁目を石垣町と呼ぶのは新堤《しんてい》の名残で、古くから芝居小屋が立ち並んでいた。寛文9年（1669）鴨川左岸に新堤が築かれてから宮川町のお茶屋町が形成された。また宮川筋の裏筋として正徳3年（1713）新宮川筋が開通し、宝暦元年（1751）遊里として認められ、以来、昭和33年（1958）まで続いた。

新選組より分離した「高台寺党」はこの遊里に遊び、鈴木三樹三郎は羽二重三樹《はぶたえみき》と言われ、ぜいたくな身なりで遊んでいた様である。兄・伊東甲子太郎《かしたろう》の愛人もこの遊里の人と言われている。伊東の愛人は花香太夫という名の遊女だったといい、同一人かは不明ながら高台寺党時代にも妾宅があった事は分かっている。「辻まさ」という宮川町の妾で、慶応3年（1867）11月20日、行き場を失った御陵衛士《ごりょうえじ》の妻たちと、薩摩藩京藩邸を頼る。伊東を殺害した新選組を深く恨み、明治以後、よく墓参にきたという口伝《くでん》が最後の屯所だった高台寺塔頭月真院《げっしんいん》に伝わっ

五条楽園　元茶屋

宮川町

ているという。

宮川町から団栗橋東詰へ。天明8年（1788）、京都の5分の4を焼き尽くした大火災、天明の大火は、この辺りの夫婦喧嘩の火が原因だという。団栗橋の西詰めを北へ、先斗町に入る前に斉藤町と西石《さいせ》垣《き》があった。

18世紀初頭の京都《きょうと》御役所向大概覚書《おやくしょむきたいがいおぼえがき》に西石垣柏原町12軒内旅籠3軒、豆腐茶屋9軒、西石垣斉藤町20軒内旅籠7軒、茶屋13軒。四条より上は先斗町《ぽんとちょう》（ポント命名に関しては色々説があるが）、幕末期は大変繁昌していた花街であった。本間精一郎の暗殺事件や龍馬暗殺で見廻組隊士が潜入していたのも先斗町の「青楼」であった。

三条から上（北）は上木屋町。旅籠や料理屋が並び、二条橋の東は目明し文吉やら大垣屋の経営する茶屋があった「二条新地」、そして丸太町鴨川には、幾松がいた「三本木」が連なっていた。二条新地は川端二条から北へ丸太町通の南くらいまであって、明治になって祇園丙部とされるが、明治19年（1886）廃止となった。

祇園町は天正年間（1573～1592）、慶長年間（1596～1615）と発展し、寛文10年（1670）の鴨川堤大改修では、四条大橋周辺は一気に市街化が進み川端通、縄手通、大和大路が作られた。そして幕末には薩長土肥の志士の社交場と化し、井上馨・品

祇園甲部

先斗町

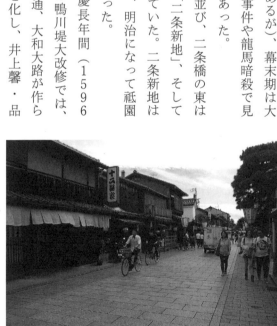

上七軒

祇園東　祇園会館（東山区祇園町北側 323）

川弥二郎・伊藤博文・山県有朋となじみの芸妓も多く出てきた。

明治19年、祇園は甲部と乙部に分割された。乙部は、祇園北部の膳所《ぜぜ》裏と呼ばれて娼妓を中心に賑わった辺りで、現在の「祇園東」である。「祇園甲部」と呼ばれたのが、現在の祇園町である。

これに対して、「上七軒《かみしちけん》」と呼ばれる京都最古の花街があった。北野社の門前に発展した花街である。土方歳三の愛人「君鶴」もここの人で、見廻組や会津藩もここを利用していた。文安元年（１４４４）西の京の神人《じにん》が東の京の住人と酒麹の権利で争い、果てに北野社に閉籠し社殿を炎上させた。その後室町幕府第8代将軍足利義政（１４３６～１４９０）により再建された際、造営の残木をもって七軒の茶屋を建てた。これがはじまりである。辺りは上の森・中の森・下の森という大きな森に囲まれていた。「下の森」の南側に「五番町」。水上勉の小説「五番町夕霧楼」で昭和期有名になった花街があり、近藤勇は六番町のスッポン屋「大市《だいいち》」によく食べに行っていたという。

その他には伏見に「中書島花街」、そして大坂寄りに「橋本遊郭」が宿場町と共に栄えていた。中書島《ちゅうしょじま》では、伏見の遊郭の子として育った西口克己（１９１３～１９８６）氏の小説「廓《くるわ》」が、昭和30年代に出版されベストセラーになっている。「花街」という言葉は、中国において酒色を供することを職業とする色町を示す「花街柳巷《かがいりゅうこう》」からきている。ここから明治期より「花柳界《かりゅうかい》」と言われるようになった。

もう一つ、大石良雄（内蔵助）（１６５９～１７０３）が山科《やましな》から山を越えて深草へ通った遊里「撞木町《しゅもくまち》」があった。お茶屋街「墨染《すみぞめ》」から生まれた花街である。「大石が通ったのは祇園の一力茶屋」というは歌舞伎『仮名手本忠臣蔵』の創作で、本当は深草の京街道沿いにあった。昭和33年（１９５８）まで存在し、現在は入口の撞木町門の石柱が、一ヶ所のみ残っている。

そして坂本龍馬が暗殺の少し前に福岡孝弟《たかちか》宅を訪ね、福岡の彼女を遊びに来ないかと誘っている。そのお加代は、祇園「下河原」の山根子（山猫）芸者であった。高台院ねねが高台寺に生活していた時、芸者や役者を集めて遊んでいたが、他界後は、高台寺の西側に下河原山猫芸者と言われる芸妓たちが集まる花街が出現した。現在も気の張らないお酌さんとして活躍している。

「壬生遊里」、新選組の屯所の壬生にも遊里があった。お寺の西・南側に並んでいた。壬生遊郭古地図明治初年があり、これを見ると京都府葛野郡壬生村、庄屋永嶋幸之進、惣代土田佐兵衛と書かれ、壬生寺西門（現在は無い）の前に遊女屋8軒、仏光寺通の南側に7軒が軒を並べていた。私が戦後、壬生塚へよく通ったいた頃、まだその風情を残す家並みがあったことをありありと覚えている。イケメンの新選組山野八十八《やそはち》は、ここの大和屋の美人娘と出来て、女の子が生まれている。（山野のことはＰ１４１に別記している）。清河八郎の浪士隊来洛に際して、基地選定の要素とこの遊里はなったのだろう。

もう一枚、上京の遊里図がある。上京九番組中年寄・松村佐兵衛、副年寄・本浪義助、この二人が管理人であり、上京、上七軒と下の森三軒町の図と、あの水上勉《みなかみつとむ》の名作『五番町夕霧楼』の舞台、五番町七本松通に、一条通まで10軒、途中の図子を東へ六軒町通まで10軒のお茶屋が軒を並べ、四番町として仁和寺街道、六軒町通の角の「報土寺《ほうどじ》」の周囲に13軒の遊女屋があり、店附抱女と記されているのが珍しく、「投げ込み寺」報土寺と記されている。

江戸期京都は一大観光地として、全国から「東男に京女」と言われ、京女との遊びを土産話として多くの花街は繁栄し、幕末期には全国から激動の京に集まった青年たちの青春の舞台となったのである。

19 婦人病平癒の神様―粟嶋堂宗徳寺《あわしまどうそうとくじ》と、幻の不動堂村屯所

京の塩の道と言われる塩小路堀川を西へ少し歩むと粟嶋堂（宗徳寺）というお寺がある。江戸時代は腰気《こしけ》の神様として、江戸谷中《やなか》の「笠森稲荷」（感応寺（1833年天王寺と改称）の塔頭・福泉院境内にあった稲荷社）と並び庶民の信仰を集めていた。京では天神さん、弘法さん、「粟嶋さん」と呼ばれ三大縁日であったが、明治期以後医学の進歩により粟嶋さんだけ参拝者が減り、いつからか「縁日」も無くなった。梅小路通は堀川通を越えて岩上通まで異常に幅広い道が、リガーロイヤルホテル京都北側に残っており、江戸期の繁栄振りをわずかに残している。粟嶋堂境内には芭蕉《ばしょう》が植えられており、蕪村《ぶそん》の句碑もある。蕪村は、娘の病気平癒祈願に訪れ、一句を詠んだという。「粟嶋へ　はだしまゐりや　春の雨」。何で芭蕉が植えてあるのかと寺坊に聞いてみると「芭蕉は梅毒（瘡）の薬なのですよ」。ここも江戸の「笠森稲荷」と同じ瘡守《かさもり》の神様であった

粟嶋堂（下京区岩上通塩小路上ル三軒替地町）

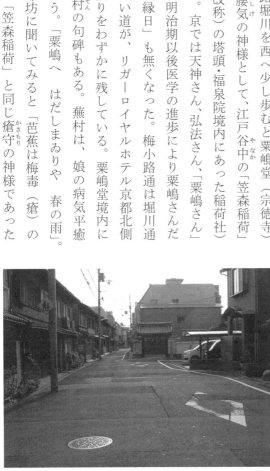

のだ。そして江戸期は大繁昌していた。門前には茶屋が並び、そばに堀川が流れ、芹生水《せりょうすい》という佳泉もあり茶屋女も居たのであろう。調べてみると、芭蕉根は、風邪、胃病、腹痛に効き目があり、小便の出が良くなるのでむくみにもよいという。粟嶋堂は人形供養のお寺としても有名。市松人形や、フランス人形や、キティちゃんもある。紀州徳川家（徳川御三家のひとつ）の姫たちが幼少の頃に使った雛人形が奉納された事に端を発し人形供養の寺としてその名が広がったという。

この粟嶋さんのすぐ近く、今は廃校となった小学校がある。この学校の西南辺りに近藤勇の妾宅があり、慶応3年（1867）11月18日龍馬暗殺の3日後に、伊東甲子太郎は、この近藤妾宅に出向き帰途。木津屋橋堀川を東へ少しの所で、待ち伏せをしていた大石鍬次郎に槍で首を突かれたが、一人を斬り伏せ、油小路下ルの本光寺門前の南無法蓮華経の石碑の前で自決して果てた。

この油小路を下ると不動堂がある。この地は東寺の鬼門にあたり、弘法大師が不思議な霊石を見つけられこの石に不動明王を彫刻して、これを石棺に納め地中の井戸深くに安置された。応仁の乱の兵火でお堂は焼失したがこの不動様は残った。

この辺りに新選組最後の屯所が在ったが、その跡地は確認できず、「幻の屯所」となっている。

堀川木津屋橋は非常に眺めもよく、東山の月見スポットであった。近藤勇妾お孝も粟嶋さんへよくお参りしたのだろう。その娘は明治期、下関の芸者となり伊藤博文に愛されたとの話もある。

幕末に活躍した女たち

20 二人の勤王尼の一人―太田垣蓮月尼《おおたがきれんげつに》

幕末の勤王女性の中に二人の尼僧がいる。一人はこの太田垣蓮月尼（1791～1875）、もう一人は野村望東尼《ぼうとうに》（1806～1867）。共に歌人であり、仏門に入った人である。蓮月は寛政3年（1791）1月8日京都三本木に生まれた。俗名太田垣誠《のぶ》。父は知恩院の寺武士《てらざむらい》太田垣光古《てるひさ》。太田垣氏の遠祖は但馬の今流行し観光ブームに湧いている天空の城・竹田城、ここの城主で太田垣土佐守古朝《ひさとも》。戦国期に滅亡落城し、鳥取で百姓となったが後、子孫が故あって京都に出て、知恩院に仕えることとなったのが父である。

また他説では、誠の父は藤堂《とうどう》家の分家・伊賀上野の城主藤堂金七郎だったが三本木の遊女に生ませた子が太田垣に貰われたとも言われている。藤堂の関係の子では新選組近藤勇の養子になった谷周平も藤堂の落胤と言われているのが頭に浮かぶ。藤堂の殿様は京都でよく遊んだのか!!

年頃になった誠は、文化4年（1807）ごろに大田垣家の養子・望古と結婚。誠と望古の間には長男鉄太郎、長女、次女が生まれたが、いずれも幼くして亡くなった。さらに文化12年（1815）には夫の望古も亡くなり、誠は25歳にして寡婦となった。4年後、新たに大田垣家の養子となった、彦根藩の古川重二郎（古肥《ひさとし》）と再婚したが、その夫も文政6年（1823）病死、合わせて6人生まれた子供も次々に死に、父は彦根の風見家から養子を入れ家をその子に継がせ、誠と共に仏門に入り、父・光古は「西心」に、娘・誠は「蓮月」となり、庵に入った。33歳であった。

その後、知恩院内の真葛庵に移るが、父は天保3年（1832）に78歳で死去し彼女は一人身となり岡崎村に移った。そして有名な蓮月焼を始めることとなった。土地の老婆にすすめられたとか、才能があったのだろう。本人は「形ふつつかなり」と言っているけれども無造作な手ひねりながら、釘で自作の歌を刻み急須や茶器は芸術的で広く有名になった。

彼女は美人だったらしい。美人で文化人の尼さんとして京の貴公子たち、慕い寄る人が多くなった。彼女は前歯2・3本を抜きわざと醜女になったらしい。人々は蓮月の文化力の高さと美しさに引きつれけられ、京の男は押し寄せた。この人々を避け、「屋越しの蓮月」と言われるほど住居を彼女は変えている。醍醐寺の裏辺りにも蓮月住まいの碑があるのを思い出した。宿変えの回数は34回と言われている。こんな歌を唱んだ。

「宿がえといふことをあまた　たびいたすとて
人の笑ひあれば」

太田垣蓮月尼像

神光院（北区西賀茂神光院町 120）

「うき雲のここかしこにただようも　消せぬほどのすさびなりけり」

洛北、上賀茂神社の近く西賀茂に「京都三弘法」の一つという静かなお寺がある。神光院《じんこういん》、その境内に蓮月が最晩年を過ごした庵室が今も残っている。この寺に大画家富岡鉄斎《てっさい》（1837～1924）の描いた彼女の肖像画がある。鉄斎を育てたのも彼女である。鉄斎を蓮月はわが子のように可愛がり、一時養子の話もあった様で鉄斎の大成は蓮月無しではあり得なかった様に思われる。そして蓮月も鉄斎を通じて勤王尼として政治的に成長していった。

こんな話もある。万延元年（1860）飢饉、米価高にあえぐ聖護院村の貧民の数を鉄斎に調べさせ、30両（自分の葬式料）を300人に与えたり、何時も自分自身の棺を用意していたのを村人の死に際して与えたりした。その行いは、書生、下働きとして、共に暮らしていた鉄斎に大きく影響し、鉄斎は春日潜庵《かすがせんあん》に陽明学、反幕の巨魁・梅田雲浜《うんぴん》にも和漢学を学び、政治思想に入っていった。安政の大獄では彼もマークされたが、過激に走らなかったのは彼女や生涯の友・山中静逸《せいいつ》（1822～1885）が慎重な人で彼を押さえた為と言われている。

彼女は幕末京都の激動の中で生き、文久元年（1861）年末から文久2年5月（会津守護職上洛の頃）迄、54歳で上京した九州の野村望東尼と度々会った。東西の勤王尼、勤王歌人の対面は如何であったろうか、その頃京都は激動の嵐の前の静けさの中であった。

鳥羽・伏見の戦いの後東上する西郷吉之助（隆盛）の壮途を三条の橋で見送った彼女は

「敵みかた勝つも負くるもあわれなり　同じ御国の人とおもえば」

「腰折れひとつ」とこの人間愛に満ちた歌を短冊に書き贈った。

西賀茂村神光院の茶所で、明治8年12月10日、85歳で没したが、別れを惜しんだ西賀茂村の住人が総出で弔いをしたという。

21 二人の勤王尼の一人―野村望東尼《ぼうとうに》
―高杉晋作を救い、また彼に救われた憂国の歌人

高杉晋作（１８３９～１８６７）が谷梅之助と偽って彼女の山荘に亡命してきたのは元治元年（１８６４）11月のことであった。高杉が帰国すると

「まごころをつくしのきぬは国の為　たちかえるべき衣手にせよ」

（真心を尽くして筑紫で縫った着物は国の為に戻って行く時の袖にしなさい）

と、一首を贈り旅衣に添えて彼を送り出した。慶応元年（１８６５）福岡では藩論が一変した。彼女の身辺は危うく、遂に11月の玄海の孤島姫島（現・福岡県糸島市志摩姫島）に島送りとなった。勤王のあるものは惨《ざん》死《し》し、また切腹した。彼女はこの痛ましさに対し、同士のために般若心経を血書した。

「おくれいて書くもかひなし法のふみ　よみかへりむってならなくに」

という歌を添え読んだ。

2年程の幽閉に耐えた。慶応2年9月16日、高杉晋作の手配で、福岡藩を脱藩した志士らが波濤をついて救出する迄、彼女は耐えた。勤王の同志にとって彼女は重要な母のような存在であった。

「思いもかけずひとや（牢獄）をのがれ出侍りぬ。いかにか方々の御耳を驚かしつらむ―中略―ゆめ見る心地にわたり侍り」と母に書き送った。

晋作が志の熱烈な炎の中で病に倒れた時、彼女は吾が愛し子を亡くした時よりも激しく泣いた。翌慶応３年4月14日、晋作が病死すると彼女はそのあとを追ったかの様に11月6日、花浦（三田尻）で没した。

憂国の歌人、野村望東尼《ぼうとうに》（望東《もと》）（1806～1867）は黒田藩士浦野勝幸《かつゆき》の三女として文化3年9月6日に生まれた。母は三人目の妻みち、筑前の百姓の出で心掛け佳い女で。、子女の教育に熱心な賢母であった。美貌で知られた望東は、文政元年（1818）17歳で郡五兵衛利貫《としつら》という20歳も上の士に嫁いだ。半年後離婚。次に馬廻組の野村貞貫に24歳で嫁した。先妻に3男があったが、この家では4人の子の母となった。しかし4人共に夭折し、このさびしさから夫妻で歌を詠む様になった。その後、夫は長男に家を譲って平尾の山荘へ。望東40歳。この平尾山荘が志士の集会所となっていった。世の中は激動がはじまり、望東尼も炎え上り出していた。

「神風のおきて吹かば　異国の船はことなく浮世の浪立てて」
（弘化2年）

政治的な歌をよみ出した。

安政5年（1858）、清水寺の月照《げっしょう》が追求を逃れて野村の山荘に潜んだという風説も立ち、山荘は志士の密議所となっていった。この混乱期に夫が死去した。安政6年、望東は54歳、剃髪し、望東尼となる。彼女は文久2年（1862）上洛、多くの勤王家と会い、女性歌人志士となっていったのである。帰国すると筑前

野村望東尼

平尾山荘（福岡市中央区平尾 5-19-34）　提供：福岡市

の志士と交流し平野国臣と活動を始めた。時代は廻り始め、晋作が彼女の山荘へ来ることになる。平野国臣《ひらのくにおみ》は志士の中でも最高の歌人と言われていた。彼は禁門の大火の際、京「六角獄舎」でその命を絶たれた。平野国臣についてはＰ２２４で記する。

22 松尾多勢子《たせこ》―信州伊那の女性尊攘家

松尾多勢子（１８１１〜１８９４）は幕末京都で活動した女志士、信州の田舎者、現在でも知名度は若江薫子《におこ》（１８３５〜１８８１）と共に非常に低い。彼女は文化8年（１８１１）下伊那山本村の庄屋に生まれた。伊那谷周辺は経済力豊かで文化水準も高いところだった。12歳の時、父の実家の座光寺村（現・長野県飯田市）の北原家に預けられた。山本村は城下の飯田よりかなり離れた天竜川沿いの静かな村であった。21歳も年長の従兄弟北原因信《よりのぶ》は学識ある庄屋として人望を集めていた。19歳の時、隣村の豪農松尾家に嫁いだ。そして41歳迄に4男3女を生み、9年間に舅、姑を送り、身体が弱い夫にかわり28歳にして女主人となった。酒造、製糸を業ともしたので多くの人が出入していた。夫の佳きサポーターとして、賢く働き者として、村人から慕われていた。また、飯田の歌人・福住清風《ふくずみきよかぜ》らに師事し歌道にも精進した。

嘉永5年（１８５２）秋、平田篤胤直門の岩崎長世《ながよ》（?〜１８７９）が伊那へやってきた時、北原因信の子稲雄の紹介で、平田篤胤没後の門人となる。その影響で、勤王思想家として成長して行った。文久元年（１８６１）皇女和宮《かずのみや》が降嫁、中山道を和宮一行が通り過ぎるのを目にした多勢子は勤王思想を確固たるものとした。文久2年（1862）8月31日、52歳の彼女は夫の許しを得て単身上洛した。平田鉄胤《かねたね》（1799～1880）たちも入洛し、実践行動が始まった。幕府の追及はきびしかったが、彼女は田舎者の「歌詠みババア」として立場が便利で品川弥二郎、久坂玄瑞、藤本鉄石たち志士と知り合い、品川などは、彼女の中に母を感じ活動したといわれている。そして岩倉具視と出会い彼の人物の深さを知り、強い意志力、計画力の実践家と認識し、同志仲となった。

当時天誅《てんちゅう》の対象となっていた危険一杯の岩倉具視を助けた。彼女は髪を櫛巻きに結び、長笄《ながこうがい》をさし地味な着物に黒繻子《くろじゅす》の帯、蝋《ろう》色ぬりに金地で「しきしまの大和心」の歌をちりばめた短刀を手ばさんでいた。文久3年（1863）「足利三代木像梟首事件」後、幕府は平田派の国学の志士を捕縛、身の危険を感じた多勢子は、品川弥二郎の世話で長州藩邸に潜伏した後、郷里から長男らが迎えに来て、いったん帰郷し、慶応4年（1868）正月、鳥羽・伏見の戦いの直後、長男誠と共に上洛、岩倉家に寄寓した。そして誠を討幕軍に参加させ、一家をあげて尊王の道に尽くした。明治2年（1869）帰郷し、農業に従事していたが、明治14年（1881）再び東京の岩倉邸に招かれるが、1年後に帰郷し、歌に親しみ晩年を過ごした。維新後は彼女もまた軍国化欧化万能に対して晴れやらぬ思いに心暗くしていた様であった。明治27年（1894）6月84歳で死去。明治36年（1903）、正五位追贈の栄誉を受けた。私の友人が「足斬りとん兵衛」（足斬り剣法で多勢子の護衛とん兵衛が、岩倉のガードマンとして活躍する話）の小説を書き紹介したが遂に自費出版で終わり、昨年、彼は81歳で他界した。

23 梅田信子《のぶこ》―反幕の巨魁《きょかい》雲浜《うんぴん》

これを支えた才女の「薄幸の人生」

梅田雲浜（1815～1859）、戦前私は小学校の頃、歴史でこの名前を叩き込まれた。尊王攘夷が当時の軍国主義と合致し軍部に利用され、真木和泉とか平野国臣とか小学生でも皆知っていた。梅田先生と言う男の先生が、新任されてきた。子供たちは「ウンピン」「ウンピン」とすぐに、アダナをつけ呼んだのをよく覚えている。清水坂を東へ登って行くと市民の信仰を集めている日限《ひぎり》の地蔵さんのあるお寺の中に彼の遺髪塚があることは余り知られていない。彼は「安政の大獄」で、いち早く捕らえられ、安政6年（1859）江戸で獄死した。彼の名を史上に高めた遺作の詩がある。

「妻は病床に臥し、児は飢に叫ぶ　身を挺し直ちに戎夷に当たらんと欲す　今朝死別または生別するとも、只、皇天后土あるのみ」

雲浜は文化12年（1815）若狭小浜《おばま》藩士・矢部岩十郎（義比《よしちか》）の次男に出生。祖父の生家の梅田姓となり、京や江戸に遊学し山崎闇斎《あんさい》派の儒学を学び、勤王志士として燃えた。天保12年（1841）27歳、関西・九州を遊歴の後、大津で湖南塾を開いた。その時、近《おう》江《み》高島出身の上原立斉《りっさい》（1794～1854）と知り合った。雲浜は立斉の門下に入門を望んだが、立斉は「貴殿に教えるものは

梅田雲浜の碑
（東山区清閑寺霊山町、京都霊山護国神社内）

梅田雲浜像

梅田雲浜邸跡（中京区烏丸通御池上ル東側）

梅田雲浜先生旧跡碑（左京区一乗寺葉山町６、葉山観音内）

何も無い」として学友扱いとした上、自分の娘・信子（？～１８５５）を妻にしてくれと頼んだ。自分は不安定で生活の目途も無い、将来性も無いと固く断ったが立斉夫妻の頼みで信子を嫁に迎えた。30歳の時のことである。その前天保14年（１８４３）８月より、堺町二条望南塾の塾長であった。しかし、塾を管理する小浜藩の待遇は冷たく、木屋町二条や二条通麩屋町上ル大福寺裏長屋を借りて住む。生計不安定の中、長女と長男二子が生まれた。当時、藩主酒井忠義《ただあき》は京都所司代の任にあり、嘉永３年彼は、藩主に外交問題等の建白書を出した。これが藩主の怒りを買い、嘉永５年（１８５２）７月、藩から追放された。浪人生活は更に彼らを苦しくし高雄や一乗寺の茅屋《ぼうおく》を転々とし、わびしい暮らしを続けた。しかし信子はぐちを一言も言わず針仕事、裁縫、生花の先生をして生計を立てた。彼女は和歌に秀でていた。

「樵りおきし軒の積木も焚きはてて　拾う木の葉の積もる間ぞなき」

「事たらぬ住居なれども　すまれけり　われを慰む君あればこそ」

ある夏、この寓居に二人の志士が訪れた。とうとうとして天下の時勢を論ずる主客に信子は酒肴を調《ととの》えたあと、次の間から琴を弾いてもてなした。ふと訝《いぶか》しがった雲浜が隣の間を覗くと、信子は粗末な下襦袢１枚のみで端然として琴を弾いていた。信子は質屋に走り、着ていた着物を質に入れ、質入のお琴を取り戻してきて、接待の調べとしたのであった。涙の出る様なお話である。さすがの雲浜もこのことを知り、妻の心と行いに深く打たれ、深く深く彼女に詫びたという。

嘉永6年（1853）ペリー来航と共に風雲急を告げ雲浜は江戸へ、松陰らと国難対策に走り、9月にはロシア艦隊が大坂湾に、これに憤激した十津川《とつがわ》の郷士たちは雲浜を首領として立ち上り、彼は十津川へ走った。この時から信子は病に臥すようになり長男も病にかかっていた。この時の信子の歌

「ねざめしてつくづくことを思う夜は　なげき加はるさよ中の月」

安政2年（1855）3月、信子は10歳のお竹と4歳の繁太郎を残して世を去った29歳の妙齢であった。維新はこんな女性の苦労の上に出来上がったのだ。涙の話である。

この信子亡き後の後妻が「千代子」、その子が「ぬい」である。

24 若江薫子《におこ》―尊王攘夷を明治期も主張した宮廷女流学者

明治新政府が発足してしばらく後、若江薫子（1835～1881）に「明日から出仕に及ばない」というお達しがあった。宮中にあって一条美子《はるこ》（明治皇后、後の昭憲皇太后）の歌道師範を務め、宮廷内の女子の英才で一条家の家庭教師も務めていて、明治帝の皇后選びの際、従一位左大臣・一条忠香の三女の寿栄君《すえぎみ》（一条美子《はるこ》）を推した。

薫子は歌道より毎日明治政府の批判を続けていた。

「今の政府は間違っています。維新の理想からは離れてしまっています」と。

彼女を宮中から離そうとするのは政府高官―木戸・大久保・西郷・後藤・岩倉たち―の考えであり、彼女は若い頃から彼らをよく知っていた。幕末京都で活動して、幕府の警察力に追われている時、彼らをよく援助をした。龍馬も彼女に世話になり攘夷を叫んでいた。彼女は思っていた。「攘夷を行うために旧い幕府を倒し、腰の強い政府を作ろうと革命運動を行ったはずが、新政府は開化開化と欧米かぶれになり下り、日本の伝統文化は失われつつある。こんな日本にする為に尊王運動をしてきたのではない」と、彼女は憤りを続けていた。

彼女は天保6年菅原道真の系譜の学者の家に生れた。父は伏見宮に仕える修理太夫若江量久《かずなが》、女の子ながら英才で15歳で「経史百家《けいしひゃくか》」を読了、18歳では文天祥《ぶんてんしょう》の著書『指南集』の注釈書を出版した。詩歌も佳くし、能筆でも知られ、才女の名は宮廷のみならず洛中に高く、「秋蘭」と号した。尊王活動家の村岡局《むらおかのつぼね》（1786～1873）と共に安政大獄の時、尊攘志士を助けた。70余歳の村岡を井伊は江戸で手厳しく調べたとき、彼女は幕府の非道に対し怒りをあげた。その井伊が開国尊王論者であり、今の政府も同じことをやっている。多くの仲間・同志を無くしたのに、同じ政治をなぜやるのか、宮廷に出仕しながら強く主張し続けた。

彼女は出仕を止められ、幽閉された。禁を解かれた後、旅をし、中国・四国を廻り、丸亀の岡田東州《とうしゅう》の塾に迎えられた。2年後丸亀で47歳で死去した。「和解女四書《わげおんなししょ》」「杞憂独《きゆうどく》語《ご》」の著書を残した。幕末の宮廷女性として突出した女人像であった。

昭憲皇太后

25 勤王女流歌人の一人─黒沢登幾《とき》（止幾《とき》）

幕末維新の異色女性中、勤王歌人といわれた女性が5名存在する。村岡局（1786〜1873）を筆頭に、黒沢登幾（1807〜1890）・松尾多勢子（1811〜1894）・大橋巻子（1824〜1881）・若江薫子（1835〜1881）である。

黒沢登幾は、安政5年（1858）10月27日「中追放」の判決を受けた。吉田松陰に死罪が言い渡され、直ちに処刑されたと同じ日、江戸十里四方と山城、常陸の両国に住むことを禁ぜられた。

登幾は修験者、黒沢光仲《みつなか》の娘として常陸国東茨城郡岩船村にて出生。幼い頃から学問を習い、国学を勉強した。そして和歌を佳くした。鴨志田彦蔵に嫁したが夫に先立たれ、子供を伴って生家に戻った。生家では子女を集め塾を開き、学問の道にも精進していた。

常陸《ひたち》は徳川斉昭《なりあき》の国元である。志士たちが江戸に向かい登幾としても無関心でいられる訳がなかった。折りしも日米通商条約が締結された。斉昭は「不時登城」して、井伊直弼《なおすけ》を難詰した。すると斉昭は1年前「一橋慶喜」の将軍擁立を京都の朝廷に働きかけたとして「謹慎処分」となった。彼女は手をこまねいていられなかった。斉昭の雪冤《せつえん》の為に京都へ上洛しようと決心した。73歳になる母にその決心を伝え、同意を求めるとその母は「我が国の為、君の為　後れな取りそ」と力づけてくれた。

「雪冤」とは、無実の罪をすすぎ、潔白であることを明らかにすること。

54歳の登幾は江戸から巡礼の姿に身を変えて、信州善光寺から戸隠《とがくし》へと寄り道をしながら、やっと京都に入った。もう安政6年3月になっていた。登幾は、水戸の旅人が宿泊するという京都の扇屋に宿をとり、朝廷に差し出す献上の長歌の清書をした。

「しきしまの道たどる身はささがにの　雲井の庭に引かれ出にけり」
京都では国学者・座田維貞《さいだこれさだ》を頼り、長歌一篇を献じ、せっせと斉昭の冤罪を訴えた。その長歌には
「露もおはさぬ聖なる、かしこき君を退けて　小がね真玉を春山の花ちるごとく、まきちらし晴るる雲井を曇らする、たくみの程の浅ましと浮世の人の言の葉を聞くも苦しき」
と心情を披瀝して
「ゆゆしけれども九重の雲井の神たてまつるなり」と一途な思いを朝廷に託した。
その雄雄しいたくましい心情が
「玉鉾《たまぼこ》の道は荒れても進みゆく　やまとこころの駒は撓《たゆ》まじ」
と詠まれている。

京都における幕府の警戒は一層厳重で、関東から女の密使が京に潜入したという噂はたちまち京都に広まった。

京都から帰途、彼女は四国の金比羅宮に参り、一心に祈願成就を祈った。大坂に着くとすぐに幕吏に捕縛されてしまった。「唐丸籠」で京都から江戸へ送られると、江戸伝馬町の獄舎に入った。待っていたのは拷問の嵐であった。数回の拷問に耐え抜いた彼女は「中追放」と言う判決を受け下野《しもつけ》国茂木村に住んだ。12月6日密かに実家に戻り、9ケ月ぶりに老母と対面した。翌安政7年（1860）3月3日、大老井伊直弼は激昂した水戸浪士等の襲撃を受けて暗殺された。（桜田門外の変）。幕府の威信もすっかり衰え、登幾の追放もいつしか緩やかになった。斉昭雪

黒沢登幾

冤、女性地方詩人の話である。

黒沢登幾

登幾の家は、代々宝寿院という修験道場（山を神として敬う古来日本の山岳信仰と神道、仏教、道教、陰陽道などが習合して確立した日本独特の宗教の道場）を運営し、その傍らで、寺子屋を開いていた。維新後、常陸国茨城郡錫高野村（現・茨城県東茨城郡城里町錫高野）へ戻った登幾は、村長から小学校の教師をしてくれと依頼され、明治5年（1872）8月、学制発布後、翌年5月、正式に茨城初の小学校女性教師となった。日本初ともいう。明治23年（1890）、85歳で死去。明治40年（1907）に従五位が追贈された。

26 勤王詩人の妻―女性詩人梁川紅蘭《こうらん》

京都洛東鴨川に丸太町橋という橋が架かり、清流が眼下をとうとうと流れている。目を西岸に転ずれば「カヤ葺き」の古家が見える。「山紫水明処」頼山陽（1780～1832）の庵屋が今も残る。連絡すれば今も拝観ができる。この対岸、東側に梁川星巌（1789～1858）と妻紅蘭（1804～1879）は住んでいた。先年迄石碑が建っていたが除かれてしまった。毎日毎日、夫・星巌が山陽のところへ出掛けるので、紅蘭が自費で丸太で橋を設けた。これが丸太町橋のはじまりであると言われている。

梁川星巌は豪農の家に生れ、文化4年（1807）「白鴎社同人」柴山老山と江戸に出て、山本北山《やまもとほくざん》（1752～1812）の塾に学んだ。そして毎日吉原に入り浸る放蕩者であった。紅蘭がその塾に入ったのは14歳の頃であった。星巌はその頃29歳。江戸の遊びを知り尽くしたこの男のどこに魅力を感じたのだろうか。紅蘭が夫と定めたのは入塾後3年を経た17歳の時である。天性の美人である彼女は、星巌の漂わせる「詩文の世界」への憧憬があり、周囲の反対を押し切って近づき文政3年（1820）の春、結婚した。そして尊王詩人のサポーターとして激動の時代に乗り出して行った。「安政の大獄」の時、夫も危険人物としてマークされ捕らえられる直前、当時流行したコレラでコロリと彼は死亡した。身代わりに紅蘭が捕らえられ、同志のことを厳しく追求されたが、一言も裏切らず秘密を明かさなかった。翌安政6年（1859）2月16日に釈放された。一説では捕らえられる前に星巌と交流のあった人物（吉田松陰、橋本左内など）との手紙などの書類を焼却していたという。その後、星巌の遺稿を出版、晩年は京都で私塾を開いた。強き勤王の女詩人と言われている。そして幕末京都の嵐の中を生き抜き明治12年（1879）76歳の天寿を全うした。

紅蘭

27 土佐勤王党の女スパイ──幕末京都に入り活動した平井加尾《ひらいかお》

三条邸（寺町荒神口西）、三条西邸（寺町丸太町角）が当時あった。加尾はどちらの女中に入ったのだろうか。

星巌と紅蘭

京都での星巌は、表面上は、あくまでも隠棲の老詩人として、菊を作り牡丹を植え詩を作って、穏やかな余生を送っているように振る舞っていた。しかし、京都の鴨川の辺にあった彼の住居「鴨沂《おうき》小隠《しょういん》」は吉田松陰・西郷隆盛らがしばしば訪れると共に、頼三樹三郎・梅田雲浜などのアジトになり、その中心人物であった。公卿の日野南洞（資愛《すけなる》）（１７８０～１８４６）公とは殊に親しい交わりで、志士と公家との連絡は星巌を通じて行われたという。

紅蘭は56歳から73歳まで京都で暮らした。この長い間の寡居は、夫の弟子たちに見守られて星巌の遺稿を出版したり、好きな画や学問に励んで余生を送った。紅蘭65歳。明治天皇が星巌の維新時における忠誠を褒められて、霊山《りょうぜん》において祭祀がとり行われる。星巌死の翌年正月、捕らえられても秘密を守り通したことに対し「二人扶持」が京都府より与えられた。紅蘭は明治12年（１８７９）3月、76歳で亡くなり、南禅寺塔頭天授庵《てんじゅあん》・星巌の墓の隣に葬られた。大正13年（１９２４）、紅蘭は従五位を追贈された。梁川星巌は明治24年（１８９１）、生前の活躍を称えられて正四位が追贈され、靖国神社にも合祀されている。

平井加尾（1838～1909）は、天保9年高知城西井口村（現・高知市井口町）に生まれ、のちに久《く》万《ま》村（現・同市西久万高野谷）に移り住んだ。父は土佐藩新留守居組（上士）・平井伝八（平井真証）、母は越《お》登《と》の二男一女の末っ子。直証（直澄）がいつ久万村に移ったのは不明だが、加尾の兄・収二郎（1835～1863）は、隈山《わいざん》（久万山と同意）と号している。兄は龍馬（1836～1867）の1年上で文武両道の秀才、弁舌流れる如き人物であり、彼女も和歌をよくし文筆に長じた才媛であった。龍馬は収二郎のところへ出入するうち、彼女に思いを寄せる。その龍馬が江戸へ出たのは嘉永6年（1853）で、龍馬19歳、加尾16歳。江戸桶町千葉道場で1年間剣術修行し、安政元年（1854）6月帰郷した龍馬は彼女への恋心はすでに失っていた。この裏には千葉佐那（1838～1896）の存在があった。安政3年江戸へ再遊し、文久元年（1861）帰郷し土佐勤王党に加盟した。その頃、加尾は京都へ行く。土佐藩第12代藩主・山内豊《とよ》資《すけ》（1794～1872）の養女・恒姫《ひさひめ》（友子）（?～1913）が、嘉永5年（1852）京の三条家（尊皇攘夷派）・三条公睦《きんむつ》（実美《さねとみ》の兄）（1828～1854）に嫁いだ。安政6年（1859）12月とされるが、加尾は藩命で、下士ではなく上士の娘だった事から御付役（奥女中）として上洛し三条家に仕えた。公睦は安政元年に死去するが、公睦と恒姫の間の子・公恭《きんきょう》（東三条公恭）（1853～1901）が実美の後継者として指名されており、信受院（恒姫）はその母として三条家に留まっており、加尾は母子の護衛をしたという。恒姫は、（山内豊著《とよあきら》（1802～1859）の娘）で山内容堂（土佐藩15代藩主）（1827～1872）の妹である。この頃龍馬は、加尾に奇妙な手紙を出している。

「先ず々々御無事とぞんじ上候。天下の時勢切迫いたし候に付き、一、高マチ袴、一、ブッサキ羽織、一、宗十郎頭巾　ほかに細き大小一各々一つご用意ありたく存上げ候　文久元年9月13日　龍馬」。

この手紙を見た加尾はこの品々を揃え待ったが、龍馬は来訪しなかった。龍馬が脱藩したのは文久2年3月

24日夜である。彼はその2日前に、「加尾を内裏《だいり》に出仕させ幕府から来る情報を探らせては」と、兄・収二郎に勧めていたが、拒否され話は打ち切られた。龍馬は彼女をスパイ活動にと考えていたのだ。収二郎は彼女に手紙を出し、「龍馬の手に乗らぬように」と妹にアドバイスしている。だが彼女は京都に来る兄の同志の面倒をよく見た。ある日、池内蔵太《いけくらた》（1841～1866）が乞食同然の姿でやって来た。聞くと「江戸から帰国途中に盗難にあった」という。「災難とはいえ武士たる者が一刀も身につけず帰国するのは心苦しいことでしょう」と、秘蔵の懐剣を貸し若干の金子を与えた。また弘瀬健太（1836～1863）、河野万寿弥《ますや》（1844～1895）が疾病で立ち寄った時も三条邸より夜具を借用し、藩邸の能舞台に隔離して下婢《かひ》一人をつけ看護させた。

文久2年（1862）8月28日、第16代藩主山内豊範（1846～1886）が供衆400名を連れて、江戸へ下る途中入京してきた。吉田東洋（1816～1862）が暗殺され、藩政は改革派から、勤王・保守党連合政権となり、土佐勤王党の武市半平太（武市瑞山）（1829～1865）らに擁せられ率兵上京した、この集団は、島津久光にならい勅使警備と称して江戸へ東下、勅使は三条実美、姉小路公知、下士で固められた土佐勤王党士は姉小路の雑掌《ざっしょう》として供奉《ぐぶ》することになった。収二郎はこれに同行しており、加尾と河原町の土佐藩邸で再会している。しかし収二郎は「他藩応接役」として京に残る事になり、却《かえ》って加尾を国元に帰すことにした。

同志の送別会を10月9日木屋町三条の旅館で宴を持った。帰国に際し、彼女は寝具衣類を売ったお金と三条家からもらった旅費を兄に渡した。翌10日早朝、高瀬川七条まで見送ってくれた兄に加尾は一通の書状を渡した。

「たらちねのためにかくとは思えども　なお惜しまるる今日の別れ路」

これが兄との最後になったのであった。兄が青蓮院宮令旨《しょうれんいんのみやれいじ》事件で山内容堂の怒りを買い、高知へ投獄されたのは文久3年5月24日。加尾の驚き、嘆きは如何であっただろうか。容堂は勤王党、下士たちが大名、公家屋敷に出入するのを苦々しく思っていた。収二郎が知遇を得ていた青蓮院宮(中川宮)を同志間崎哲馬《まさきてつま》(1834～1863)に紹介したのは、藩政を改革するためだった。宮から令旨を賜った間崎は、翌日同志弘瀬健太(1836～1863)と帰国し「藩政改革」に乗り出した。6月8日捕えられ白州に引き出された収二郎・間崎・弘瀬は「京師に於いて上をあざむき御令旨など拝載し景翁《かげおき》(豊資《とよすけ》)・容堂《ようどう》・豊範《とよのり》の三殿さま不快にした」として切腹を命じられた。切腹の申し渡しを喜んだ収二郎は次の一種を爪書きとした。というのは身分制度の厳しい土佐藩では、下士は普通斬刑だったからである。

「首打たれんと思えるに自刃を給いければ　百千たび生き返りつつ恨みんと　思う心の絶えにけるかな」。

3人は従容として自害し果てた。収二郎29歳、間崎30歳、弘瀬28歳。収二郎の遺骸は井口村丹中山の先祖の墓地に埋葬された。加尾は三条家からの慰労金で収二郎が獄中で半古紙に爪書きした憂国詩を碑面に刻み、碑を建立した。「ああ悲しいかな　綱常張らず　洋夷陸梁して辺城に防ぎ無し―以下略―」。だが藩庁が詩の削除を厳命したので碑を破棄し維新の後に再建した。

加尾は、兄の遺言を守り両親に功を尽くし、西山直次郎(志澄《ゆきずみ》)(1842～1911)を婿に迎えた。そして高知から東京へ移り住み、明治42年(1909)2月17日72歳で没した。彼女が活躍した京都土佐藩邸の跡には、木屋町蛸薬師の高瀬川畔に表札と石碑が建ち、清流が流れている。

西山志澄

28 岩倉槇子《まきこ》―倒幕へ運命を共にした貞節

岩倉家11世となった岩倉具視《ともみ》（1825～1883）は、前権中納言堀川康親《やすちか》（1797～1859）の次男として生まれた。天保9年（1838）14歳の時、養子として岩倉家に入り、岩倉具慶《ともやす》（1807～1873）の次女・誠子《のぶこ》（1833～1874）と結婚。ここで取り上げる野口槇子（1827～1903）が継室として収まったのは、誠子（42歳）が亡くなった明治7年（1874）10月24日のことで、岩倉50歳、槇子48歳であった。槇子が正室であった期間は、明治16年に具視が亡くなったまでの9年間であった。

しかし、彼女は20歳の頃から岩倉家に仕え、具視との間に二男三女を設け、側近として行動を共にし、激動期を走り抜けた。

公家の家計図には「家の女房」という文字がある。これは子どもの生母のこと、側室のことだ。「家の女房」は、正妻と女中の中間の人である。槇子は膳所藩の勘定組、石高は「8石5斗」の野口為五郎の次女として、文政10年（1827）、膳所《ぜぜ》（現・滋賀県大津市）で生まれた。はじめは姉が具視の「家の女房」であり上女中をしていたが、槇子がお彼岸に、「おはぎ」を持って行った際に見初められ、姉と入れ替わった。22歳で第1子（増子）（1849～?）、25歳で第2子岩倉具定《ともさだ》（具定の孫が加山雄三の母、女優の小桜葉子）（1852～1910）を生む。

これとは別に、具視が18歳の時、岩倉村の娘に生ませた男子・具義《ともよし》（1842～1879）がいた。彼は南岩倉家を立てている。その他、子宝に恵まれた。その他にも埼玉県の人の娘「花子」が男子を産んで

岩倉具視

いる。岩倉も中々「絶倫」と見られる。

嘉永6年（1853）、岩倉29歳の時、鷹司政通《たかつかさまさみち》（1789〜1868）に近づく為、政通の弟子となり、侍従となった。これは伯母の知光院洗子《すがこ》（1800〜1884）が、鷹司家の上臈《じょうろう》であったことも大きな要素である。安政4年（1857）彼は侍従、近習となった。ここから彼の活動が大きく動き出した。和宮降嫁で大ヒットを打ったが、その後尊攘論が宮廷で力を得ると佐幕派と断じられ文久2年（1862）蟄居、一切の地位を失った。この時沈着冷静な「槇子」が大きな力になった。彼女は36歳、彼は落飾して、岩倉入道となり、法名を友山《ゆうざん》とした。岩倉具視の異母妹・堀河紀子《もとこ》（1837〜1910）も文久2年7月宮中を退去し、翌年3年出家を命じられた。これから彼の苦難が始まった。9月12日の夜、きわめて物騒な匿名の投文があった。「天誅」の予告である。京の町々は「天誅」が横行し、無警察の状況であった。9月13日彼は「今死んでは犬死も同然だ」と西賀茂の霊源寺《れいげんじ》（現・北区西賀茂北今原町）に潜居した。秋の月明かりを頼りにわびしく洛北の寺に逃げ込んだのだった。剛毅な彼もこの夜は一睡

岩倉具視幽棲旧宅（左京区岩倉上蔵町 100）

も出来なかった。この時槙子は付き添い彼を励まし、心身ともにサポートした。その霊源寺も危険が迫って来て、彼は雲水の衣をまとって洛西松尾の西芳寺（苔寺）に逃れた。この岩倉の上に、更に決定的な朝廷の御沙汰が下ってきた。洛中からの追放令であった。岩倉は岩倉村の農夫三四郎の家に身を託し、次いで大工の藤屋藤五郎所有の古家に身を隠した。「此家は僅に風雨を庇ふに足るのみにて、簷破れ柱傾き、恰も狐狸の栖所に異らず、公の日記中にも、終日掃除の處、古屋にて實に住居なし難し、兎に角落涙の外なし」とある。何とか家を直して、隣雲軒と名付けた。これが現在の岩倉具視幽棲旧宅で、現在の建物は、明治三十五年に改築されたもの。文久2年10月岩倉村に腰をすえてから、慶応3年11月「洛中帰住お許し」までの5年間、槙子の暮らしは並大抵では無かった。失意の彼を助け、京洛との連絡も彼女の役割。「天秤棒」の片方に恒子（のち寛子）（１８６４～１９４３）を乗せ、もう一方に荷をつけて、子供の「付け紐」に密書を縫い込んで運んだ。１５０石の下級公家、苦しい生活のなか、彼女は彼の復権を願って必死に生きた。文久3年（１８６３）2月1日夜、尊攘派の浪士が岩倉本邸に来て、彼の好物であると油紙に包んだものを置いて帰った。なんと、賀川肇《かがわはじめ》の左腕であった。賀川は千種有文《ちぐさありふみ》（１８１５～１８６９）の雑掌《ざっしょう》で、岩倉具視と京都所司代・酒井忠義《ただあき》との連絡を仲介した人物であったが、この年1月末「天誅」を受けた。この怪事件に、岩倉は危険が迫っていることを知らされ愕然とした。やがて尊攘派は「八月十八日の政変」、「禁門の変」などの事件を経て急速に力を失っていた。岩倉は密かに志士たちと連絡をとり、情報を集め、情報を分析して、来るべき時に備えていた。「薩長同盟成立」「将軍家茂死去」「慶喜の将軍就任」「孝明帝死去」と続き、日本は王政復古、倒幕の道を急速に突き進み出した。岩倉は大久保利通《としみち》（１８３０～１８７８）と連帯して動き出し、慶応3年12月9日「王政復古のクーデター」に成功、岩倉は議定《ぎじょう》となってその夢を実現させた。

明治新政府発足、彼は参与、議定、副総裁、明治4年（１８７１）右大臣。11月10日岩倉視察団（特命全権大使）、

明治6年9月13日帰国。同年征韓論が破裂。明治7年1月14日凶漢に襲われ負傷。10月24日に正室「誠子」死去。享年42。明治16年（1883）、具視は「胃ガン」になった。7月20日午前7時45分59歳で死去。25日に日本初の国葬が執り行われた。岩倉と生きた30余年、その死後から20年、家を支えた槇子は、明治36年（1903）2月23日、東京岩倉邸で没した。77歳であった。墓は品川の海晏寺《かいあんじ》、分骨して膳所中庄1丁目（現・滋賀県大津市中庄）の光源寺の野口家累代の墓に合葬された。岩倉具視幽棲旧宅の庭に槇子の遺髪碑がある。慶応4年（1868）1月26日、岩倉村で49歳で没した兄・小野賀柔《がじゅう》（1820～1868）の墓は岩倉共同墓地（現・左京区岩倉西河原町）にあり、顕彰碑が京都東山の霊山に建てられている。

29 勤王バアサンの「りせ」と嫁の「てい女」―小川亭跡

京都三条京阪のバス乗り場から南へ行き東へ、縄手通りの西側角に小川亭の碑がある。この辺りにあった小川亭には、幕末の志士が集会所の様に出入していたが、志士たちの世話をしつくして明治14年（1881）には家産は傾いた。止むを得ず、一時てい女が先斗町に行って小さな宿屋をやっている。明治17年に、娘のおはると共に再び元の店の二、三軒南に「小川軒」と名付けた貸席と旅館を兼ねた店を出した。これも大正9年（1920）に廃業し、その3年後、大正12年（1923）7月10日、90歳で亡くなった。家屋は第二次大戦の時、強制立退きで取り壊された。

小川亭はその昔は「魚卯」といい、代々近江屋卯兵衛を名乗り、諸藩の肴御用達をしていた。特に肥後藩邸のお出入商人であった。初代卯兵衛の妻は「りせ」といい、長男は近江屋を継いで二代目卯兵衛となった。次男は縄手の小川亭から五、六軒南にあった料亭を継いで、佐竹氏として吉兵衛を名乗った。店は移転したが、今も五代目が京料理美濃吉として営業している。

二代目卯兵衛の嫁が「てい」である。天保生まれで18歳で嫁に来て、29歳で未亡人となった。当時肴商は女性には開業が認められていなかったため、嫁と姑二人の後家さんは肴屋をやめ、肥後藩の勧めもあり旅館を営んで出入の志士の世話をした。離れは見晴らしよく、いざの時に鴨川原に逃げられるので、勤王倒幕の謀議の場所によく使われていた。肥後からも当時50余名の禁裏守護の兵が来ていた。肥後の人たちを中心に遊び場所となっていた。京詰の隊長「千石の役人」住江甚兵衛《すみえじんべえ》、河上彦斎《げんさい》、轟武兵衛《とどろきぶへい》、宮部鼎蔵《ていぞう》、山田信道、高木元右衛門、藤村紫朗、松田重助たちだった。また、他藩であるが桂小五郎、平野国臣《くにおみ》など多くの志士が出入した。

宮部鼎蔵とは特に親しかったらしい。宮部に忠実な家来が居て、常に主人の衣服の世話までしていたが、てい女は見かねてよく洗濯や繕いをしてやった。この家来忠蔵が主人の使いで南禅寺の塔頭にあった肥後藩宿舎へ行った時、新選組に捕えられた。宮部の行方について厳しく質問されたが答えない為、新選組はオトリ作戦として、この忠蔵を山門の上に縛り付け晒し者にした。この為、帰ってこない忠蔵を探しに「てい」は四条河原町上ルの「古高邸《ふるたか》」や「薩摩邸」に行った。そこで大きな目の肥った巨漢に会ったらしい。これが西郷吉之助(隆盛)だった。宮部が帰ってきたので、この話をすると宮部は古高邸から小川亭に来て隠れた。この「てい」の動きを探索した新選組により、元治元年（1864）6月5日「枡喜」古高邸は新選組に踏み込まれ、古高俊太郎は捕わり土方の拷問に遭《あ》い、池田屋事件の発端となったのは有名な話である。

「りせ」と「てい」は自分たちのした事がこの事件の原因と深く思ったのだろう。池田屋の志士の遺骸をこの二人が、危険を冒して葬った話もあるようだ。宮部以下の遺体は縄手通三条下ル大黒町の三縁寺（現在は左京区岩倉花園町）へ運ばれ、四斗樽に入れられて4日間本堂の横に置かれた。現在の7月下旬の炎暑で、悪臭を発しひどい状態になっていた。長州藩士が葬る事になっていたがすでに腐っていて誰であるか判らない。それで池田屋の下婢「清水うの」に見せて識別させ、四斗樽に入れ埋葬したのは「りせ」と「てい」と言われるが、本当の話はこうだ!!

池田屋事件の夜、在宿したのは平野国臣（筑前）、古松簡二（久留米）、槇村正直（長州）、藤村紫朗（熊本）、西川耕三（京）、山田十郎（信道）（熊本）、轟武兵衛（熊本）、岩佐某（丹波）、高田源兵衛（河上彦斎）、松田重助（熊本）、宮部鼎蔵（熊本）、本山七郎（北添桔磨）（土佐）、大高又二郎（播磨）であった。池田屋の事を聞いて、「てい」が小川亭の奥の間を覗いたら、一人も居なかった。祇園祭の宵山で商売の準備に忙しく、心配しながら一夜を明かした。

「てい」のお話。

「翌朝になって詳しい話が分かり、昨日まで仲良くしていた志士の人々が情けない姿になって、すぐ近くの三縁寺に棄てられて

小川亭跡碑
（東山区縄手通若松下ル西側新五軒町）

三縁寺（左京区岩倉花園町）

あると聞いて、涙も出ずに蔭ながらお念仏を上げさしてもらいました」、また「この方々の首は河原へ晒され、遺体は四斗樽に入れられ同寺内に埋められた。それより20年の間は心ばかりの手向《たむ》けの香華。これがせめてもの回向《えこう》であった」と老眼に涙をたたえて古い思い出を語った。

この話からも遺体を識別して埋葬した話は作り話であると分かる。翌日は祇園祭当日、店の仕事も大忙しであるし、新選組からもマークされている身で、こんな仕事はしていない。当夜宿泊中、高田、古松、槇村、藤村、轟、山田らの人々は市中、伏見、大坂と外出し難を免れ、一人丹波の人・岩佐某は当夜池田屋の風呂桶の中に隠れて生命を全うしたという。大正12年（１９２３）4月小川亭は母娘共に年寄りになったとの事で廃業した。三縁寺は昭和54年（１９７９）京阪電車地下鉄化の為、洛北岩倉へ移転し、池田屋殉難者の立派な墓所が新しく顔をのぞかせている。

30 和宮降嫁にうごめく両嬪、堀河紀子《もとこ》と今城重子《いまきしげこ》

慶応2年（１８６６）12月、孝明天皇（１８３１～１８６７）は14日に発病、16日に痘瘡と診断されて快方に向かわれた後、急死された。ささやかれたのは毒殺説である。岩倉具視が異母妹紀子を使って実行という説が有力であるが、この時紀子は、剃髪して洛北大原に幽居していた。

この堀河紀子とは。

尊攘派の公家や志士たちが和宮降嫁を推進した岩倉一派を「四奸両（二）嬪」と呼んで公然と弾劾するよう

になるのは、文久2年（1862）7月頃からである。四奸とは岩倉具視（1825～1883）、久我建通《こがたけみち》（1815～1903）、千種有文《ちぐさありふみ》（1815～1869）、富小路敬直《とみのこうじひろなお》（1842～1892）の四公家であり、「両嬪」とは堀河紀子（1837～1910）と今城重子（1828～1901）の二女官のことである。堀河紀子は堀河康親《やすちか》の娘で岩倉の妹。今城重子は今城定章《さだあき》の娘で千種有文の義妹。堀河と今城が「両嬪」として弾劾された理由は岩倉、千種の妹だったことである。二人とも孝明帝の後宮に仕え、紀子は右衛門内侍、重子は少将内侍であった。

宮廷の女官制度は典侍《ないしのすけ》、内侍《ないし》、命婦《みょうぶ》、大蔵人《おおくらと》、御差《みさし》があり、典侍は奥向きの御用方、内侍が外部の御用方。典侍には格の高い家のでしかなれないが、内侍は勾当内侍がトップで通称「長橋局《ながはしのつぼね》」ともいう。文久2年（1862）和宮降嫁の時、長橋局は高野房子（1823～1893）であった。外部連絡はこの局が一切行い、勢力も強く役得も多かった。「千両長橋」と言われた。紀子はその長橋局に直属する内侍であり、その上、孝明帝の寵愛を受けて皇女寿万宮《すまのみや》、理宮《ただのみや》の生母でもあった。孝明帝を動かすのに最もよい地位にいた。元々、堀河家は高倉家の支流で家領は180石の下級公家、その第二子に生れて同じ下級公家の岩倉家を継いだ具視が、妹紀子を通じて天皇を動かそうとしたことは大いに想像できる。当時一介の侍従であった岩倉にすれば、「正規の手段」では天皇に意見具申は出来な

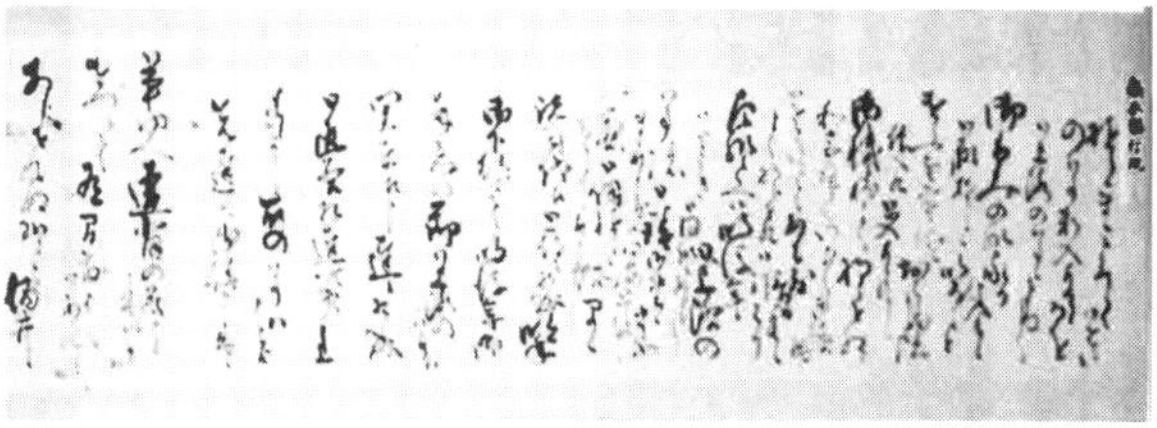
和宮降嫁の承諾書

孝明天皇

かった。

もう一人の女官今城重子に目を移してみよう。少将内侍今城重子も高級女官の地位を利用して兄の千種有文や岩倉の助力をしていた。岩倉も千種も出身は村上源氏である。二人は仲良しで、安政５年（１８５８）降嫁問題が起きる前に「神州万歳堅策」を二人の最初の政治論作として、今城重子を通じて天皇に奏上していた。この「論策」で岩倉は、米国の通商条約を否定し、勅許を下さないと唱えながら、無謀な攘夷は「井蛙ノ論ニテ無知ノ至言」と批判している。そしてハリスとの談判を慎重に行うよう主張している。幕府に対しても「徳川長久論」で公武合体論、今の対外危機に対して国内一致のための朝廷主体の公武合体論であった。これは当時の公家衆の中では抜群の卓見であり、抜群の弁舌と共に岩倉は頭角を現し出したが、そのサポーターは今城重子と堀河紀子であった。

この岩倉が朝廷政治の舞台裏で最も重要な役を演じたのが降嫁問題である。皇女を将軍家に迎えようとする策は、大老井伊直弼の頃から画策されていた。井伊は暗殺されたが、その後、久世《くぜ》広周《ひろちか》・安藤信正政権に引き継がれた。和宮に白羽の矢は当てられた。和宮は仁孝《にんこう》帝の皇女、孝明帝の異腹の妹、当時14歳であった。当時朝廷と幕府の交渉は京都所司代を通じて行われ、所司代酒井忠義《ただあき》（若狭国小浜藩主）は老中連署の書翰を九条関白に提出して強引に和宮降嫁を要請した。朝廷も初めは「既に有栖川宮という婚約者もいることだし、また幼く、蛮威の来襲する東国を恐ろしがっているから」と断った。和宮の方も実母の観行院《かんぎょういん》（橋本経子《つねこ》）（１８２６～１８６５）を通じて拒否した。

幕府は執拗に関係者に多額の金品を使い、外堀を埋めていった。又、観行院の叔母の橋本勝光院（姉小路《あねのこうじ》）（１８１０～１８８０）を使って搦手から説得する。また乳人《めのと》藤（のちの田中絵島《えしま》）（１８０９～１８８７）におどしをかけ観行院を押さえ込んで行った。「多勢に無勢」で頑張ってきた和宮と観行院がついに降嫁を受諾したのは、孝明帝の心変りによるものだそうだ。帝を心変わりさせたのが岩倉具視であった。岩倉はこれを利用して幕府に攘夷実行を約束させる様に意見した。そして強攘夷主義の帝を動かした。幕府に恩を売ることで朝廷は優位に立ち、「公武一和」を実現するという岩倉の考え方は帝の心を解いた。そして和宮はイヤイヤながら承諾、和宮が文久元年（1861）1月21日京都を出発する迄には破談の危機も数回あり、イザコザが続いた。結局、岩倉・千種・久我などが強力に押し通した。和宮問題では多くの女たちが動いたが、主動力は堀河紀子と今城重子で、内侍という地位を利用して兄をサポートした。

文久2年11月婚儀が無事終わり、岩倉たちは朝廷でその地位を確保したかに見えたが、この正月15日「坂下門外の変」のあと、公武合体に代って安政大獄以来、息をひそめていた全国の尊攘派が急速に頭をのし上げてきた。長州薩摩の尊攘派が島津久光の上京を発火点として運動が転回し出した。7月21日九条家の家士島田左近暗殺、加茂河原にその首が晒された。「岩倉は佐幕派」だという解釈が洛中に湧き出す。所司代酒井忠義と謀を通じて和宮降嫁を実現した姦悪だというのだ。「天誅」という佐幕派に対する暗殺が続行し、朝廷内部も攘夷派による巻き返しがはじまった。その中で関白職が九条尚忠《ひさただ》（1798～1871）から近衛《このえ》忠煕《ただひろ》（1808～1898）と変り、7月には尊攘派志士の本間精一郎（1834～1862）が正親町三条《おおぎまちさんじょう》実愛《さねなる》（1820～1909）に会い、岩倉の「除姦」を訴えた。実愛は中山忠能《ただやす》（1809～1888）と謀って、岩倉に辞職を勧告した。千種・富小路らもこれに従い近習を退いた。そして尊攘派の活動は激しくなり、本間は正親町三条たちを脅し、公家や女官たちは震え上がった。そして堀河紀子、今城重子も宮中を退出し、隠居となった。8月20日、蟄居、辞官落飾の御沙汰書が授けられる。そして天誅の嵐が吹き荒れ出した。翌年1月、千種家の賀川肇《かがわはじめ》が暗殺された。島田と共に活動した人物であった。こうしたテロが功を奏して、文久3年（1863）2月3日、堀河と今城は剃髪を命じられた。これで両嬪の命は絶たれた。ただ今城はこれで消えてゆくが、堀河紀子はまた慶応2年（1866）12月25日、孝明帝の急死にからんで取沙汰されることとなる。天皇の御病状は12月14日発病、16日に疱瘡と診断され、一時快方に向かっていた後の急死であった。毒殺説が当時ささやかれ、岩倉が紀子を使って殺したというのが有力であった。追放されていた紀子ではできないとされると、これは紀子ではなくて、女官として上がっていた岩倉具視の姪・堀川局だという説も出た。

岩倉は文久3年（1863）八月十八日の政変から薩摩と組んで見事に返り咲いてきた。以後、岩倉は王政復古、明治新政府で大活躍するが、政治的手腕は高く評価されながら、どこか「姦物」のイメージがある。これは和宮降嫁反対派によって作られたものだ。この二人の女性の「両嬪」というのも同じことである。幕末、大きな嵐の中で、二人の女性が乱舞していたのである。

31 三条河原の女―生け晒「村山かずえ」 安政の大獄の立役者

村山かずえ

私の運営する新選組記念館から昔の花街・島原を抜け正面通りを西本願寺に向かって歩くと「村山かずえ（たか）」潜伏地がある。龍谷大学付属平安中学校・高等学校の北側、京の町家が並んでいるその一軒が隠れ家である。
文久2年（1862）11月15日、三条河原に女の生き晒しがあると、辺りは一大ショー会場と化し、京雀はこぞって見物に出掛けた。

三条河原の橋柱に髪を切られて青い着物の女がくくりつけられている。年齢は50歳位。側の高札に「村山かずえ、この女、長野主膳の妾にして戊午《ぼご》以来主膳の奸計、相助け稀なる大胆不敵の所業をすすめ赦すべからる罪科にこれあり候ども。その身女子たるをもって面縛の上、死罪一等これを減ず……」、当時洛中は尊王攘夷の志士による天誅で河原は生首ショーが展開されていた。晒しものが女でつい最近迄「大老井伊」の腹心として「京都大老」と言われた長野主膳の妾だったということでいやがうえにも盛り上がった。彼女は、晩秋の冷え込む中、三日三晩耐え抜いた。宝鏡寺《ほうきょうじ》の尼僧がこれを救い圓光《えんこう》寺《じ》に「妙寿」として仏門に入れた。後に同地の金福寺《こんぷくじ》に入寺し、尼僧としての諸事に励んだという彼女は明治9年（1876）まで生きぬいた。昭和38年（1963）NHKの「花の生涯」として大河ドラマ第一号にもなった。

　村山かずえ（1809～1876）は、近江多賀社般若院の修行僧と彦根の芸妓の間に生まれ、後に藩士の村山家の養女に入ったとか。多賀社院主・尊勝院と側室藤山くにの間に生まれ、慈尊が育てたとも。少女の頃、京の堂上家に仕えたともいい、諸説ある。そして、18歳時は後の彦根藩主井伊直亮《なおあき》の側女となる。そこを21歳の頃に辞すと、祇園下河原で芸妓となる。その中で馴染みとなった鹿苑寺（金閣寺）の住職・北澗承学禅師との間に天保2年（1831）子を身籠った為に、同じ鹿苑寺の坊官であった多田源左衛門の下に形式上、引き取られることになった。ここで産まれた一子こそ、後の多

村山かずえ隠れ家（古写真）

井伊美術館（東山区花見小路四条下ル小松町）

田帯刀（1831〜1862）であった。彼も母と共に大内村の京町家で捕らわれ、三条河原に首を晒された。

関係は続かなかったものか、後にかずえ（たか）は故郷である近江の多賀へと戻った。しかしその後の井伊直弼《なおすけ》（1815〜1860）との激しい恋物語は本当である。「埋木舎《うもれぎのや》」の彼は歌をよくし、美人で才気ある彼女との出会いは大きかった。そして、直弼に運命の扉が開き、別れがきた。

平成24年（2012）2月、京都東山区の井伊美術館にて直弼のたかへ宛てた自筆艶書（恋文）が発見されたが、書かれたのは天保13年（1842）頃と推測され、その内容は藩の反対により会えなくなった、たかへの想いを綴っており、二人の愛情の深さを知ることができる。

そしてかずえは、長野と和歌を通じて知り合う。長野主膳（1815〜1862）は直弼と同年齢、彼女は5歳年上であった。彼は彼女の悲しい恋に深く心打たれた。そして安政5年（1858）直弼は大老となり、剛直な人として尊攘志士の弾圧に乗り出した。主膳はその腹心として京に乗り込み彼女も重要なブレーンとして佐幕の九条家と島田左近との連絡役となり、スパイ活動も積極的に行った。主膳の右腕とも言うべき大活躍であった。大老が桜田門外で非業の死を遂げたとき彼女は自分の人生は終わったと思った。

32 女侠客「奴《やっこ》の小万《こまん》」―大坂・豊臣びいきの反体制の女

奴の小万は博徒というより任侠を売る女侠客である。番随院長兵衛に近い女。小万は通称で、本名は「雪」。大坂島之内鰻谷《うなぎだに》西之町の薬種屋木津屋五郎兵衛の妾腹だが、正妻に子がなく、実子として育ち、生まれつき侠気盛んで、親の持ってきた婿は気に入らず一生結婚はしないと突っ張った。実は雪は、京都で盗賊・日本左衛門こと浜島庄兵衛（1719～1747）と恋仲になったとの噂が流れたが、延享《えんきょう》4年（1747）庄兵衛は刑死。大坂へ戻った雪は、自分が添い遂げるべき男は庄兵衛以外にいないと宣言。、庄兵衛が死んだ翌年、大坂豊竹座で『容競《すがたくらべ》出入湊《でいりのみなと》』が初演され、雪は作中に女侠客「奴の小万」という名で登場する。母の名が「万《まん》」であったことから雪は「小万」と呼ばれ、それが芝居の役名となった。大坂の庶民の願望が作り上げた、弱きを助け強きをくじくヒロイン・奴の小万の登場だ。

実際の雪は、学問や書画も柳沢淇園《やなぎさわきえん》に学び、20歳で禁裏に上り、女祐筆となる。両親が死ぬと5年勤めて官を辞して家業を継ぐが仕事をする気はさらさら無く、剣道、柔術に凝る生活を続けていた。下女にお亀、お岩と言う怪力の女を育ててこの二人をつれて、毎日

奴の小万

四天王寺（大阪市天王寺区四天王寺 1-11-18）

市中の「悪党」をこらしめたり、盗賊を組み伏せたりと、そのうわさが広がり、有名になった。その化粧たるや、「つねに大坂中を往来するに顔に墨をぬり、そのうへに白粉を施し、異形のかたちに扮《いでたち》てありきしと也」。男が恋しいときもあったのか、京都から来た浪人を「男めかけ」にして難波新地に住まわせたこともあったが、不義理をしたので叩きだしたという。

反体制的で豊臣秀次（1568〜1595）の200年忌を天王寺で行い、当日、にわか雨に傘5000本を出し参詣人を驚かした。一人も雨に濡らさなかったとか。また遺産を京の大仏殿に寄付して豊臣氏を持ち上げ世間をあっと言わせた。晩年には、尼になり正慶《しょうけい》となった。日本で最初の著述家・滝沢馬琴（1767〜1848）は次のように書いている。「顔面すでに漏衰すといへども、なほいにしへの余波みゆ」。徳川氏全盛の江戸時代にこんな女性が居たのである。

33 維新をはさむ激動期京の地で、二人の女性が自分の意志で壮絶な最後をとげた――「畠山勇子」と「小野寺丹《たん》」

新選組ブームにより、「誠」のファンで壬生は賑わっている。ここからすぐ近く、壬生川通を南下して松原通から万寿寺通の間、この東側には多数のお寺が今も密集している。「秀吉が作った西寺町」である。

ちなみに西側の京都産業大学附属中学校・高等学校は「村井タバコ工場」という明治の殖産産業の跡地でも

ある。高校に南面する万寿寺通を東へ歩くと、生活感のある狭い道になる。軒を並べる多数のお寺に、「香川玄悦先生の墓所」の石碑（玉樹寺《ぎょくじゅじ》）や、昔女優の三田寛子《みたひろこ》さんが通園していた幼稚園、さらにその前のお寺の門前に「烈婦畠山勇子」の墓ありの石碑がある。

筆者はこの近くで少年期を過ごしたので、これは戦国期の武将であろうと長い間思っていた。

平成12年（２０００）頃、ＮＨＫ大河ドラマ「新選組！」（２００４年放送）が決定で、にわかに賑やかになり、京都新聞の早内記者と親しくなった。ある日彼が「「おんなの史跡を歩く」の特集を取材しているのですが、とうとう種切れで」ということで、「近藤の愛人駒野の話」とこの寺の石碑の主「畠山勇子」をお教えした。これで初めて、彼女の話が京都の人々の認知する事となったのではなかろうか。

さて、畠山勇子（１８６５～１８９１）、烈女とは。時に文明開化、鹿鳴館では、明治の志士の奥様方・貴族方を中心に欧風外装に酔いしれていた。そんな時、京都で名もない一人の女性が閃光の様にきらめき消えた。明治24年（１８９１）５月20日夕。京都府庁前の路上で一人の女性が自害して果てた。東京のお針子さんの畠山勇子（27歳）と判明した。検視の後、この末慶寺《まっけいじ》（現・京都市下京区万寿寺櫛笥上ル）に葬られた。住職のお話では「うちが当番になっていたんで」と。上京区内の事故死者の受け入れは、この年はこのお寺だったらしい。勇子遺品はすべて同寺に残されている。

末慶寺と畠山勇子の石碑（下京区万寿寺櫛笥上ル）

「千葉県畠山勇子より露国大臣様」、「日本政府御旦那様」書かれた遺書と、伯父や母、弟にあてた遺書は別に郵便で投函しており、総計10通を遺した。そして、剃刀でのどや腹、心臓を刺し自害した女性に何があったのか。

5月11日午後「ロマノフ王朝帝国ロシア」のニコライ皇太子（1868～1918）が来日し、京都や琵琶湖観光のあと、大津で警官津田三蔵（1855～1891）に切りつけられ負傷。この大津事件を知った勇子は衣服を質に入れ、旅費を作り京都へ！「死んでお詫びを」ということである。国を憂い、日露両国の国交悪化を心配したこの自害は当時大反響を呼び、勇子は一躍ヒロインになった。彼女は安房《あわ》国長狭郡鴨川町横渚（現・千葉県鴨川市）の資産家に生まれたが、父が維新の志士たちを支援し財を無くして早死、生活は貧困であったという幼少の頃から歴史政治に関心大きく17歳で結婚、身持ちの悪い夫に説教して23歳で離縁され、東京でお針子として奉公していた。

山陰の松江では市民が当時教師をしていた小泉八雲（1850～1904）に頼み、ロシアに英文でお詫びの電報を打つ様にしたとか。末慶寺には小泉八雲も来寺したとか。今でも「ロシア大使館の方がお見えになりますよ」とご住職。墓地内に一際大きく緑石のお墓が立っている。

このお寺の北側に通称美人になれるという「赤寺さん」（善徳寺）（現・京都市下京区中堂寺西寺町）という寺がある。ここに不思議な伝承「沖田総司の姉みつ」と言われる墓があるが、「内緒にしておいて欲しい」と渡辺住職はおっしゃっている。一般的に沖田総司には、9歳上のみつ（1833～1907）、6歳上のきん（1836～1908）という二人の姉がいたと伝えられ、みつは明治40年（1907）に大連に渡って75歳で、きんは同41年（1908）に東京で73歳で亡くなったとされているが。

この寺内町を南へ。この村の名主松田家住宅（古い農家、当時の家が残っている）を通り五条通りへ。これを東へ更に大宮通りを東へ、堀川通の一本西側の道、「ブックオフ」のビル西の道を北へ入る。ここに小野寺丹（?～１７０３）の墓をしるす石碑がある。横のお寺は久成院（京都市下京区岩上通五条上ル）。

元禄16年（１７０３）赤穂浪士が討入、これに参加した夫・十内（１６４３～１７０３）は江戸で切腹、妻の丹は小野寺十内の墓を、当時は京都寺町椹木町東にあった西方寺に建て、ひそかに江戸泉岳寺から夫の首を掘り起こし、ここに葬った。そして、その４ヶ月後、元禄16年６月18日に、当時本圀寺で自身断食して自害した。丹の墓は本圀寺塔頭了覚院に建てられたが、了覚院が廃寺になったあと、富岡鉄斎が墓を引き取ろうとして果たさず、瑞光院にこの招魂碑を妻春子の名で建立したという。現在の瑞光院は、山科区安朱堂ノ後町。西方寺（現在は京都市左京区東大路通二条下ル北門前町）では、12月、小野寺一族（小野寺十内・小野寺幸右衛門）・岡野金右衛門・大高源五）の義士法要が行われている。

京都のお寺は本当にすごい。先日も歴史ウォークで長宗我部盛親《もりちか》公の首塚にお参りしたら、すごい仏像に出会った。京都は細い路地裏やヒョンなところに歴史や物語が残っている。こんな史跡やお話を守り残していかねばならないと思い老体にムチ打って歩いている。

西方寺（左京区東大路通二条下ル北門前町）

二　新選組もろもろ話

新選組「誠」の冤罪事件―河合耆三郎《きさぶろう》

34 入隊前後

播州高砂《たかさご》の船着場から大坂行きの船が出る。文政3年（1820）6月、初夏の瀬戸内の海は梅雨が終わり晴れ間が広がり、夏の海風が心地よく船着場に流れていた。現在では当時の面影も無くなってしまっているが江戸期には加古川の河口港として川上の滝野から高砂まで改修工事が姫路藩により施工され、大いに栄えていた。そして瀬戸内の海運諸産物の交易、漁業と繁栄を極めていた。河合家はここで大蔵元として、各藩の年貢米を藩に代わって管理運用を任されていた大商人の家柄であった。

当時文政3年は清河八郎率いる浪士隊が京の都の治安維持に上洛し、その後、尊王攘夷論の清河は幕府に背を向け幕府の怒りを買い、暗殺された。その残留組が「壬生浪士組」として鴻池《こうのいけ》の盗賊退治や大坂八軒家に於ける、大坂相撲との闘争事件でいやが上にも有名になっていた。

耆三郎は大商人の息子としては似合わず正義感一杯の佐幕攘夷の心を持ち「青雲の志」を持つ青年であり、これに新選組の名声が火をつけた。5月中旬彼は父に言った。「この家業は弟儀一郎に任せたいと思います。京で動き出した浪士隊に入隊申込に京都へ行くことをお許し下さい」と父に伝えた。さすが大商人の父儀平は大物である。「よし行って近藤様に申し込んでみよ、河合家にも強い血は流れているのだ。お前は武士になって欲しい。家業は弟儀一郎が継ぐから」と送り出してくれた。そして青雲の志を抱いた耆三郎は壬生の屯所を訪れる。

編成初期の隊には瑞々しい活気が備わっていて、徳川家の御用達《ごようたし》の蔵元の息子は会計方として採用された。近藤勇は「河合君、我等は関東の無骨者、貴殿の色々の経験や京・大坂言葉を役立たせてくれ」と頼んで入隊日は6月中旬と決まった。芹沢鴨局長は黙って何も言わない豪放な人物と思えた。島原には彼の幼馴染・高砂太夫が木津屋から太夫に昇進し出ていた。彼は壬生寺に参拝し、坊城通りを島原へ歩いた。壬生寺の東側には熊本藩邸が巨大な軒を連ねていた。ここには河上彦斎《げんさい》（1834～1872）ら熊本勤王党がいる。松原通り迄は壬生菜《みぶな》の畑が夏野菜に変わっており、松原から田んぼの芹が緑鮮やかに広がっている。先に島原の軒並みが見え出してきた。その夜は高砂太夫はお座敷がかかっていており、伝言を伝えて彼は帰途の伏見港へ急いだ。

今回河合耆三郎を書くに当ってふと疑問が湧きあがった。彼の特異な名である。耆《き》を漢和辞典でひいてみると「1」年寄り・老人「2」徳のある老人「3」経験を積んだ人とある。次男には儀一郎と名づけ、何故、長男に「耆三郎」という特異な名を父はつけたのだろうか。この名前が姓名学上悪く、彼は悲運の人生を辿ったのではなかろうか。彼を埋葬した壬生の光縁寺《こうえんじ》さんに、こんな変わった話がある。平成

八木家邸（中京区坊城通綾小路下ル壬生梛ノ宮町 24）

10年（1998）頃の深夜にパジャマ姿でハダシの男性が駆け込んできた。「新選組のお墓に参らせて下さい」。住職は隊士の墓に案内した。この男性は般若心経をそらんじていて全文をすらっと唱えた。「も一回、お経を上げさせて下さい。」と言ったが深夜なのでと住職はお断りになられた。聞いてみると上の方（上京区）の人で「夢枕に新選組の人が出てきて」、パジャマのままで走ってきたのだと言う。四条大宮の西北角にあった交番に飛び込んだ。巡査さんは光縁寺さんにお墓があることを教えてくれたので……。というお話であったと言う。その後その男性は1回も訪れて来ないと聞いた。

さて、何故、耆三郎は、浪士の過激な集団にあこがれたのか。大金持ちのお坊ちゃんで風光明媚な高砂という恵まれた土地で育った若者が、「革命的」と言うべき青雲の志を抱いたのだろうか。彼の体内には商人とは別の血が流れていたのではないだろうか。ひょっとすると当時は当然とされていた側腹・妾腹の息子ではなかろうか。彼は母の体内に流れている「武士の血」を引いていたのだ。父はそのため次男に長男の名前、儀一郎を名付け、長男には不似合いな名前をつけた。家業とは別の道を指向していたのではないだろうか。父が反対もせず大変入隊を喜んだようだし、商用で上京したときには大幹部の近藤に「つけ届け」の贈り物をしたと子母沢氏は書いておられる。これが関東商人の土方歳三との確執を生み、反土方派となる因でもあったのだ。

当時、「京都見廻組」を結成するに当って幕府は旗本士族の次男三男を集め、長男は除外しているような家が中心の時代に、河合家は特異であるには何かあると思われる。河合を調べる中に、家を継いで明治を生きた次男儀一郎の長男河合儀一（1882～1974）という「大人物」で出ているのも注目しなければならない。この人は戦後、社会党左派の参議院議員になられた大人物で、戦前、同志社で学んだ新島襄の「キリスト教人間愛」を実践。播州地方の農民運動を行い、先輩の山本宣治氏の様に権力と戦った。筆者はこの高砂出身の二人の人物を高砂義士二人伝として後日出版する予定である。

35 河合耆三郎冤罪事件を考察する

私は河合事件には何か大きい背景があるように長年考えてきた。今回、再度彼の入隊から死への時間を既刊の新選組関係本から辿ってみた。どの書も単純な会計不算事件として取り扱われていた。唯一、万代修氏は河合の活動評価を業績の古文書調査より明らかにされているのに注目し、個々に記述した。その他、宝島社本のみに「近藤勇の行状に意見した」と書かれていた。これに注目しなければならない。

事件は元治元年（1864）8月下旬に6名の幹部隊士、隊長の永倉新八、原田左之助、斉藤一《はじめ》、伍長の島田魁《かい》、葛山武八郎《かつらやまたけはちろう》、諸士調役の尾関雅次郎《おぜきまさじろう》らが守護職容保公に提出した罪状書がある。意見書ではない!!罪状である。罪状とは何か。近藤勇の「禁門の変」後の行動や生活状態を見てみる。京都龍馬会の会報に伊藤修氏が「近藤勇をめぐる芸妓たち」を記載しておられる。

この中で近藤の愛人は三本木花街の駒野・植野、島原花街の金太夫、大坂新町の深雪太夫、その妹のお孝、祇園花街のお芳と6名。その他に井上聞多・品川弥二郎の愛人の祇園の君尾、桂小五郎の愛人で三本木の幾松にもチョッカイを出している。

元治元年（1864）7月19日には「禁門の変」（蛤御門の変）で、隊士3名が戦死、20数名が負傷している。京都は市中3分の2が炎上。市民は羅災し、まさに地獄図の状況の中で、近藤は日野の人を呼んで宴会の日々を過ごしている。これらの近藤の所業に対して幹部たちが、守護職に罪状告発した事件が起こり、新選組の分裂状態が発生した。

河合の父は大蔵元という地位にあり、永倉たち別隊の資金パイプになるに十分な人であった。また西本願寺の新屯所移転にも山南敬助《やまなみけいすけ》を筆頭に仏教信者や知性派の隊士は反対していた。西本願寺は「門跡寺院」として

天龍寺塔頭 弘源寺（右京区嵯峨天龍寺芒ノ馬場町65）

天皇の管理化にある特別な寺で、新選組に一部寺域を貸すについても皇室の認可申請をしている程であるし、まして京都、特に信者の多い浄土真宗の本山であり、市民の尊厳を傷つける大きい事件でもある。これに対して近藤勇・土方歳三、日野出身者は無神論者のような考え方であったと思われる。

「禁門の変」の長州への協力者として天龍寺には、7月20日に薩摩の小松帯刀・村田新八が探索に行き一方的に砲撃を行い、広大な寺域は火の海となり、後醍醐帝の鎮魂のために足利尊氏が建立した大寺院は灰に帰してしまった。天龍寺塔頭・弘源寺《こうげんじ》にはこの時に応戦した長州藩士の刀傷が残っている。

これに対して商人であった土方は西本願寺その寺域を利用するといい、巧みな交渉に成功した。そして反対派の弾圧事件が「山南事件」へとつながって行く。山南の死後、直ぐに移転を行っているのを見てもうなずけるであろう。

そして次の手は河合の財政パイプを切る事件である。禁門の変の時、2回も難件を巧みに処理した有能な隊士を、それも近藤勇の妾を花街から落籍する資金支出の際の50両不足問題で処断した何ともオカシイ事件である。本人は自弁で償うと言っているのに「斬首という過酷な処分」、この時トップの近藤は永倉を連れて出張と言う形で江戸に出ているし、原田や斉藤、島田たち隊士は謹慎という形で隊には居なく、新しく参加した伊東甲子太郎派の隊士が監察という形で勤務している。どう見ても河合を処断する陰謀と見られる冤罪事件なのである。土方は隊の分裂を何とか避けるために涙を飲んで実行した事件なのである。新選組の有名な隊士切腹の数々は、これから批判者に対して過酷なまでに行われた。新選組はほかの当時の隊や組とは違う、異状な軍事警察集団であったのである。

36 近藤勇らの増長批判の罪状書事件

元治元年（1864）「禁門の変」の後にも8月下旬、新選組として異例な事件が起こっている。この事件が河合耆三郎粛清の一大原因であったと思われる。どの作家も研究者もこの事件について触れていないし、慶応元年（1865）1月9日の行軍録に永倉の名前が記されていない事が、日野の佐藤氏から土方歳三に質問があり、土方が手紙で説明している。この時、隊は分裂の危機を迎えていたのだ。原田・永倉たちは謹慎という形で外されている。そして2月には「山南事件」が発生している。これも関連性がある。

近藤「増長への建白書」は永倉新八・原田左之助・斎藤一、尾関雅次郎・島田魁・葛山武八郎の幹部連名で松平容保へ提出。近藤の非行をあげて公然と批判した。容保のとりなしで表面的には丸く納めたようになっているが実情は分裂状態であったのだ。

近藤勇の罪状とは何か。

近藤は「池田屋事件」・「禁門の変」で新選組の活躍のお蔭でいやがうえにも有名になり、時の人となった。この蔭には多くの隊士の犠牲があったのを忘れてはならない。池田屋事件でも、闘死は当日2名、後2名、その他もあったはずだ。禁門の変では多くの負傷者や小者には死者も多数あった。例えば、慶喜のサポートとして来京していた江戸「新門辰五郎親分の新門組」では「禁門の変」で40数名の火消しが戦死し来迎寺に葬られ、碑も建っている。京都市中京区大宮通り三条下ル、来迎寺に入って右側。

子母沢寛の始末記によって「禁門の変」の出動人数は100人、戦後屯所に戻ったのは40人減った60名、脱走者20名として20名程度の戦死者が出ているが、これに対して葬儀や供養を近藤は行っていない。近藤は「池田屋事件」後、有名となり、狂った様に女性に傾いていっ たのだ。隊士たちの供養も行わないで遊びに耽るとは、絶対許される行為ではないのだ。

隊長の我儘増長、永倉たちは建白書提出。書中非行五ヶ条を上げ、先ず会津藩の公用方・小林久太郎と面会陳情し「右五ヶ条に就いて近藤が一条でも申開き相立たば我々6名は切腹し相果てる。若し近藤の申開き相立たざる時は速やかに速に彼に切腹仰せつけられたく、肥後侯(松平容保)に然るべくお取次ぎありたい」。永倉たち6名は決死の建白書を提出した。

来迎寺(中京区大宮通三条下ル)

光縁寺(下京区綾小路大宮西入ル四条大宮町37)

37 高砂太夫の語る、近藤勇の女性事情（京言葉）

島原木津屋の高砂太夫の語る、近藤勇と女たちを見てみよう。

近藤さんは「英雄色を好む」と言うことわざの様にほんまに色はお好きなお人どしたえ。お酒は土方さんらと同じであんまりお好みやおませんでしたけど、芹沢さんが角屋さんでおあばれやしたことがありましたなぁ。あれは京都へおいでやして浪士組をみんなよくお知りやらへん時でした。（水口藩さんの接待で）角屋さんで宴があるので芹沢さんたちが行かはったら「玄関払い」をお喰いやして、気を悪くしておいでやすとこへ、宴席で角屋の仲居さんたちが見下げた様な応対をおしやしたので、芹沢さんは特に「水戸の立派なお家のお人」どしたので、お怒りやして、愛用の鉄扇でお鉢や階段の手すりやらをおたたきやしたことがありました。8月の18日御所で三条さんやらが追放されはって、戦争になりそうな時、出動で芹沢さんの豪快さが有名にならはって、その勢いは相当なものどしたので、新選組というお名前も天皇さんから貰わはって、それから幹部のお方たちは島原へよくおいでやしたどすえ。

壬生さんにも「遊郭」がありましたので、初めはあのお寺の西側と南側にある水茶屋さんへ行ってはりました。けどだんだんなれてきやはって「池田屋さん」でおはげみやしてから、お給金もあがった様で

角屋（下京区西新屋敷揚屋町 32）

輪違屋（下京区西新屋敷中之町）

えらいお人たちは島原へおいでやしたのえ。土方さんは上七軒がお好きで近藤さんらと四番町の「スッポン屋さん」へよく行かはりました。あのころはスッポンは奴っこさんの食べ物で、近藤さんらはそんなものがお好きでしたえ。五番町にも安物の色街が並んでいてみんなよく行ってはりました。近藤さんは江戸では「ご養子さん」で奥さんの「つねさん」と一人、女の子の「たまこさん」がお居やしたので、気のせまいくらしから、京都はお一人で、のびのびおやりやすのに佳いところですので、ずんずん、お遊びをおぼえやして、「池田屋さん」のあと、「ドンドン焼け」の戦争では新選組さん、お働きが大きくその隊長さんの近藤さんはとっても偉うならはりました。

その頃のお相手は三本木花街の駒野さん。三本木には桂小五郎さんの彼女の幾松さんも居やはりました。同じ三本木においでやした植野さん（植野さんは所司代大部屋の娘さんで余りべっぴんさんとちがいました）。ここ島原では金太夫さん（金太夫さんは京で五指に入るべっぴんさんどした）、大坂新町花街にも足を延ばして遊んでやして、深雪太夫さん、その妹のお孝さん、祇園のお芳さん、石段下の山絹の娘さん、二条新地の大垣屋の娘さんと、それはそれは京女百人斬りの勢いでしたのどす。島原の輪違屋さんにも直接、屋形に行かはってお遊びをしておいでで、今も輪違屋さんに近藤さんのお遊び書きの詩が今も残っていますえ。ほんとは島原には揚屋と置屋という制度があって置屋さんへお客さんが直接上がるのはいかんことですのやけど近藤さんは、そんな遊びをしてはったのどす。京都では近藤さんは評判が悪おしたのどすえ。

38 八月十八日の政変（新選組の初陣出動）

文久3年（1863）8月18日午前1時頃、中川宮が急遽御所内に入った。次いで要職の公卿近衛、更に京都守護職松平容保《かたもり》、京都所司代稲葉正邦《まさくに》も参内した。同時に武装した会・薩・淀の藩兵が御所の九門に入り、門は閉ざされた。藩兵たちは変を感じながら守備についた。次いで土佐・因幡・備前・阿波・米沢の藩主（留守居役）が出動依頼により出動した。この時、長州藩は攘夷派の先頭として堂々と堺町御門に押し寄せた。しかし長州藩の「禁門守護の役目は解かれた、退去せよ」との返答であった。

午前4時頃の朝議で決められたのは「1」攘夷親征の孝明帝の御幸の延期、「2」尊攘公家の参内・他行（外出）・他人との面会禁止、「3」国事参政と国事寄人《よりうど》の職の禁止、「4」長州藩の堺町御門警備の解任。

世にいう「八月十八日の政変」、公武合体派の勝利である。

長州藩士たちは激高した。立派な指導者桂小五郎、久坂玄瑞たちはこれを押えた。久坂は決断した「ひとまず退《ひ》こう」。長州軍と追放された七卿は、取り急ぎ大仏妙法院に退いた。妙法院を紹介したのも「福田理兵衛」であった。当時の8月18日は現在の9月下旬で、雨が降り出した。桂は京に残り、久坂たちは長州へ引き上げることに決定した。七人の公家の名は、三条実美《さねとみ》、三条西季知《すえとも》、沢宣嘉《のぶよし》、東久世《ひがしくぜ》通禧《みちとみ》、四条隆謌《たかうた》、錦小路《にしきのこうじ》頼徳《よりのり》、壬生基修《みぶもとおさ》の七卿。この秋雨の中を久坂玄瑞を先頭に引き上げる姿は有名な「七卿落之図」として、教科書にも載っている。

この日、壬生浪士組にも守護職より出動命令が下った。芹沢鴨・近藤勇局長は躍り上がって喜び、勇躍、千本通りを北へ。この時、河合耆三郎も原田隊の一員として、初陣の一歩を踏みしめていた。丸太町通を東へ行進する52名の浪士隊、京雀は目を見張って眺めていた。担当部所は蛤御門の東側「お花畑」の守備、先頭の芹沢鴨は堂々とし、松原忠司の「大ナギナタ」を携えた姿はさながら弁慶の様であった。蛤御門は会津軍が守備していた。この槍衾《やりぶすま》の中を芹沢は鉄扇でゆうゆうと入場した。会津軍は驚きの目を見張った。幸いにも、長州軍の平和裡の引き上げにより、戦闘はなく「八月十八日の政変」は終了した。

　この功により浪士組は「新選組」の名と市中警備役が下命された。

　しかし、芹沢たち水戸尊王攘夷グループの受難の幕開けとなったのは運命の厳しさで、誠の悲劇の第一幕が切って落とされることとなった。この時、京都の水戸藩邸も本圀寺に在駐した水戸本圀寺党も水戸に引き上げた。京都は尊攘派は存在せず、空白となっていた。只、新選組に芹沢鴨たち尊攘派が残っていた。

七卿西竄記念碑
（東山区東大路通七条上ル妙法院前側町 447、妙法院内）

39 池田屋事件—新選組の勇名がとどろき渡った

京の花街で今でも唄われている唄がある。「近藤勇と名刀虎徹」の唄である。池田屋事件で、筆頭局長芹沢鴨が切り込んでいたら、近藤勇はあれ程、メジャーになれなかったのではないか。新選組の「富士の山」と言える大事件である。つかこうへい氏の「蒲田行進曲」の階段落ちでファン層を一挙に拡大、松阪慶子演じる「銀ちゃんの恋人」、笑いと涙の物語。この事件にも河合耆三郎は出陣、鴨川東岸隊として土方隊に属して原田支隊として探索、彼は大坂商人として京都の料亭旅館にも精通していたので役に立ったであろうと思われる。屋外隊として活躍、10両プラス5両の恩賞金を貰っている。

さて、元治元年（1864）6月5日の「池田屋事件」の本当の姿は如何であったか。多くの作家が書いているが全て創作であると言わねばならない。映画やテレビでは、二階での乱闘が全ての様に描かれているが、本当は一階が主戦場であった。池田屋で山崎烝《すすむ》がスパイとして、宿泊客として手引きしていたと殆どの小説で描かれているが、池田屋事件での恩賞金は、彼は貰ってはいない。参加していなかったのだ。

池田屋騒動之址碑（中京区三条通河原町東入）

近藤勇

負傷していた山南敬助も参加していない。

近藤勇たちが池田屋に踏み込んだ時、肥後の宮部鼎蔵《ていぞう》は、とっさに叫んだ、「逃げろ」と全員に命じた。「有能な士」を少しでも失いたくないと「立派なトップの判断」であった。もし全員で近藤隊に対応していたら、近藤隊は全滅の憂き目に会っていただろう。宮部は生きていれば維新後、新政府の総理大臣の「うつわ」である人物であった。彼は近藤隊が少人数での踏み込みであると判断できず近藤隊にはこれが幸運であった。腕に自信のある志士は同志を逃がすために対戦した。近藤は二階が暗かったので階下へすぐ移動を命じた。沖田総《そう》司《じ》は耐久力がないので屋外組に加え、永倉新八・藤堂平助と3名で対戦、藤堂は眉間を切られリタイヤ、永倉は所持刀が折れたが対敵の剣をとって善戦、近藤のみ、刀も体も無傷で土方隊を迎えた。

「うちのオバアサンのお話どっせ、あの時お見舞いに池田屋さんへ行かはったが、暑い暑いと隊士さんが高瀬川にジャプジャプおはいりやしたと言うてはりました。」

こんな話が京都市内の家に伝承的に語り継がれている。河合耆三郎は屋外隊として活躍した。池田屋事件は脱出しようとした志士たちの必死の戦いで多くの屋外警備隊から死者が出ているのも注目しなければならない。

40 柴司《しばつかさ》事件（明保野亭《あけぼのてい》事件）

新選組は元治元年（1864）7月「禁門の変」に出動活躍し、河合耆三郎らも壬生屯所に帰陣した。出動時は100人の兵も討死やら脱走やらで40人程度減り、60人前後になっていた。京都市内には長州藩の暗躍があり、当時は桂小五郎も京都市内に隠れ、同志と連絡を取り合っていた。市内巡察・警備の命令が来て、休む間もなく隊士たちは出動していた。

9月に入ると会津守護職隊と共同での取締りが始まり、会津方は柴司、辰野勇など5名、新選組からは沖田総司《そうじ》・原田左之助・井上源三郎・武田観柳斎・河合耆三郎他15名、計20名で町奉行所からの情報で東山の明保野亭にて長州浪士4・5名潜伏とのことで出動、探索の為、踏込むと逃げ出した一人を柴は槍で刺した。これが長州人ではなく「土佐人・浅田時太郎」であり、大事件となった。土佐藩主は山内容堂公という幕府の重鎮であり、大藩である。土佐からのクレームは大なるもので、壬生屯所へも土佐の浪士が攻めてくるという情報もあり、会津藩も千葉次郎というのを交渉に入れたが、決せないため、仲裁の千葉は責任を取って土佐藩邸で自決して果てた。

この為、土佐も折れて交渉は決着したが、柴司は切腹、土佐の浅田時太郎もすでに切腹しており事件は終わった。金戒《こんかい》光明寺山上の「会津墓地」正面左に柴司の墓は残っている。東大総長をした山川健次郎は柴司の再従兄弟《またいとこ》である。この葬儀に土方歳三・井上源三郎・武田観柳斎・浅野藤太郎・河合耆三郎ら5名が参列し、武田と浅野が弔歌を詠む。河合の有能な幹部隊士としての一端が伺える事件である。

明保野亭跡は東山名勝地・三年坂の最後の登り左側に石碑が立ってい

会津墓地
（左京区黒谷町 121、金戒光明寺内）

明保野亭
（東山区清水二丁目、産寧坂東側）

明保野亭跡碑

るが、正しい場所はもう少し下った東側、興正寺御廟の北側に今も旧坂口料亭の古門が残されている。この葬儀にも近藤勇は出席していない。これもオカシイ。上部団体の会津守護職と共同作戦である事故、それも隊長の武田が指揮をしている。ここにも近藤の増長振りの一端が見られる。

41 山南《やまなみ》事件の本当

元治2年（1865）2月23日壬生屯所前川屋敷にて剣客山南敬助33歳が花と散った。彼は隊を脱走し、その罪で切腹となったといわれているが、不思議なことには名剣士とうたわれていた彼が「池田屋事件」も「禁門の変」にも参加していないと言う事実である。また長州征伐の行軍録にも永倉・原田と共に入っていない。土方歳三と共にトップの総長職にあった彼が何由か!!

山南は文久4年（元治元年）（1864）正月、将軍上洛の警護に大坂に行き、大坂高麗橋の岩城升屋という呉服屋に浪士の押し借りがあり、大坂奉行所からの要請でこれに対し、土方と二人で対戦、山南は愛刀赤心沖光が切先から一尺一寸のところで折れ負傷をした。松平容保《かたもり》から賞金8両が下っている。その後日野の名主富沢忠右衛門が壬生を訪れた際も「山南は病に

山南敬助墓
（下京区綾小路通大宮西入ル四条大宮町 37、光縁寺内）

臥している」と会っていないと記録に残っている。しかし土方らの西本願寺移転には強く反対、近藤と土方と対立したのは事実であり西本願寺移転反対派のトップであったのは否定できない。この「岩城升屋事件」は、文久3年7月など、様々な異説がある。

一説によると山南に書状が来た為、大津へ出張した。沖田には行先を告げていた為、翌日大津の宿へ沖田がやってきて、なにげなく帰営した。本人は出張と思っており、脱走の意識はない。一方的に近藤より脱走との告知を受け「しまった、だまされた」と彼は思ったに違いないが、学識者で武人である彼は悄然として死に臨んだものと思われる。

これも河合事件につながる「粛清事件」だ。彼の切腹の時、島原の明里《あけさと》という女性が来て別れを惜しんだと誠しやかに下母沢寛氏は小説化しているが、これも何故負傷して臥床《がしょう》している隊士に女性関係が出来るのか、彼女は山南に落籍されて妾宅に住んでいたと書かれているが、これも創作である。島原には里のつく太夫・天神、芸妓は当時のメンバー表に存在していない。

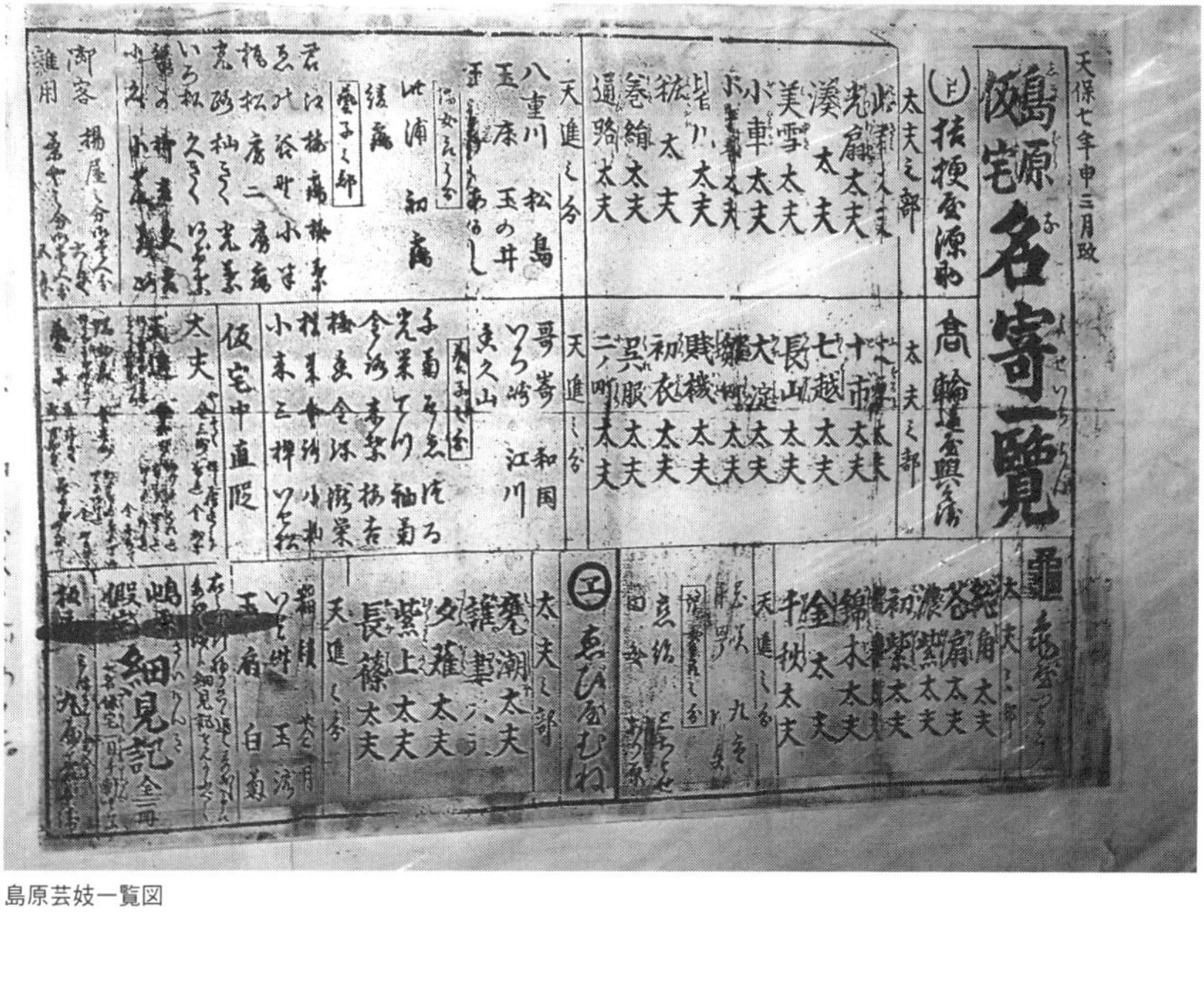
天保七年申三月改
嶋原仮宅名寄一覧

島原芸妓一覧図

42 禁門の変（蛤《はまぐり》御門《ごもん》の変）

池田屋事件の知らせを受けた長州藩主毛利敬親《たかちか》は、元治元年6月14日、早速、家老益田右衛門介に諸隊の上京を命じた。かくして福原越後の部隊は24日伏見に、真木和泉らの部隊も24日山崎津に上陸し、京都潜伏の長藩士及び志士100余人は26日、天龍寺に本陣を構えた。天龍寺は車折《くるまざき》村の材木商福田理兵衛の紹介によるものであった。家老国司信濃が兵800名を率いて海路兵庫に上陸、7日山崎到着、11日に天龍寺に入った。かくて長州及び諸藩の志士らは、伏見、嵯峨、山崎三方面の拠点より上京を伺い、14日には世子毛利定広も海路入京した。山崎に着いた真木和泉らは五卿及び藩主父子の冤罪を訴えて、その入京を許されるよう嘆願した。諸藩の中には長州に同情を寄せるもの多く、因幡などの10余藩の留守居役は、これまでの長州藩父子の忠誠に免じて寛容に処すべきであると幕府に進言した。

一方幕府は、京都の形勢が険悪となったので会津・彦根など在京の諸藩兵に禁裏及び禁門の要所を固めさせた。6月27日松平容保は参内し、九門を閉じて警戒を固めた。27日夜、朝議開催、松平容保《かたもり》・所司代松平定敬《さだあき》は、「長州は嘆願に名をかりて朝廷を圧迫するものである」とこれを斥《しりぞ》くべきであると主張。三条実美《さねとみ》は嘆願と聞いて「毛利父子を呼んで悔悟すれば勅勘を解かれるべきである」と。一橋慶喜は国内の変乱を恐れ、これを退去させるべきであると進言。結局慶喜の意見に落着き29日使者を伏見に送り、長州軍の退去を命じた。

ところが長州軍はその命に従わないばかりか、7日家老福原越後は入京の勅許を奏請した。7月3日慶喜は少数の兵をとどめて他は全て退去せよと福原に命じたが、福原たちは三度勅許を請うた。7月6日慶喜は在京諸藩の留守居役を招集、長藩兵の退去を説得する様命令した。この時薩摩藩のみ拒否した。7月15日長軍の処分に対して朝議開催、議論は軟硬に分かれ決せず。17日、硬論の薩摩、土佐、久留米は長藩討伐の意見書提出、朝議は深夜に迄達し、長藩の退去を明示、これに応じない時は追討するに決した。幕府は戦闘準備のため、ひそかに諸兵の部署を決めた。この時の全軍6万人に達したといわれている。この時長藩はついに会津と抗争することを決し、18日家老の名をもって松平容保誅伐の表を朝廷に提出し、在京諸藩にもその決意を告げた。かくして同夜、朝議は長州藩討伐に決し、天皇は在京諸藩の兵力をつくして征せよと慶喜に命令が下った。

新選組には6月23日深夜、容保からの命令が来た。出陣し東本願寺にて休息の上、竹田街道に出陣した。河合耆三郎は原田隊の一員として参陣、25日長軍、山崎天王山に布陣、28日新選組は九条河原に出陣。伏見より攻め上る長軍に対抗。

7月18日長州軍は三道から京都に侵入、福原越後の伏見侵入軍は、伏見街道にて敗戦した為、国司隊は800余兵で嵯峨路より禁門へ。中立売御門・蛤御門を攻め、会・桑二藩は苦戦に陥った。この時乾御門を守る薩摩が応援、激戦しこれを敗退させた。堺町御門から鷹司邸に行った真木和泉らの兵500名に対しては福井・彦根兵が対戦し、その後、蛤御門で戦った。薩・会・桑の兵が参戦、砲撃しこれを壊滅させた。薩軍は西郷吉之助（隆盛）がはじめて陣頭指揮をし、勝利に導いた。この時河合たちは当初は伏見方面へ出陣したが、7月19日新

蛤御門とその銃痕（上京区京都御苑内）

選組には九条河原より堺町御門に配陣の命令が来る。河合らは堺町御門の戦いに参戦。永倉新八・原田左之助は負傷した。20日堺町御門の戦闘よりの戦火と河原町御池の長州藩邸よりの出火にて「ドンドン焼け」といわれる大火発生、京の2／3を焼け野原と化した。その時火は六角獄舎にも迫った。政治犯のみに獄長は処刑を命じ、古高俊太郎、平野国臣ら多数が刑死した。新選組がその処刑を手伝ったという話も伝説的に残っている。今も六角獄舎跡として残り、「首洗いの井戸」は残されている。同20日天王山集結の長州兵追討の命令が下り、新選組は会津軍と共に出動、伏見に宿泊した。21日、天王山本陣を攻める山上隊と山崎村の残党討伐の山下隊土方、原田隊と分かれ、河合耆三郎は原田隊で活躍した。この時、真木和泉ら17烈士が山上で自刃。

この戦闘で多くの長州藩士が山崎から島本村で討死した。村の人々はその無名戦士を埋葬し、小さな石を置き「残念さん」として弔った。新選組にも戦死者負傷者が多く出た。河合は幸いにも負傷せず、残党（島本村の残党狩りでは農家の天井を槍で突いて廻ったと伝えられており、その徹底振りが分かる）を追って大坂へ進軍し、夜、大坂御堂に到着、休息した。22日壬生へ帰還。京の町は堀川より東側は焼け、未だ煙が昇っている。西本願寺や島原は残っていた。西本願寺は大イチョウが水を吹きお寺を守ったと人々は言い合っていた。

天王山（京都府乙訓郡大山崎）

六角獄舎跡碑
（中京区六角通神泉苑西入南側）

池田屋事件で負傷した安藤早太郎《はやたろう》と新田革左衛門《にったかくざえもん》が、この日亡くなった。翌23日、河合耆三郎と山崎烝《すすむ》に高槻昆陽宿《こやじゅく》（現・兵庫県伊丹市）に残留の長軍の武器を大坂移送の命令が下り、河合は山崎と共にこの任務を果たした。河合耆三郎には関西言葉と商人の持つ交渉力が評価され、他にはいない、無骨者だらけの中では優れた人材である。若い隊士松本喜三郎（喜次郎）19歳（1846〜1868）を連《つ》れて次の任務、摂津高浜村に被害調査使として出向き役目を果たした。河合は禁門の変の戦後処理には大きな役目を果たした功労者であった。8月4日幕府より池田屋事件の報奨金が支払われた。河合耆三郎も15両を頂戴した。原田と永倉は負傷した。近藤は彼らにも冷たかった。

この戦後処理の過程でも近藤・土方たちの専横振りが見られ、これに「近藤の女狂い遊び」が永倉たちの怒りにつながり、近藤専横断罪事件へとつながって行ったのである。原田・永倉も負傷しているし、一時は近藤も戦死の噂が日野まで飛び交っていた。これほどの戦闘で隊士以外の「子もの」「奴」といわれるサポート担当の人々に大きな損害があったはずである。慶喜公のサポート隊新門一家でも42名の死亡者が出ている。新選組でも相当の死者があるはずだが、近藤から負傷者に慰労も行われていないし、河合・山崎たち特別任務の人々にも報償も行われていない。その直後、池田屋事件の負傷者が死亡しているが葬儀もしていない。近藤たちの非常識な横暴振りが見て取れる。近藤が遊びに狂って公金にも手をつけたともいわれている。これは河合耆三郎の活躍が却って幹部の戦功を押しあげ増長の起因となり、彼は非情極まりない近藤の女身請け金不算の犠牲となったのである。

43 横向き小文吾、河合耆三郎《きさぶろう》の報復か?

新選組の沼尻《ぬまじり》小文吾《こぶんご》(1835?〜1902)は、伏見の寺田屋へ行って帰る途中、裏門の潜り戸からちょっと出たところ、外に待ち伏せていた何者かに首の付け根をずばりと一刀斬られ昏倒した。幸いに相手は仕留めたと思ったのか、そのまま逃亡したので沼尻は蘇生して危うく生命を拾った。傷は治った、しかし首が少し横を向いたまま元の通りにはならなかった。それでこの人には「横向きの小文吾」というあだ名が残った。

小文吾が語ったという、慶応2年(1866)2月12日の河合耆三郎処刑の遺談がある。

「河合は斬らない内から死んだ様になっていたよ。どうも首を垂れて「しょんぼり」しているので、私も実は斬り損なった。最初肩へ一太刀斬り込んだ「わー」と叫んで、河合は立って逃げようとする。私も若いし、泡を食って二の太刀をやったら頭を斬った。そうすると河合は「どしんと後ろへ」ひっくり返ってしまって、首を落とすわけにも行かない。閉口していると誰かが「もう死んだから首は落とさ

壬生寺(中京区壬生梛ノ宮町 31)

なんでもいい」というものでそのままにしてしまった。」

小文吾も土方の部屋の前を通りかかってこの仕事を拝命したと、「いやなお役で、思い出してもぞーっとする河合の声が」と言っている。

死んだ河合耆三郎の待ちかねていた飛脚は、それから3日目に到着した。父の儀平が商用出張中で、この事故に会った。何とも不条理な事故、「会計課長」のトップ岸島芳太郎《よしたろう》には何の咎めも無いのは、どう考えても「オカシイ事件」であった。近藤勇の女を身請けする五百両がこの事件の発端であるとは……。

これは隊、分裂の資金パイプの河合を切る事件である。河合耆三郎の父、儀平は近藤・土方に抗議し、色々とイヤガラセをしたという。その後も、芝居役者に「ユウレイ」の姿をさせて屯所周囲を歩かせたともいう。1ヵ月後、空の輿を担ぎ立派な法衣を着た僧侶たちが　なんども鉦を叩きながら、屯所前を行ったりきたりしたそう。怒る河合耆三郎の家族は、さらに新選組が立てた墓とは別に息子を供養するための立派な墓を壬生寺に建てた。

沼尻小文吾は天保6年生まれとされ、奥山念流、鳥羽・伏見の戦いで負傷し、明治元年（1868）に江戸で逃走し明治35年まで生きた。

河合耆三郎墓（壬生寺内）

44 歳三の最後の女性は上七軒《かみしちけん》に居た―君鶴

京都も近年祇園はビルとネオンの街と化し、先斗町《ぽんとちょう》は飲食店の乱立であの花街の家並みと風情は失われつつあるとき、そんな中、上七軒だけには懐かしい風情が残る。天正15年（１５８７）に秀吉が北野に大茶会を開いた際に、ここに七軒の茶屋が建てられ京の人は上京の七軒の茶屋を上七軒と呼び、天満宮参拝の大名・武士が利用し、西陣織の隆盛と共に旦那衆が遊ぶ高級花街として発展した。

土方歳三の女性関係は、文久3年（１８６３）11月の有名な小島鹿之助宛の手紙の様に京都時代初期は若さと珍しさで遊びに力が入ったのだろう。名前をあげれば、島原の花君太夫・天神屋の一元・北野の君菊と小楽・大坂新町の若鶴太夫・祇園では芸妓三人などである。手紙の中でも上七軒の舞妓君菊と小楽が書かれている。京都時代後半期は、江戸松坂屋時代の西陣との馴染や「島原」という公認の遊里の堅苦しさもあり、地理的条件の良い上七軒を利用し「君

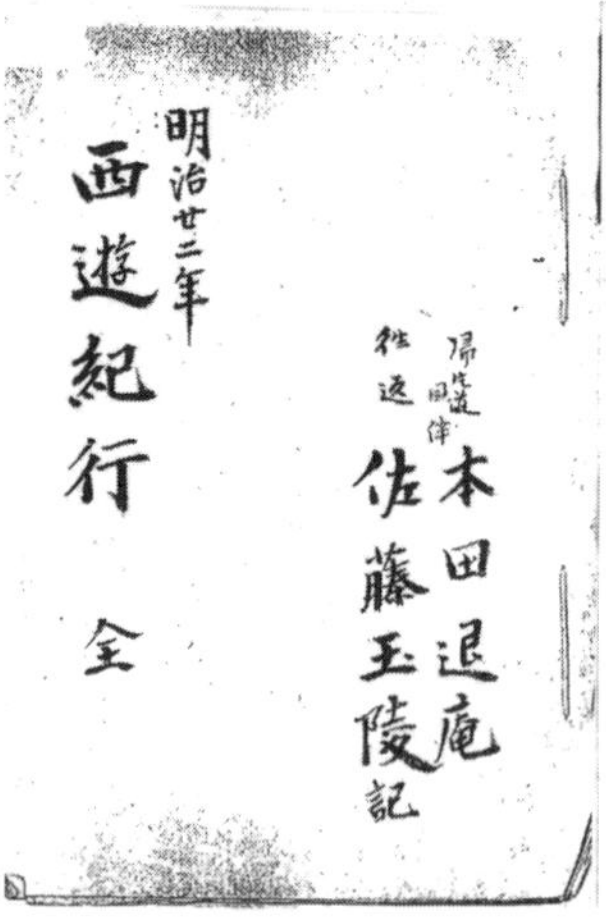

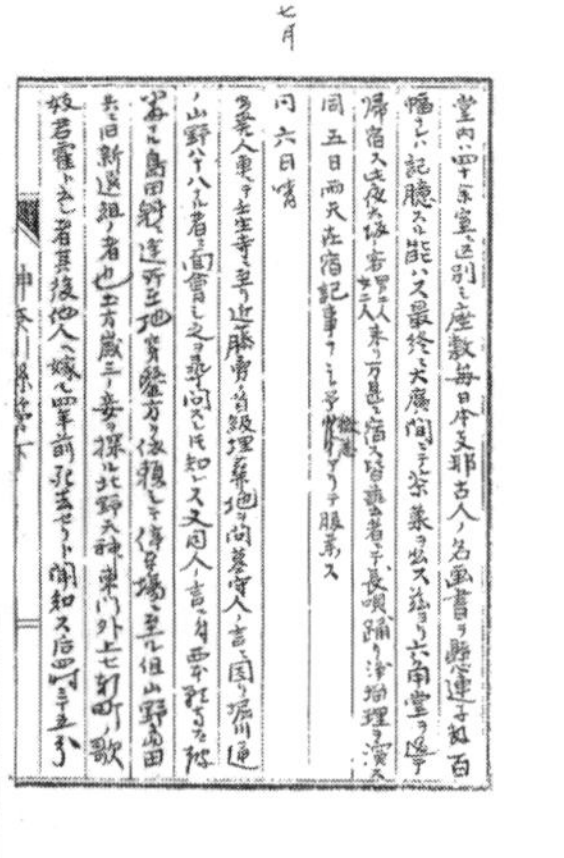

西遊紀行（部分）

鶴」という女性と深く結ばれたのだろう。土方の義兄佐藤彦五郎の令息俊宣《としのぶ》（1850～1929）氏が、明治22年（1889）に来洛した古文書「西遊紀行」に上七軒の君鶴を特定して訪れたが彼女は四年前（明治18年）に他界していた。歳三のあの美しい死を胸に秘めて生きたのだろう。この女性への想いは尽きない。

土方歳三

近藤勇・芹沢鴨や他の新選組隊士の女性たち

まずは**近藤勇**。京都にいた近藤は、幹部隊士だけが設《まう》くことを許された醒ヶ井木津屋橋下の「休息所」を作っていた。そこに大坂新町の深雪《みゆき》太夫を囲っていた。23歳くらいの美女だったようだが体が弱く、ほどなく死んでしまう。近藤は深雪太夫がお気に入りだったらしく、今度は深雪太夫の妹・孝《こう》を大坂新町の吉田屋からつれてきて手元に置く。そして、娘・お勇をもうけた。慶応3年（1867）11月、「油小路事件」前に伊東甲子太郎が招かれたのは、彼女の住む休息所である。その他にも京都三本木の駒野と植野、そして島原の金太夫もお気に入り。駒野との間には男の子も生まれたという。

次は新選組筆頭局長・**芹沢鴨**。あまりにも傍若無人だったため、暗殺される。かなり豪快な男で、近藤や土方もほとほと手を焼いていた。この芹沢のわがままによって二人の男女が死んでしまうという事件があった。新選組に佐々木愛次郎（1845～1863）という19歳の美少年がいた。彼は見世物小屋の香具師の弟の娘・「あぐり」と出会い恋に落ちた。が、芹沢があぐりに横恋慕し妾に差しだすよう強要するのを受け、謀略を服した佐伯又三郎に賭け落ちを勧められ、8月1日夜脱走し逃げる途中、朱雀の藪の中で佐伯らの待ち伏せに遭い惨殺されたという。あぐりは、舌を噛み切って自殺したとも、共に切り捨てられたともいう

ほかにも芹沢には「お梅」というお色気ムンムンの女性がいた。元は八坂の芸妓であったが、京都四条堀川の太物問屋（呉服商）・菱屋太兵衛に身請けされ妾となる。芹沢鴨が商品の代金を払わないので、菱屋がお梅を取り立てに行かせた所、芹沢は強引に自分のものにしてしまった。

文久3年9月18日、泥酔した芹沢と壬生八木家で同衾中《どうきんちゅう》、土方歳三・沖田総司らに襲撃され、巻き添えを食って殺された。お梅の遺体は呉服商も引き取らず、かといって芹沢と同じお墓に入れるわけにもいかない。数日後、実家の人が引き取りにきたが、すでに腐臭がしていたという。

次は**沖田総司**。沖田にはあまり女性関係は語られていないが、どうやら医者の娘と恋仲になったという逸話がある。その女性は公卿中山家の侍医の娘で岩田コウという名前で、近藤勇の養子となった谷周平と結婚させるために、コウも近藤の養女になる。ここで沖田と出会い、恋に落ちた。が、沖田は尊敬する近藤のためにコウの求愛に応じるわけにはいかない。そのためコウは刀で喉を貫いて自殺をはかった。が、一命をとりとめた。ここまで大事件になってしまっては、谷周平と結婚させるわけにはいかず、近藤の手配により商家へ嫁いだという。

次は**永倉新八**。永倉の愛妾は島原亀屋の芸妓・小常《こつね》。慶応3年（1867）7月6日女児を出産するが、

永倉新八

産後の肥立ちが悪く、11月、小常は死んでしまう。その頃、新選組は伏見奉行所へ引き揚げとなっており、急いで小常の埋葬の手配、そこで初めて娘の「磯」に会う。「磯」はやむなく祇園にいる小常の姉に預けられた。永倉は五十両の金と共に伯母の形見の巾着を預け、「自分はもう生きては戻れまいからこの形見を証拠として示して江戸松前藩屋敷にいる従兄弟に赤ん坊をやってくれ。」と頼む。しかし赤ん坊は松前藩屋敷には現れず、戊辰戦争後も磯の行方はまったく分からなくなっていた。それが明治33年（１９００）頃、関西で売れっ子の女役者・尾上子亀がその「磯」であると分かり、三十数年ぶりにようやく親子の再会は果たされたという。

次は**原田左之助**（１８４０〜１８６８）。新選組にしては珍しく一般人と結婚。慶応元年頃、左之助が26歳・政《まさ》（１８４８〜１９３０）が18歳で、醒ヶ井通七条下ルの釜屋町に所帯を持った。政は嘉永元年（１８４８）、京都仏光寺の町人の菅原家に生まれる。そして慶応2年長男の茂が誕生。愛妻家であったらしく、非番の日には子供を抱いて屯所を訪れ、子供自慢をしていたという。しかし、二人目の子を身ごもっている時に新選組は京都を去ることになる。新選組が伏見奉行所へ移ることとなり、慶応3年（１８６７）12月11日に左之助から当座の暮らし向きの金銭を託され、これが今生の別れとなった。12月17日に生まれた男子は、1週間で夭折した（戒名、禅雪童子）。その後、従兄・井上新兵衛のもとへ身を寄せたものの、たびたび新政府軍の尋問を受けたという。その後夫の左之助は上野戦争の際に負傷し、その傷がもとで死ぬ。政は伊藤博文の知遇を得て不自由なく暮らせたといい、83歳まで生き、子母澤寛に逸話を残したという。

次は山南敬助《やまなみけいすけ》（１８３３〜１８６５）。土方歳三（１８３５〜１８６９）との確執から対立し脱走したため切腹をした男、山南には、島原遊郭で天神（太夫の次のクラス）だった明里《あきさと》という恋人がいた。明里は22歳くらいで、上品な美人であり武士の妻にしても恥かしくない身のこなしをしていたという。山南からの手紙で山南が切腹するという知らせを聞いた明里は、山南のもとへ走る。そして部屋にいる山南に格子越しに最後の別れを惜しんだという。昭和になって子母澤寛が八木為三郎（新選組が屯所としていた八木家の子息）からの証言を元に書き記されたとされる『新選組遺聞』の逸話である。その永倉本人の手記『新選組顛末記』や『浪士文久報国記事』には明里についての記述が一切無く、子母澤による創作の可能性が高いと言われている。近年、３月上旬日曜日に「山南忌」が壬生旧前川邸で開催されている。

次は伊東甲子太郎《かしたろう》（１８３５〜１８６７）。島原に愛した女性（輪違屋の花香太夫とも）がいた。油小路事件の後、篠原泰之進・新井忠雄の妻と共に薩摩藩邸に潜伏中の同志篠原を訪ねている。この女性との間に男の子がいたという。また、「辻まさ」という元祇園の芸者だったらしい愛人がいて、彼女は伊東を殺害した新選組を深く恨み、明治以後、よく墓参にきたという口伝が最後の屯所だった高台寺塔頭・月真院に伝わっているという。辻まさが花香と同一人物であったのか？

伊東は、京都時代、恋の和歌を多数残している。花香を詠んだと思われる歌が多い。恋の歌のうちの数首。「国の為おつる涙のそのひまに見ゆるもゆかし君のおもかけ」、「おのれのみ深くも思ひそめにけりうつろいやすき花の色香そ」、「兼てよりあすある身とも思はねはいかてちきりを結ひ留むへき」、「逢ふまてとせめて命のをしけれは恋こそ人の命なりけり」。

次は山野八十八《やそはち》（1841～1910）。新選組隊士に人気だった壬生寺の裏にある水茶屋「やまと屋」の女将の娘。山野は、深い仲になり、新選組が江戸に引き上げる直前に女の子が生まれる。山野は妻子を残して江戸に向かう。彼が京都に戻って菊浜小学校に勤めている間に、その娘が祇園でも評判の芸者となっており、父親を捜していた娘の方がとうとう見つけ出し、年老いた山野を引き取る。山野はその後娘のおかげで安楽に暮らし、立派な着物を着て壬生に墓参りに訪れていたと記されている。子母澤寛「新選組物語」。

確かに山野は、伏見から江戸、そして会津から函館まで常に新選組隊士として在籍していた。京都に戻り、河原町五条下ルの菊浜小学校の小使いをして暮らしていた。明治22年（1889）6月に、土方歳三の甥・佐藤俊宣《としのぶ》が、近藤勇の首級の在処を探しに京都を訪れた時に、壬生の墓守から山野を紹介され、彼と会った。俊宣は山野からさらに島田魁《かい》（1828～1900）を紹介されたと言い、彼等は互いに連絡しあっていたようだ。山野は、明治29年（1896）7月に同校を退職。なお、菊浜小学校は平成5年（1993）に廃校、現在はその跡地は京都市が設置した複合施設「ひと・まち交流館　京都」となっている。

伊東甲子太郎

島田魁

45 斜めから見る歳三像

京都の南、淀競馬場の西側に戊辰戦役の碑がぽつんと建っている。新選組の京都最後の激戦地・千両松である。井上源三郎他隊士数名がこの地に眠っている。昭和48年（1973）、ここの駐車場工事宿舎に「誠の旗を持った血みどろの隊士の亡霊」が現れたという。土方歳三は近代戦の極限をここで見たのだろう。その後、大坂城へ引き、江戸に戻り、独自で近代陸軍の学習を始め、仏軍事顧問団からか、オランダ歩兵操典からか、短期間で強力に吸収したのであろう。そして戊辰戦争東北戦では大鳥圭介と旧幕軍の参謀として会津戦までを走り、その後榎本武揚《たけあき》との蝦夷新国家創立への戦いを見事に指揮した。日本の海戦上、今も有名な「宮古湾海戦」をも指揮し、函館戦では最後迄、義を貫き、見事に一本松関門で花と散った。

「剣と槍」の京都時代から鳥羽・伏見の戦いで開眼し、江戸へ戻って「洋服と砲」への切替えと潔さ。蝦夷共和国では陸軍奉行並と高官に列し、非常に温和な歳三の一面を見せたらしい。鬼才のこうした潔さがこの二十一世紀にも広いファンを生んでいるのだろうか。

戊辰戦役の碑（伏見区納所下野、このあたりを千両松といった）

近藤勇の話

46 近藤勇の首のなぞ

近藤勇（1834～1868）は慶応4年（1868）4月25日板橋で斬首された。その処刑場の場所についても色々と説があるが、「巣鴨の庚申塚《こうしんづか》」（現・東京都豊島区巣鴨4丁目）であろうといわれている。

さて、落とされた近藤の首は板橋から京都へ。護送した東山道軍大監察・北島秀朝《きたじまひでとも》（竹原秀太郎、北島千太郎）（1842～1877）の「事跡略」には、「火酒にひたされていて面容生けるが如し。見る人驚かざるはなし」と記されている。勇の晒し首の絵は有名だが、この絵は三条河原近くの土佐藩邸に居た土佐藩士が「さらし首」を見に行って、スケッチしたもので中々しっかり描いている。この絵を愛人の芸妓にやったものが残っていたものだ。

近藤にも妾がいて、東三本木の駒野《こまの》という人で、落籍されて男子を生んでいる。この子は東福寺に入って高僧となったと言われているが詳しくは判らない。勇の首が三条河原に晒されたこの時、駒野は辻講釈師を雇い、近藤勇の功績を讃えてその死を悼む一席をぶたせた。それが原因で官軍に捕えられ、罰として髪を切られて追放された。

私は数年前、たまたま乗り合わせたバス旅行で隣席の「元大工」さんという方からこんな話を聞いた。若い頃鳥羽の家に仕事に行ったら、そこのおばあさんが3歳位の時、親に手を引かれて首を見に行った、という話を聞いた。一大ショーとなって京都の市民が大勢出掛けて行った様である。

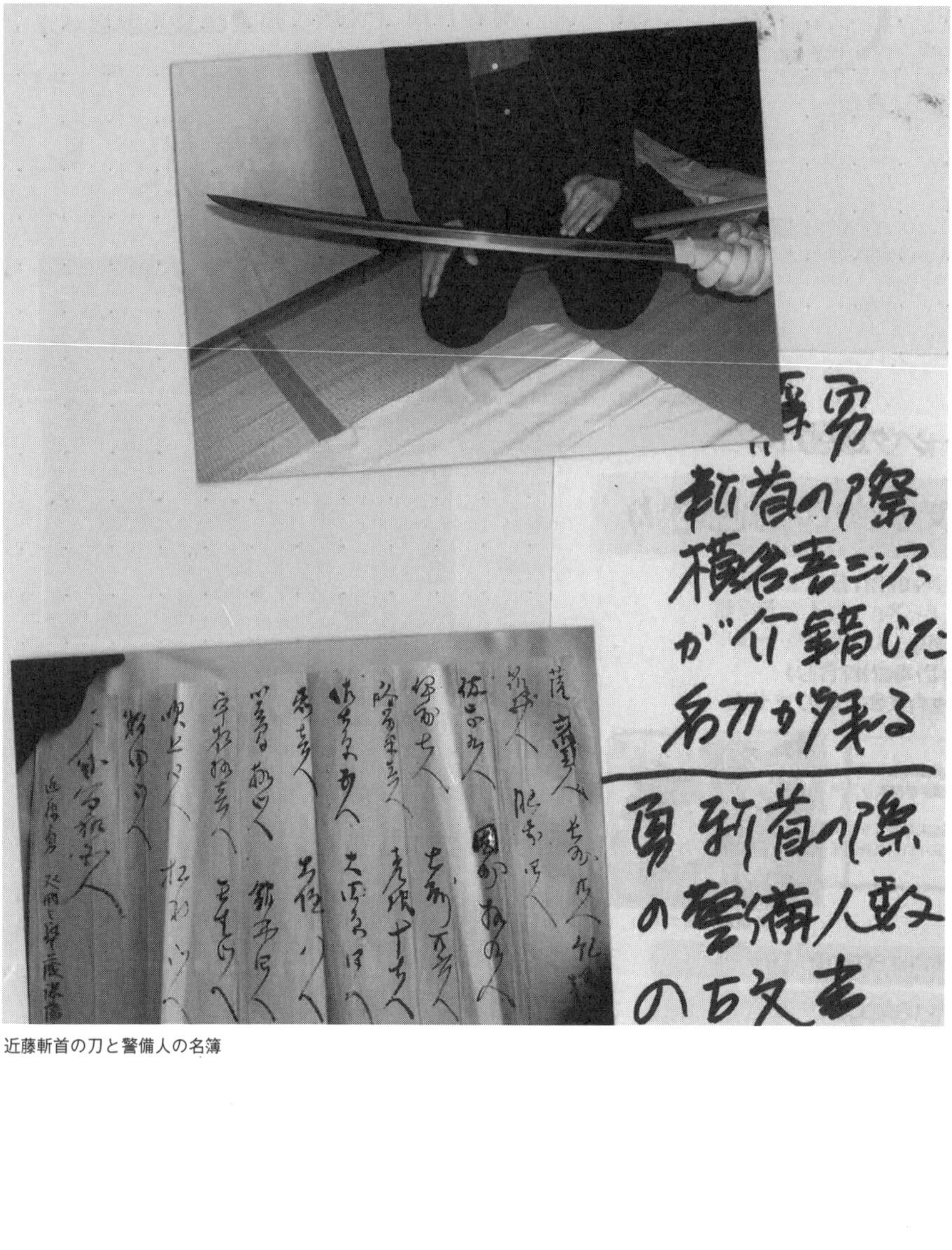

近藤斬首の刀と警備人の名簿

この首の行方はいまだに「なぞ」となっている。愛知県岡崎の法蔵寺、会津若松の「天寧寺裏山」、京都東山など、色々といわれている。板橋で一度晒した首を京へ送り三条河原で晒した後、大坂の千日前に晒し、その後に粟田口の「南無地蔵」の辺りに埋められたとか……、また三条河原の首は大坂へ行く前に盗まれたとも。

ちなみに江戸時代、京都の刑場近くに11ヶ所の無常所（六墓五三昧《ろくはかござんまい》）が存在した。六墓とは南無地蔵、大谷、西ノ土手、粟田口、最勝河原、元三昧の6ヶ所、五三昧とは狐塚、阿弥陀ケ峰、中山、千本、七条金光寺の5ヶ所であり、これらには無縁者か刑死した人々が葬られ、僧すら避けるような地だったという。

最近は米沢に勇の首を埋めたという説も出てきた。

近藤の親族（従兄弟という）に近藤金太郎という人がいる。天保11年（１８４０）埼玉県入間郡金子村に生まれ、祖先は武田の家臣で天正年間にこの土地に逃れ住んだという。金太郎は近所の道場で剣術修行をし、14歳の時に桐生織物を学び21歳で米沢に移住、「米沢織物の中興の祖」とされ、２５００坪の工場を持ち使用人は30数人いた。やがて事業拡大のため、桐生から江戸へ向かう途中「板橋宿」に投宿した。時に慶応4年（１８６８）4月25日夜であったという。そこで金太郎は刑場の近くの雑木林の中に獄門台があり、高さ約五寸長さ四尺幅一尺厚さ二寸の台板、その台板の下から逆さに釘を打ちその釘の先に首を差してあった。この近藤勇の首を盗み、荒川と隅田川の合流する河原で焼き、その骨を米沢に持ち帰ったというのである。

しかし、厳重なる警戒の中、首を奪い取ることは不可能だろう。

明治22年（１８８９）に日野の佐藤俊宣《としのぶ》（源之助）（１８５０～１９２９）が、近藤の首と、土方の妾で上七軒の芸妓「君鶴」が生んだという女子を探しに京都に来た事が彼の手記「西遊紀行」に書かれ、日野の佐藤家に現存している。山野八十八（１８４１～１９１０）や島田魁（１８２８～１９００）とも京都で会っている。俊宣は、新選組の後援者・佐藤彦五郎（１８２７～１９０２）の長男として生まれ、母は土方歳三の姉のぶ（とく）（１８３１～１８７７）である。現在も近藤の首は土方の死体の行方と共になぞに包まれているのである。先年、新選組や幕末研究家の方の「東本願寺の御門跡が下げ渡され持ち帰った」との説も聞いた。新選組研究家の一人、万代修（１９４４～）氏が、勇と東本願寺の関係を研究し書いておられるのを思い出し、この可能性はあると思った。

47 近藤勇と渋沢栄一の意外な関係

はじめに

近代日本最大の経済人であり、日本の資本主義創生期のパイオニア渋沢栄一（１８４０～１９３１）と新選組近藤勇（１８３４～１８６８）とには接点があったことは殆んど知られていない。昭和51年（１９７６）に作家城山三郎氏が、栄一の子供（四男）、渋沢秀雄（１８９２～１９８４）氏の父を語った伝記「渋沢栄一」を基にして小説「雄気堂々《ゆうきどうどう》」を出版され、渋沢栄一の若き京都時代に近藤勇、土方歳三、新選組との協力の仕事をされたことが読者の知ることとなった。私が新選組研究を始めた動機となったのも栄一先生の「近藤、土方はなかなか立派な人であった」との評価の回想談からであった。京都ではともすると新選組の評価は、戊辰戦の鳥羽・伏見戦の敗退で低く、私は彼らのベースキャンプの壬生屯所の近くに生まれ育ち、新選組とは何かつながっている様な気分で少年期を過ごした。私が奉職したのが旧第一銀行であった。この銀行は戦前は日本のトップバンクとして渋沢栄一が日本で初めての私立金融機関として開設した銀行であった。栄一の思想、商業道徳合一主義を経営理念として日本の基幹産業を育て上げてきたが、彼は三菱・三井のようなコンツェルンを作らなかった。そして世の為、人の為の金融精神に徹した。「コンツェルン」とは、個々に独立した企業の株式を親会社が持ち実質的に支配する企業形態である。この栄一先生が京都時代、近藤、土方、新選組と一緒に仕事をされ、近藤勇とは同じ農民出身で出身地も近く短い期間であったが交流されただろうと思われる。栄一先生の晩年の回想を基にして子息の秀雄氏が「私伝渋沢栄一伝」を昭和40年（１９６５）に時事通信社から出版された。この中の「大沢源次郎捕縛事件」で近藤・土方と栄一先生の接点が浮き上がった。

陸軍奉行差配「大沢源次郎」、捕縛について

そのころ幕府陸軍奉行差配「大沢源次郎」という武士があったが、彼は極秘裏に薩摩藩と通じて倒幕の陰謀をたくらみ、その宿所たる北野の某寺院には鉄砲の備えもある。しかも彼は相当腕もたつ男だという情報が伝わった。そこで陸軍奉行支配の調役の誰かが奉行の名代として大沢の宿所に赴き「御不審のかどがあるから糾問のため召し捕る」と申し渡して縛って来なければならない。しかし相手は自暴自棄で抵抗するかもしれない。組頭の森某は小才のきく江戸っ子風の男だから、そんな物騒な役は引き受けたがらない。また組の中にも危険な使者を志願する物好きはいない。そこで彼らは「渋沢は根が浪人でコワイもの知らずだから、あの男に限る」と栄一に押し付けた。幕臣という身分にクサクサしていた矢先だから、飛びついたのである。今日のスピード狂が高速道路で速度制限を無視するスリルを感じるのと似ていると思う。ところが栄一は大沢召し取りに何の自己批判も感じなかったのであろうか。彼の回顧録にその説明はない。

都大路の秋の深まった一夕、栄一は京都町奉行の役宅で、新選組の隊長近藤勇、副長土方歳三と面談した。大沢の召捕りの手はずの打ち合わせである。かねて陸軍奉行からの達しで栄一が大沢の宿所を訪れ踏み込む時

は新選組の隊士が6・7名同行することになっていた。その夜、栄一は土方ら数人に警護されて、ひとまず、大沢のいる寺の近くの家へ行った。すると見張りの者が大沢は外出中と報告した。やむなく一行は、その家で待つ。この無風流《ぶふうりゅう》な役目の一団を洛北の夜は美しい虹時雨で包んだ。

大沢が帰るの報告が来たので一同は大刀を手にして外に出た。すると土方は歩きながら栄一にこう言った。「われわれ新選組がまず寺に踏み込んで大沢を縛るから、そこで貴公が奉行の命を申し渡されるとよい。」「それはいかん。それでは拙者の役目が立たん。まず拙者が踏み込んで奉行の命を伝えてから、貴公たちが縛る。それが筋道というものだ」、この栄一の抗議を新選組は認めない。俺たちが縛る役目なのだから縛ってから申し渡せと主張する。栄一も負けてはいない、あとへ引かない。「そりゃ土方君そりゃ本末転倒だ。拙者が奉行の名代として御不審のかどであるから糾問のため捕縛すると申し渡した時。彼の罪状が決定されて捕縛する理由も相立ち申す。いわば拙者はこの役目の正使で貴公らは副使だ。奉行の命を伝えないうちに、副使が召し捕らえるのは理不尽だ。」「そんな理屈を言っても、大沢が切りつけてきたらどうする。」「いらぬお世話だ。その時は相手になるまでだ。」「貴公には、そんな洒落たまねが出来るか？」「人を甘く見くびるな。拙者の腕前も知らんで」。

さて寺院の門に着くと栄一は、隊士をそこに待たせ。土方と二人で門内へ進んで玄関に立った。取次ぎに出た門生が大沢はもう寝たという。そこで用向きを伝えると、再び門生が出て来て栄一を召しいれた。彼は土方を残して単身で奥へ入る。ほの暗い一室に大沢があらわれたが、栄一は彼の挙動に気を配りながら奉行の命を伝えた。すると彼はすぐさま恐れ入って神妙に縛を受けた。大山鳴動《たいざんめいどう》してネズミ一匹も出なかった。そこで栄一は大沢を新選組に引き渡したのだが、大沢の態度が神妙だったから、その辺は斟酌《しんしゃく》してやって欲しいと申し添えた。そして奉行に復命するため栄一が先に寺門を出ると新選組の手のものが大沢の表札を取りはずしていた。その夜、陸軍奉行は栄一の報告を聞いて、ひどく喜び、当座の褒美として羅紗羽織《らしゃばおり》をくれた。後年、栄一はこの時のことを「一般幕臣の法懦《きょうだ》（臆病で気が弱いこと）だったことが知れる話だ」と評じている。と、子息秀雄氏は栄一伝に書かれている。

また栄一、五十歳代の談話「雨夜譚《あまよがたり》」には、近藤勇と二人で出向き二人で寺院の中に入ったとある。慶応2年（1866）の秋の出来事であるので、新選組の名声も高く相当の評価を得ており、近藤勇も局長として不動の地位に位しており近藤の代理として副長の土方歳三が同行したのであろうと思われるが、これを機に栄一と勇の親交があったであろうと思われる。秀雄氏の栄一伝の「思い出」の中には、ある晩、栄一の晩年期、父栄一に本を読んで聞かせていると、その中に新選組の話が出てきた。すると父は「いま読んだ、近藤勇も土方歳三もワシはよく知っておったよ」との前置きをしながら、召捕りの結末をこんな風に語った。「ワシが勢い込んで大沢に申し渡すとウワサと大違いの大人しげな男ですぐさま恐れ入ったよ」。まったく拍子抜けがしておかしかった。土方歳三はなかなか思慮のある人物のように見受けられた。ワシが正使、副使の理屈を並べたので、歳三は、君はもと武家の出かと尋ねた。そこでいや百姓だと答えたところ、彼はひどく感心してね。「とかく理論の立つ人は勇気がなく、勇気のある人は理論を無視する。君は両方いけるとホメてくれたっけ」。この自慢話を聞きながら私は、両方ともいけない自分を心の中で苦笑いした!!「秀雄氏栄一伝より」。

渋沢栄一とはどんな人物であったろうか。その後の栄一は、その後の大沢源次郎は!!

渋沢栄一は天保11年（1840）武蔵国榛沢郡血洗島村（現・埼玉県深谷市血洗島）の豪農の家に生れる。幕末、文久3年（1863）、尊攘運動に身を投じ「高崎城乗っとり」を画策し、幕吏より追われる身となる。一橋家の用人・平岡円四郎の援助で京都へ上京。当時慶喜公は京都御所の御守護総督として京都に居られた。平岡は当時「天下の権　平岡にあり」と謳われた人物で栄一の才能を認め、慶喜公に推挙してくれ、25歳の栄一は渋沢篤太夫として一橋家の家臣となった。秀雄氏の栄一伝にこんな面白い話が載っている。二人は勤務先(現・京都市中京区、当時、慶喜公は小浜屋敷を借りておられた。新門辰五郎と一門もその近くの来迎寺に居住、蛤御門の変の際の新門一家の戦死者の墓と供養塔が現在も来迎寺にある）の近所に八畳二間の借家を借りて自炊生活を始めた。秀雄氏談の「思い出話」がある。

「私がまだ小学生の頃、ある晩、家族の食卓で父がこの話をした。男世帯の雑然たる台所には盛んにネズミが出た。そこでよくネズミを退治したが折角取ったものを棄てるのは勿体無いとツケ焼にして食べた。油こくってなかなか美味だった、と一同を、笑わせた。」

こんな栄一は幕臣として幕末京都時代を近藤勇たちの壬生とすぐ近くで、あの激動期に青年期を過ごした。彼に転機が訪れたのは大沢事件の翌年、慶応3年（１８６７）パリの世界万国博に将軍慶喜の名代（弟の徳川昭武《あきたけ》公、人事庶務会計担当）に随行することになり渡欧、ヨーロッパの資本主義経済を学んだ。そして、明治元年（１８６８）10月15日パリを出発、香港に寄港、会津落城と榎本武揚《たけあき》が函館に立て籠もったことを知った。そこで思いがけなく知人の長野慶次郎（米田圭次郎）（会津藩士）の訪問を受けた。函館の蝦夷新政府の大将軍として昭武公を招じる話であった。栄一はキッパリと拒絶した。今となっては無名の軍団にすぎないし、昭武を戦争の渦中に巻き込むことは……、渋沢の英知の決断であった。

帰国後、静岡の慶喜公の側近として過ごしていた彼に新政府より大蔵省への出仕要請があり、やむなく出仕、日本の金融財政の基礎作りを行いその後、官を退り、第一国立銀行を創立し、この銀行を足場に５００を超える企業の設立、指導援助にあたった。日本の近代事業のあらゆる分野にわたっての栄一の関わりは、日本の資本主義を築いた実業界の神様と言われている。栄一は経営理念を孔子の「論語」に求め、「道徳と経済の一致を唱え、経済活動は常に道に叶ったものでなければならず不正に得た富は許されない」と説いた。論語の「余りあるを持って人を救わんとすれば人を救ふ時なし」の例えを実践、「経済活動で得た利益は社会に還元する」ことを率先して行い、社会教育事業、国際親善に寄与された。昭和6年（1931）90歳で他界された。

　さて、大沢源次郎とは。大沢の祖父は大島十蔵、父伝蔵も共に御《お》賄《まかない》組《ぐみ》に属していた旗本。弘化4年（1847）12月、17歳で西丸表御台所人を勤める大沢吉之助の養子となり嘉永元年（1848）3月29日に家督相続を許される。妻は元大御番久貝因幡守組の須田五郎兵衛の娘であり、源次郎との間に娘が二人おり、一人に権之丞を婿として迎えている。源次郎を養子に迎えた後に、吉之助に男子恭平が生れている。

　大沢源次郎も泰平の世の中がそのまま続けば御台所人の一人として御家人としての穏やかな一生を終えたのかもしれないが幕末という時代が彼を表舞台に引き出した。文久3年（1863）、新徴組支配取調役を仰せ付けられたのを皮切りに元治元年（1864）6月に京都見廻

渋沢栄一（1866年武士時代）

渋沢栄一（1867年洋装）

組与頭勤方の一人に任じられ上京、大沢が京都に着いてすぐ蛤御門の変の戦いに参戦、11月には水戸天狗党討伐のため越前敦賀に出張、12月帰京、慶応元年正月、江戸御用取扱出府、3月御目見仰付られ、5月出立上京、慶応2年6月小十人組仰付けられ、慶応2年（1866）10月には陸軍奉行並支配の役職にあった。この出世の動きを見ると彼は単なる能吏より剣の腕も相当あり大きい人物であったと思われる。大沢の年齢は33歳とも38歳ともいわれている。

さて、大沢の罪状であるが、その後源次郎は11月27日に新選組が警護して兵庫へ護送、軍艦に乗船、12月6日に江戸到着。慶応3年3月に評定所へ出頭。同年9月11日判決、「通塞《つうそく》」であった。国事犯や「多人数の共謀者と兵器銃砲の商いをしていた」罪状に対する判決とは思われない。実際は十津川《とつがわ》の物産開方に介入した罪だけだったらしい。十津川の物産の販売などに関して親切に相談に乗ったらしい。十津川は反幕府運動の過激勢力とされており、経済的事件であったと思われる。大沢の受けた「逼塞《ひっそく》」は50日であったという。

その後、戊辰戦役の鳥羽・伏見戦、京都で日本最後の国内戦が開戦、見廻組、新選組、会津・桑名の善戦もむなしく敗北。この二人は不思議な運命で、栄一は遠くパリへ、大沢は江戸でこの激動期を迎えていた。大沢源次郎がその後の明治を如何に生きたのかは知るよしもない。

渋沢栄一（晩年）

新選組を創った男—芹沢鴨

はじめに

平成14年（２００２）４月、新選組が慶応３年（１８６７）12月京都を去ってから初めて、彼らの手紙や遺品が第二のふるさと・京都へ帰ってくる機会があった。副長・土方歳三は少年時代に江戸上野の松坂屋で奉公しており、この縁で東京松坂屋の創業記念「土方歳三展」が行われ大盛況を博し、京都でも翌年開催の運びとなった。京の印刷会社５社共同事業、監修は私。上京区今出川堀川下ルの西陣織会館での展覧会は、予想を超える入場者に恵まれ、大盛況のうちに終了した。

この会場は芹沢鴨が焼き打ちした「一条葭屋町の大和屋」のすぐ近くで、何か芹沢鴨との因縁めいたものを感じた。西陣の織商や寺院の方々とも色々とお話が出来た。「幕末文久の頃は開国政策のために輸出が増加し、特に絹糸が値上がりし、これにつけ込んで買占める商人も横行した様ですよ」。私は過去の小説の中で芹沢の蛮行と言われている大和屋事件は悪徳商人を懲らしめる義行ではないかと気がついた。そして調べるうちに「うちの先祖も買占めをやって芹沢にやられましてなあ」と言う話や、「米屋をやっていた先祖がやられましてね」などという話。それが家に伝わっていて新選組に関心を持ち幕末史に関心を持ち出したと言う青年にも会った。

新選組が「来よる」というて雨戸を皆閉めたとか……、芹沢鴨という人は子母沢寛氏の小説以来、どこでも悪役とされているが、本当は新選組の創成期に守護職との交渉や資金の確保等、天狗勢のリーダーの経験と能力を生かして活動して、隊の基礎作りをした人物であると強く思い、「新選組を創った男　芹沢鴨」を書こうと思い立った。

平成15年（２００３）12月中旬に大河ドラマの先駆で新選組ツアーの観光バスが多く壬生地区にやってきた。私は講師ガイドを依頼され、壬生川綾小路でバス降車の際、アキレス腱を切る事故に遭った。そして2ヶ月のドクターストップで芹沢鴨を書く時間が生じた。芹沢が書いて欲しいとの事故の様に思え、芹沢たちの供養のために筆を進めている。

今、壬生の芹沢事件の現場は観光スポットとなり毎日１０００人の観光客が来るという。それをガイドしているシルバーガイドの人からも「霊感の強い方はよく感じるという方がおられますよ」という話をされたが、私は「芹沢さんたちはそんな人ではないんですよ」と応えて壬生塚のお墓に参拝した。お梅のお墓は西陣のどこかの寺の墓地にあるといわれている。

今探しています。芹沢・平山・お梅の供養のために。

48 芹沢鴨とはどんな人物か

芹沢鴨（１８２９?～１８６３）は常陸の国の行方郡玉造町芹沢村（現・茨城県行方市玉造町芹沢）で生れた。その昔芹沢村には芹沢城があり、足利時代芹沢氏は有力武将であった。芹沢にはそんな血が流れていた。芹沢家も土方歳三の石田散薬と同じく傷薬を製造販売し有名で、裕福な郷士であった。芹沢鴨という名前は色々と考証されているが、近くに加茂神宮があり、鴨宮という社もあり、そこから鴨という名前を取ったと言われている。本名らしい。一時木村継次とか下村継次とか言われ、新選組隊士録にも記されているが、隊士には変名の者も多かった。変名は、当時の志士たちの間でも多く使われており、坂本龍馬は才谷梅太郎、中岡は石川清之助と名乗り、坂本は死の直前まで、中岡へ「石川」と呼びかけていた。変名の多さは現在も研究の妨げになっている。

文政12年（１８２９）に鴨は生まれた。15歳で潮来《いたこ》学校で水戸学と尊攘思想を学んだ。平凡な郷士ではなかった。子供のときからリーダー的要素に恵まれていた。剣は戸ケ崎熊太郎（戸賀崎暉芳《とがざきてるよし》（１７４４〜１８０９））の神道無念流に師事し、その高弟の岡田十松の直弟子となった。

岡田十松（吉利《よしとし》）（１７６５〜１８２０）は武州埼玉郡砂山村（現・埼玉県羽生市砂山）の郷士で、戸ケ崎熊太郎の弟子、松村新六に剣を学ぶ。22歳で免許皆伝を受け戸ケ崎道場の師範代となった。なお、新選組の剣士永倉新八も神道無念流免許皆伝者である。十松という人は気分の合わない人には教えないと言う変人で、鴨はその直弟子あった側面からも小説に描かれている悪玉ではなかったことが理解できる。

当時常陸の国には二湖があり、二つの湖を中心に町や村が発展し、石岡、佐原、潮来、玉造、鹿島などがあり、佐原と潮来は徳川旗本領が多く自由な気風があった。この辺りに尊攘の波が押し寄せて来ていた。水戸藩の尊攘の考え方が、この土地の活力のある青年たちに影響し、尊攘思想の青年が集まって来ていた。幕末の各藩の問題は尊王攘夷と佐幕開港の二つの流れが出て来ており、藩論が二分化したり、藩論の不統一が多くなって来ていた。水戸藩では尊王派の力が強く、芹沢鴨も光圀公以来の水戸学をしっかりと学んだ筋金入りの尊攘派であった。

これらの人々はそれぞれに隊や組を作り、白衣白鉢巻で身を包み行動を共にした。そんな人々を民衆は天狗と呼び天狗勢といった。水戸の天狗勢は、元治元年（１８６４）3月に筑波山で蜂起挙兵してからのことがあまりにも有名で、それ以前のことは余り理解されていないが、元来は天保改革期、烈公徳川斉昭《なりあき》に従う藩政改革派がそう呼ばれた。重なる受難で改革派が分裂してからは、過激派の下士《かし》や浪人が天狗勢の主流となった。水戸城下を離れて流浪するものも多く、尊王攘夷、尽忠報国の名分を揚げて活動を展開していた。それ以後の天狗勢の悲劇は余りにも有名である。

芹沢たちも天狗勢玉造組を作り、その集団を「誠心方《せいしんかた》」と名付けた。誠心方300名の頭目は芹沢鴨であり、水戸藩の家老からも資金を支給されていた。後に新選組の旗印の「誠」はここからとったものである。この誠心方には最初から平間重助（1824～1874）も加入していた。リーダーの鴨は志士の見識と風格もあり、清河八郎（1830～1863）も彼の風評を聞いた。当時、清河は京都伏見の「寺田屋騒動」にて尊攘決起の挫折を味わい、京を去って江戸そして佐原に来ていた。浪士隊結成直前である。

水戸烈公は天狗勢を評して、こう述べておられる。「江戸にて高慢者などは天狗と申すかに承り候ところ、水戸にては義気これあり志あるものを天狗と申し候、たとえば勝手困窮して今日の暮しにもさしつかえながら食し候も食し候わず、書物を買い入れ、また刀剣甲冑などを買入れ容易に人に出来申さずことをいたし候、なかなかの人の出来候これなく、天狗こそあるべし」。

この天狗勢の玉造組誠心方のリーダーとして、芹沢鴨は西浦の港町に駐在していた。その活動資金は水戸家と地元の豪商に依存していた。その豪商は高浜屋という船問屋といわれている。新見錦と平山五郎がこの頃誠心方に加盟した。

平山五郎（1829～1863）は壬生事件で芹沢鴨と共に暗殺された。24歳で神道無念流斎藤弥九郎の免許者、浪士組に参加する以前に火薬の爆発で左目を失明していて、稽古でも左側から打ち込まれると猛烈に切り返したという話が残っている。

新見錦《にいみにしき》（1836～1863）は神道無念流・岡田助右衛門の免許者で、芹沢・近藤と共に新選組の初代

3局長の一人。文久3年（1863）9月、局中法度違反として28歳の若さで祇園の茶屋で切腹とされ、彼の墓が壬生に無いのが不思議であり、「田中伊織」と共同墓石に書かれて壬生塚にあるのがそれではないか、また水戸に存在しているのではないかとも言われている。彼は芹沢たちとは別に南部方に寄宿している。別派のトップであったのかも知れない。京都東山の霊山《りょうぜん》神社、旧護国神社に明治元年（1868）に国事に尽くした志士を祭る京都養正社が建立され、その祭神686柱に新選組で唯一祭神として新見錦の名が入っているのが不思議とされ、何故か分からない。彼は長州のスパイ説もあり、これとの関連も考えられる。新選組ミステリーの一つである。

京都養正社《ようせいしゃ》

明治9年（1876）、志士顕彰団体「京都養正社」が創立される。内閣顧問木戸孝允と京都府権知事槇村正直が中心となり作った組織で、祭られる対象は「戊午《ぼご》（安政5年・1858）以来、其の身多年王事に憂労して終に非命に死」んだ者たちとなる。後に財団法人となり、志士の子孫から寄せられた史料の展示会や祭礼を営んできたが、役目を終えたとして平成26年（2014）4月に解散。所蔵史料は、霊山歴史館を運営する霊山顕彰会に寄贈される。土佐藩士の本山只一郎に対し、龍馬が運んできたライフル銃の購入と藩論統一の決議を促す手紙や、中岡慎太郎が土佐藩に武力討幕の決起を求めた有名な書状、高杉晋作愛用の銅盆や土佐脱藩前夜の吉村寅太郎の詩書などである。

49 芹沢はなぜ浪士隊に参加したのか

これは新選組の原点である浪士隊を発案した、清河八郎（1830〜1863）を語らねばならない。清河の本名は斉藤正明、出羽庄内清川村（現・山形県東田川郡庄内町清川）の富有な郷士の家に生れた。その遠祖は清和源氏である。この清川村は酒田港と新庄の中間点に存在し最上川の上り下りの舟の重要宿場町として繁栄しており、斉藤家はその土地の酒造業として富裕であった。

私が先年、清河八郎記念館を訪問した時、その館長でご子孫の斉藤さんは、酒造業とは別に月山《がっさん》の砂金産出の利権も有り、大金持ちでしたと話してくれた。清河神社大鳥居側に銅像が立っていた。

清河八郎については後述しているので少し省略することにする。しかし清河八郎がもし勝海舟と交友を持ち近代的な眼を育てていれば、「坂本龍馬」と同じような人物になっていたのではなかろうかと思う。彼の有能な英才が自信となって、一人あのような政治活動に走り悲劇への道を歩ませたのだろう。芹沢鴨が潮来で同輩3人を斬り、江戸市中の獄中に居た頃、彼は同じく江戸市中で役人を斬り、追われる身となり、逃亡を利用して中国地方から九州各地へ尊攘激派の指導者として遊説して廻っていた。

尊攘運動は文久2年（1862）の寺田屋騒動で挫折、流れが変わった尊攘運動の回復を目標に清河は京都より江戸へ立ち返ったが追求が激しく、彼は窮地を脱する目的で一計を案じ、文久2年11月12日に山岡鉄舟を通じて、当時の幕府改革で政治総裁に就任していた英明な君主松平春嶽公に急務三策を建白した。1攘夷、2大赦、

石坂周造

3英才糾合を主とした建白書であった。これを上申すると返事を待って水戸佐原へ潜伏し、この地で芹沢の存在を彼は知ったのだろう。そして大赦が行われ、伝馬町の獄中に居た池田徳太郎（清河の江戸での無礼打ちに連座）（1831～1874）、同じく石坂周造（明治に入り石油発掘事業を日本最初に起し成功した。彼の名をとり石油と名付けられた。）（1832～1903）、清河の弟の熊三郎も赦免となった。清河も水戸より呼び出され殺人罪を解かれ浪士隊への招致を受けた。その時、芹沢鴨は潮来で獄につながれていたが大赦にあい解放された。そして浪士隊参加へと芹沢も動いて行った。

50 芹沢鴨の見た京都

文久3年（1863）2月23日（4月10日）、丁度京洛は春が訪れ、鴨川や高瀬川の柳は緑に桜花満開の風景（見わたせば柳桜をこきまぜて都は春の錦なりける！）そのものの中を、浪士隊は午前10時頃三条大橋を渡った。北の方に比叡の山を見て、春霞にかすむ北山の山並、鴨川の清流を眺めながら池田屋などが軒を並べる京三条の宿場町を通り、三条通を寺町へ、烏丸通では六角堂を左に見て千本通を南へ壬生寺に到着した。

壬生寺の広場で宿割をした236名はそれぞれ壬生の宿に身を落ち着けた。なぜ壬生に止宿することになったのであろうか。その後新選組の屯所になった前川家の前川荘司《しょうじ》（1829～1875）が政商であった事が一つ。また壬生の地は元は「水が生れるところ、水生」といわれ湿地帯で、当時は、秀吉の御土居を境にして洛中・洛外といったが、あたりはその洛中の一番西側の農村地帯であった。当時洛中では米作は禁止され、

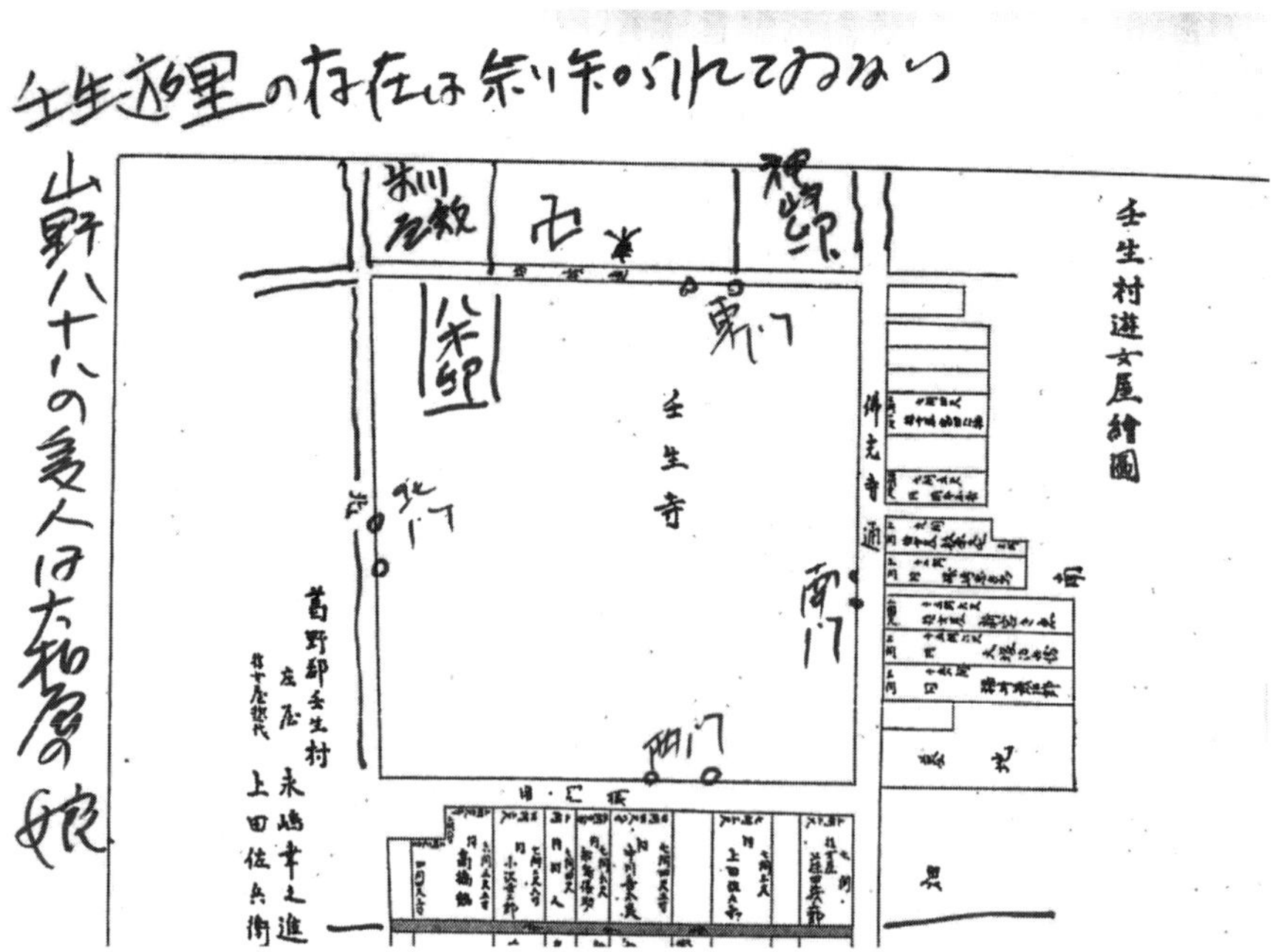

壬生遊里図

壬生地帯は京都の野菜の供給地として、美味な冬野菜である壬生菜のほか、南側の松原通下部の中堂寺村では芹の生産が行われていた。さらに南は日本で最初に出来た公認の遊廓島原が隆盛を極めていた。また壬生寺の西側と南側に遊里が存在しており約20軒余りの遊女屋があった。これらが浪士隊止宿地としての条件ではなかったと思われる。(この壬生遊里は殆んど知られていない)。

新選組美男五人男の中の一人の山野八十八《やそはち》は明治まで生き残り、京都の菊浜小学校の小使として清貧に甘んじていたが、壬生の勤務の頃、壬生遊里の大和屋の娘と恋仲となり女の子が生れ、晩年の明治期この娘さんが祇園の「売れ妓」芸者として成長し、父を見出してその面倒を見たと言われている。壬生へも時々山野が良い着物を着て現れたと言う。そして四条通より南側、壬生寺より坊城通を北へ行くと六角獄舎があり、二条城周辺の西・東町奉行屋敷、所司代屋敷と幕末の警察司法の官庁街につながる土地柄であった。こんなことが浪士隊止宿地の選定条件となったのである。

六角獄舎はその後、元治元年（1864）の蛤御門の変の際、「ドンドン焼け」と言われる大火災に見舞われる。（長州藩屋敷を留守居役が放火して退京。また京都御所の鷹司屋敷を占拠した久坂玄瑞隊に対して、守護職隊の発砲により火災が発生したともいう）。京の都の2／3を焼く大火の際、この六角獄舎にも火が迫り、獄舎の西町奉行滝川播磨守具知（具挙）は、強固な佐幕主義者で、独断で平野国臣《ひらのくにおみ》他の志士を処刑した話は有名である。

二条城より北へ千本通を北上すると西陣織の機業地帯となり、「水上勉の五番町夕霧楼」で有名になった五番町遊里、そして北野天満宮の東側に七軒の茶屋が天満宮の廃材で建てられそれが上の七軒、上七軒遊里として発展していた。芹沢鴨も北野天満宮や上七軒にも遊んだのではないかと思われる。

そして壬生より南へ目を移すと、文久3年（1863）に開通した西高瀬川が三条より四条を通って運河として流れ、高瀬船が往き交っていた。壬生寺は平安時代に天台宗寺門派の園城寺《おんじょうじ》（三井寺《みいでら》）の京都の出先として造られ、江戸時代にはご本尊・地蔵尊が大衆の信仰を集めていた。京都は日本の大都会として当時、子供の死亡率は高く、子を思う親の願いは「死後の世界での子供の幸せ」であった。また中堂寺村には天

西高瀬川（下京区五条通御前東入ル）

善徳寺（下京区中堂寺西寺町 13）

台宗山門派、延暦寺の出先として中堂寺が造られた。この中堂寺村も洛中で消費される野菜の生産地として、今は絶滅した「中堂寺大根」や芹や堀川ごぼうも生産され、また特に有名な重要無形民俗文化財に「中堂寺六斎念仏」がある。平安時代、空也上人により念仏踊りが布教され、この地に根付いたものである。丹波街道が村の中心部を通り、宿場町も大宮通の西側「一貫町通」に発展し、「中堂寺遊里」というものも存在した。

新選組隊士は堅苦しい公認の遊里の島原へは余り通わず、岡場所的な壬生遊里や中堂寺遊里へ通ったのではないかと思われる。文久2年（1862）、村の一部は守護職領となった。沖田総司もこの村の娘と恋仲になり、女の子があったとの伝承も残る。善徳寺（現・京都市下京区中堂寺西寺町13）というお寺に沖田みつの墓というのがあるが、この娘の墓ではないかと推理されている。

そしてこの村の東側には当時、日蓮宗の本圀寺という大きなお寺があり、芹沢鴨の兄さん二人もここに水戸勢として滞在しており、良く立派な武士姿の兄が壬生の屯所へ芹沢に会いに来たといわれている。そしてその本圀寺南側に第二屯所として壬生屯所の次に屯営した西本願寺があった。そして芹沢は烏丸松原の因幡薬師へも見世物小屋へ遊びに出かけているし、当時この辺りにあった大丸呉服店へも出向いている。

さて、先日私のところへ「先生、新選組は珍しいものは何を食っていたのですか」と訪ねてきた料理人があった。芹沢の来た時、京には竹の子が出てきており、子持ちのモロコ（びわ湖産）や「加茂川のゴリ」そして「京の若鮎」、5月には元祇園社や稲荷社の祭礼には「京のサバ寿し」、夏野菜が「加茂なす」「伏見とうがらし」「鹿ヶ谷南瓜」と上品な京料理の味を芹沢たちは楽しみ、加茂川の床や高瀬川の涼み舟に乗ったのではないかと思われる。そして、芹沢最後の夜の角屋《すみや》の宴会では京都特産の松茸や丹波栗も食卓に出たであろうと思われる。そして島原大門の東側を通っている西高瀬川を高瀬舟に乗って、壬生より中堂寺に広がる芹の田を眺めながら京都の春から夏そして初秋の風景を大いに楽しんだのであろう。

加茂川のゴリ

京都市内を流れる一級河川「鴨川」。古くは禊《みそぎ》の儀式や「友禅流し」などの行事が行われていた。「かもがわ」という名前の由来。鴨川上流部の上賀茂一帯は、古代より賀茂（鴨）氏の本拠地であったことから〝賀茂〟の地名が定着し、川名もその名残で「賀茂川」の字を使用したという。

また、江戸時代には、高野川の合流点から上流を「賀茂川」、下流を「加茂川」と使い分け、字を変えることによって流れている場所を区別していた。

京都は、この川のおかげで川魚に恵まれ、海から遠い京都でも鮎・ゴリなどといった魚を手に入れることが出来た。

「ゴリ押し」は、この〝ゴリ〟という魚が語源だといわれる。ゴリは、底生《ていせい》生活をする典型的なハゼの一種。川底に固定した網に、無理矢理追いあげて獲る「ゴリ押し漁」から、強引に事を行うことを「ゴリ押し」というようになったという。

51 芹沢鴨とお梅の恋

文久3年初夏、壬生から島原へ流れる西高瀬川に舟がすべる様に清流に乗って動いている。芹沢とお梅はその舟の上でさわやかな涼風を受け、夕涼みを楽しんでいた。一面に広がる芹の田を眺めながら、故郷の常陸玉造を彼は想い出していた。京の北山に降った雨が広大なその山岳部から伏流水として南下して、「出水《でみず》」と言う地名が上京にあるように二条城付近より湧水として湧き出し、特に下京の壬生（水が生れる地としての地名）から中堂寺と湧水がこんこんと湧き、清浄野菜である芹の一大生産地として発展していた。二人は東男《あずまおとこ》と京女《きょうおんな》の似合いのカップルと見えた。源氏ボタルが飛び交い出し島原大門の灯が見え出していた。お梅は菱屋の主人に引かされる前は島原の遊女であった。彼女は西陣の貧しい織工の娘として育ち、なかなかの美人で色白の丸顔のフックラした娘で幼少より島原へ出ていた。西陣からは有名な歌手として都はるみさんが出てお られる。西陣の西側、千本通の西側には低級の遊里、五番町があり、少し北上すると北野天満宮の門前に高級遊里の上七軒が発展していた。芹沢は近藤や土方と違い遊里に余り足を運んでいない。お梅と深く結ばれつつあったのだろう。そして屯所へ足繁く通う様になり、あの悲劇の夜を迎えたのだろう。

壬生周辺に二人の幽霊の出た話は聞かない。二人は愛し合って死んで行ったのだろう。おそらく芹沢にもお梅にも、文久3年春より夏・初秋の期間が生涯で一番幸せな時期であったのだろう。壬生浪士組筆頭局長・芹沢鴨も「八月十八日の政変」の活躍が評価され、賜った隊名「新選組」は世間に認められ、新選組を創った自負もあり、お梅の恋も上昇期で二人は大いに幸せだったのだろう。成仏した二人に怨念はないのであろう。

新選組の原点「浪士隊」を創った男―清河八郎

52 清河八郎の恋

清河八郎がその名を世にとどろかす原点は、文久3年（1863）2月23日、江戸にて結成の浪士隊236名をつれ、中山道を通り京都へ来て、すぐその夜、幹部の宿所「壬生の新徳寺」で大演説を行った事件がある。「そもそもわれらの上洛は何の為のものか？将軍家茂を警護するためであるか。否である。我々は幕府の徴募に参したが、禄を貰っていない。」「諸君は尽忠報国の志のある者は来たれという徴募に応じて来洛した草莽の志士である。尽忠報国とは何か。これは尊王攘夷である。尊王攘夷の尖兵たらんとすることは我らの任務である、諸君!!」。彼の弁舌はすごい迫力でその場を圧倒した。誰一人異議申立ては無く、皆は沈黙に終始した。浪士たちは彼の「理想的政治演説」を理解するものは殆んど居なかった様である。

第一次尊攘運動は、寺田屋の薩摩の同士討ち事件（寺田屋騒動）で終わり、停滞期に入った。清河はこれを切り抜ける方策として、無法化している京都での「家茂上洛の警護」として江戸の失業者集団の浪士団を利用することを幕

清河八郎

府に進言、採用された。将軍警護の集団「浪士隊」を丸ごと尊王攘夷に取り込んだ堂々とした演説、大芝居を彼は行い、苦境から脱した。彼はこの事件で今も「回天の志士」と賞されている。策士と呼ばれる程、「策多く」不思議な人物像は、金持ちの秀才のお坊ちゃんが要因であろうと筆者は思うのである。

新徳寺で演説した翌日、朝廷に「吾々は尊王の志士集団で御所の警護を行いたい」と学習院より上奏し、宮廷から認可を得たことが幕府に聞え、裏切りの八郎はその後江戸へ帰還命令後、見廻組の佐々木只三郎（唯三郎）に暗殺され、34歳のこの英才は維新を見ずに世を去ったことは惜しまれてならない。これを動機として浪士隊に参加し、京都に残った近藤・土方らは新選組として後世迄名をはせた。

清河とはどんな人物なのであろうか。天保元年（1830）10月10日山形庄内の清川、最上川沿いの富豪、郷士の斉藤家の長男として生まれ、元司《もとじ》、正明《まさあき》と名付けられ、土地では神童とされた。斉藤家は酒造を営み、土地の人の話では「斉藤家の土地で採れる「月山」支流を泳ぐ魚のハラワタには砂金が入っている」と言われた程に、相当な大金持ちであったと思われる。（約、年2億円所得があった）。安政元年（1854）江戸、昌平校入学。「清河八郎」とここから名乗る。彼が尊攘論志士としての活躍は最後の3年余りに過ぎなく、31歳までは儒学者の英才で郷士愛や母親孝行をする理想的人物であった。自らの学を希求し、私塾を江戸で開いたのは若干25歳であった。しかし、塾舎が火災に会い庄内の実家に一時、再起を目指して帰省した。

新徳寺（中京区坊城通仏光寺上ル東側）

安政2年、親孝行な彼は母と半年間、西国旅行を行っており、「西遊草」という旅日記が残っている。京都の祇園祭や花街の様子、私の住まいの宇治にも奈良街道を通って、長池の宿で休み宇治、白川の宿坊で泊り、平等院を見物している。この日記は、江戸末期の風俗文化の貴重な資料であり、また彼の文化力の高さの一面が伺える。この文化学者「八郎」にも世の嵐は吹き、彼を学者から政治家として動き出さしめてくる。ペリー来航からの安政の大獄と不安定な江戸の世情外圧と激動の政治情勢、鋭敏な頭脳の彼は学者より脱皮をして行くこととなる。

安政6年（1859）神田お玉ヶ池に「書法と剣」の塾を開くが、「桜田門外の変」、特に水戸浪士の行動に刺激され山岡鉄舟、高橋泥舟《でいしゅう》との交友の中に攘夷の政治塾となり、「虎尾の会」を結成。彼は攘夷主義者と急変して行った。文久元年（1861）5月に謀られる。書画会に誘われ、酔って帰る途中、無礼打ちに人斬りを行い、幕吏に追求される身となった。前日に江戸町奉行所の同心らに捕縛命令が出ており、切った相手は幕府密偵であり「ワナ説」が有力とされる。そして、庄内の実家にも藩の監視の手が廻り、彼は「逃亡の旅」として西国に出、九州の志士団との連携を図り、攘夷のアジテーターとして各地を廻った。この無礼切り事件が大きな悲劇につらなった。

江戸で同居中の内妻「お蓮」が連座し弾圧の対象となり入牢。このお蓮こそ「幼名ハツ」、鶴岡の花街の娼《しょう》妓《ぎ》「高代《たかよ》」である。八郎が身請けし、5年余り内妻として暮らした相手であった。彼女は1年3ヶ月入獄し病気のためと庄内藩の獄舎に移送されたが、その翌日、文久2年8月7日に23歳の若さで、この世を去った。毒殺されたと噂されている。

清河が出獄した時に既に彼の最も愛した女性お蓮（1839～1862）は獄死していた。お蓮は清河の秘密を洩らさない立派な女性であった。彼女の獄中から清河家に出した手紙が山形の清河記念館に残されている。地元の鶴岡では地元劇団による清河とお蓮の演劇も行われている。二人のお墓は斉藤家の菩提寺に並んで建てられている。私がその墓参りをした時、清林院貞栄香花信女の戒名の墓石の前に新しい菊花が入れられてあったのが印象的であった。あの当時古い体制の中で遊女を息子の妻として認め、息子と並んで墓を立てた清河の両親や親族の方々の心の広さと人間性を思い深く合掌した。京都ではあの有名な吉野太夫でさえ、自分が寄進した鷹峯《たかがみね》の常照寺《じょうしょうじ》の吉野門の中には入れられないで、大正年間迄吉野門の外にその墓はあったという。ましてやあの有名な灰屋紹益《はいやしょうえき》との恋の結果、妻として迎え入れられたというのに灰屋家の墓地でもなく自分が寄進した門の中にも入れられなかった吉野を思った。芹沢鴨と共に暗殺されたお梅もまた芹沢とは差別され、西陣の実家が引き取ったと言うがその西陣の墓は判らない。西陣の五番町遊里の近くにある投込み寺の報土寺《ほうどじ》（現・京都市上京区仁和寺街道六軒町西入四番町１６０）ではないかとも思っている。これに比べてお蓮は幸せの様にその墓が見えた。

53 鶴岡の遊女お蓮《れん》―清河八郎が愛した娼妓《しょうぎ》高代《たかよ》

私は平成10年の秋「山形ねんりんピック」に出場のあと、山形県を旅し、最上川を船下りして清河八郎の郷里の清川を訪れた。まず清河とお蓮のお墓へ参った。二人のお墓は墓石が二つ仲良く並んでいた。当時、封建制でまたこんな片田舎で娼妓という最下層の女性を妻として認め、死後も斉藤家の嫁として認めた清河八郎の父は人間的な人であったのだとつくづく思った。筆者が平成20年（２００８）「鹿児島ねんりんピック」で小松帯刀《たてわき》のお墓に参った時、彼の長男を生んだ京都の芸妓さんのお墓は、小松家の墓石とは離され墓地の片隅に妾の墓と書かれ、たたずんでいた。お蓮さんは短い人生であったが清河と江戸での愛の生活を送り幸せであったろうと線香をあげた。

さてお蓮の名は清河と同居する様になってからの名で、泥の中に娼妓として美しく咲いている彼女を蓮の花と見立てて清河は彼女をお蓮とした。彼女の幼名は「ハツ」。天保11年（1840）2月父善右衛門（快庵）、母せん、兄一人・姉三人の末子として出羽庄内熊井村岩の沢（現・山形県鶴岡市熊出岩の沢）に生れた。家業は代々医者で両親とも高齢で生活も貧しく、遠縁の大山村に子守として出され生育した。安政2年（1855）16歳になった時、鶴岡八間町「ウナギ屋」という遊女屋に売られ、「高代」として娼妓となった。鶴岡の遊所は七日町と八間町にあり、ハツが身を沈めた安政2年当時、遊女屋は両町合わせて38軒もあった。「ウナギ屋」という奇妙な屋号は、元々この辺りに「八目ウナギ」の店が繁昌していたのが店名として残ったか、ウナギ屋が遊女屋に変身したのだった。

安政2年9月このウナギ屋に二人の客が入った。八郎と安積《あさか》五郎であった。八郎はオルグに出ていた西国の旅から、江戸で安積を連れて慰労会として登楼した。そして翌日、女を連れて、湯田川温泉で豪遊した。その宴席で安積が酔狂に女たちにお金をばら撒いた。女たちは必死になって拾い、騒然となった。その時、只一人、手を膝に端然《たんぜん》とし、ほほ笑んでいる若くて美しい女が居た。それが高代であった。八郎はその可憐な気品のある姿に、泥中に咲く白蓮を見た。心打たれ、遊び心は愛、いや恋となって行った。

清河八郎記念館（山形県東田川郡庄内町清川上川原 37）

高代17歳、八郎25歳であった。二人の純愛は始まったが両親は許さない。八郎も14歳位からよく遊里に出かけていたが、高代には特別に恋心を抱いたのだった。八間町に余り足繁く通うのは世間や両親にもはばかれるので、高代に手紙を送り、一緒になる決意を伝えた。そして高代にも決心を促すだけでなく、文面も判りやすく仮名で手紙を度々送った。八郎と高代の恋は離れ難いものとなったが、斉藤家としては長男の嫁を遊里から入れることは許されなかった。斉藤家は名字帯刀の郷士であった。この身分差は越えられない。革新的な八郎は人間として彼女を愛して行った。八郎は「吾野妾を遊里より挙ぐ。郷里頗る議する者あり。余はその色に耽けるに非ず、その賢貞を挙ぐるなり。またなんぞその由って出ずる所を究めんや。遂に蓮を以て名づく。けだし意あるなり」。封建思想厳しい時に婚姻の自由を詠っている文章は彼をおいて他にはない。清河は人間性を持つ革命児であったのだ。

そして、とうとう斉藤家も折れ、鶴岡の叔母の仲介で他国に住むという条件で高代と八郎の同居を承諾した。安政3年（1856）4月、八郎は仙台に住み、高代と新婚生活を始めた。その時から「お蓮《れん》」と改名した。高代は遊女でありながら清潔、純情で白蓮の様な人であり、蓮の意味は中国の宋代の周濂渓《しゅうれんけい》の「愛蓮の説」によったものであった。蓮の花は泥の中から咲き出でて、真っ直ぐに立ち、花の香りは遠ざかるにつれ、清らかに香る。漢学者として八郎は、妻としての高代に最高の名を贈った。仙台の新婚生活は幸せなものであった。安政4年仙台から江戸へ移って神田駿河台に塾を開き、安政5年には北辰一刀流の免許皆伝を受けた。（山形の清河記念館に皆伝書が今も残る）。そして神田お玉ケ池に塾を開いた。そして山岡鉄舟、高橋泥舟らと交友を増やしていった。これが攘夷思想への動機となって行った。

お蓮は幸せな人間的日々を送った。良妻として評判は佳く、読み書きと家事、客へのもてなしと努力をした。しかし不幸がやってきた。八郎の弾圧として仕組まれた「無礼切り」に連座して、牢につながれた。お蓮は1

年3ヶ月過酷な拷問に耐え、八郎や同志の秘密は洩らさなかった強い女性であった。文久2年（1862）羅《り》病したと言うので庄内藩の女牢に移され、翌日早朝に冷たくなっていた。支給の薬で毒殺されたともいう。24歳、薄幸の人はこの世を去った。

八郎は潜伏中の新潟で述懐詩五言という詩を残している。八郎は斉藤家の父や母にお蓮は自分の正妻として葬ってくれと切々と頼む手紙を出し、父も息子の意志を守った。お蓮は5年余、人間性ある八郎との幸せの人生であったと思う。私が鶴岡に行った時、お蓮の演劇が上演されていた。清河も維新迄生きていたら、明治に活躍した政治家になっていたであろう。惜しまれる人物であった。

新選組よもやま

54 新選組美男辻斬り・加納惣三郎《そうざぶろう》
—島原口で辻斬りをして、島原で遊んでいたイケメンボーイ

幕末の京都に猛威を振るった新選組の荒くれ男の中に混じって、優しい京男も二、三人居た。その一人・加納惣三郎は、押小路《おしこうじ》の木綿商越前屋の二男坊であったが商人になることを好まず、幼少の頃から近所の道場に

通って剣術を習った。ついに師範代となった。そして新選組に入った。初めは隊務見習として秘書役に採用されたときに彼は18歳。前髪立ての姿で黒羽二重の小袖紋付博多帯を締め朱鞘の大小を落し差しにした姿は、錦絵から出てきた様であった。しばらくして彼は小頭格《こがしらかく》に出世し、いつしか茶屋遊びをおぼえ島原通いが始まった。隊長の近藤勇は隊規を乱すものとして、度々訓戒はしたが、何々止まない。

彼は輪違屋《わちがいや》の錦木太夫のところへ通い続けていた。その内に金に詰まり遊び恋しさに、こわさも忘れて「島原西門」の田圃《たんぼ》に潜んで、遊びに来る「金持の旦那」を狙って斬り殺しては金を取り錦木のところへ通っていた。この「辻斬り」が評判となり島原は客足がひどく減り、犯人はしばらく判らなかったが、近藤は新選組得意の探索で自隊の加納であることを確認し、或る夜、隊中で腕の立つ「田代」を呼び加納を打ち止める命令をした。田代はそのまま帰隊せず島原西口の田圃の中で眉間を切られて死んでいるのが発見された。ついに近藤は土方歳三を呼んで何事かを命じた。土方は早速屯所を出てしばらくして帰り、何事かを近藤に復命した。二、三日は何事もなく済んだが、或夜更けた頃、輪違屋の錦木のところから屯所に帰ってきた惣三郎は猿の様に塀を乗り越えて入ってきたところを土方他数人に左右から斬りつけられ斬り倒された。遺体はお寺の南側の共同墓地に埋められた。この事件は何日であったか記録はない。

島原西門碑（下京区西新屋敷下之町、島原住吉神社前）

惣三郎は大正13年（1924）に刊行された「維新史蹟図説・京都の巻一加納惣三郎」という、貴重な証言もある史料に登場する新選組隊士だが、確認されている隊士名簿に名前がない為、現在架空の人物とされている。

55 西本願寺より南へ三事件「天満屋事件」・「北小路事件」・「油小路事件1・2」

○**「天満《てんまや》屋事件」**

堀川通花屋町角の「新選組第二屯所跡」太鼓櫓を見て信号を東へ渡り、東一筋目の油小路通を南へ。すぐ右へ曲がってお茶小売店の横お地蔵さんの祠の左側に小さな碑を発見する。ここがかの有名な「天満屋事件」の跡である。ここは下京区油小路旧花屋町下ル西側仏具屋町という。

慶応3年（1867）12月7日夜、ここにあった料亭天満屋の階上で紀州藩公用方の三浦休太郎（安《やすし》）（1829～1910）、関甚之助、三宅精一、三浦の警護役の「新選組」斉藤一、大石鍬次郎、中村小三郎、中条常八郎、梅戸勝之進、蟻通勘吾《ありどおしかんご》、舟津鎌太郎（釜太郎）、前野五郎、市村大三郎、宮川信吉らが集って酒宴をしていた。そこへ海援隊の陸奥陽之助（のちの宗光）、関雄之助（沢村惣之丞）、岩村精一郎（高俊）らと十津川の中井庄五郎、前岡力雄ら計16名が襲撃した。11月15日、近江屋で龍馬が何者かによって暗殺される、「近江屋事件」の仇討である。

味方の目印を「白鉢巻」として、陸奥はピストルを持った。表・裏・横の持場を割り振って、「死に役」としてトップに中井が「三浦は其許か」と声を掛け、相手が「左様」と言うか言わぬかに片膝を着いて抜き打ちに切りつけた。三浦は体をそらしたので、顔を切っ先がカスっただけだった。実は三浦ではなく、三宅精一だったという。中井はかたわらの新選組の一人（斉藤らしい）に横から片腕を切り落とされた。そして乱闘、暗闇の……そのうち「三浦を討ち取ったり！」と叫ぶ声がして、銃声を合図に海援隊は引き上げた。中井は二階で死に、本川安太郎・竹中与一郎・竹野虎太が負傷、受けた方は「新選組」の宮川信吉（近藤勇の従弟）死亡、梅戸重傷、三浦は軽傷で、「三浦を討ち取った」と叫んだのは新選組の一人の機転であった。

中井庄五郎（1847～1868）は弘化4年生まれ、十津川郷士。文久3年17歳で同郷の先輩・上平《うえひら》主税《ちから》に連れられ、この年から始められた十津川郷士による御所警衛の為上京、勤王の士と交わる。天誅組の挙の時、鎮撫使と治めに行く。慶応3年6月7日長州藩士品川弥二郎に依頼され、同郷士前岡力雄と共に、新選組隊士の村岡伊助（元長州藩士）を暗殺。村岡は、新選組の内情を探る為に派遣されたのだが、寝返って却って新選組のスパイとして長州の情報を売り渡していたという。村岡を討ち果たし、懐中の密書を奪って品川に渡した、この功績が称えられ、長州藩から長刀が贈呈された。中井は享年21。大正4年（1915）特旨をもって正五位が贈られた。

「北小路事件」

下京区油小路北小路角

この天満屋跡から南へ、正面通の次が北小路通。ここは石碑も何もないのであまり知られていないが、北小路事件の現場である。天満屋事件はすぐに、近くの「不動堂村屯所」に知らされ、また西本願寺に「本陣」を置いていた紀州藩にも知らされた。双方からくり出した応援隊は堀川北小路でばったりと出会い、互いに相手を確認せず敵と思い「同士打ち」をした。双方に死傷者を出しているが、本物の敵には逃げられてしまったということで、新選組・紀州藩にも恥ずかしい事件で名前も公表せず記録にも無い大ミステイク事件である。

　事件を題材に司馬遼太郎（１９２３〜１９９６）が「花屋町の襲撃」という短編小説を書いている。


「油小路事件1」　下京区油小路七条角

　この北小路から南へ少し歩くと、七条通に村瀬肉店というお肉屋さん、この前が油小路事件の現場跡だ。ここはよう「交通事故」があって、この事件の死者の「オンネン」が漂ってますのや、そんでこの近くの人は嫌がってはりますのどすえ!!

　こんな大事件で多くの歴史観光客が必ず行きたいポイントなのに、何一つ表示板すらない。京都観光行政の不思議な一面だ!!


「油小路事件2」　下京区油小路七条下ル東側：本光寺

　元治元年（１８６４）、伊東甲子太郎《かしたろう》（１８３５〜１８６７）は、江戸での新選組隊士募集に応じて、弟鈴木三樹三郎（１８３７〜１９１９）らと上洛した。参謀として迎えられたが、伊東は勤王派。公武合体派の近藤勇らと相容れることが出来ず、慶応3年（１８６７）3月10日に孝明御陵衛士を同志14名と共に拝命、同月20日新選組を離脱した。泉涌寺《せんにゅうじ》塔頭《たっちゅう》「戒光寺」長老湛然《たんぜん》（泉涌寺前管長）の肝煎《きもいり》であった。6月8日に高台寺塔頭・月真院《げっしんいん》に移り「高台寺党」と呼ばれた。

　11月18日近藤勇に呼ばれ妾宅にて接待を受ける。酔わされた伊東は、油小路木津屋橋《きづやばし》で襲撃され、その時大石鍬次郎に槍で首を突かれた。一人を斬るも、本光寺の「南無妙法蓮華経」の仏碑の前で絶命。享年33。翌日未明、この死体をオトリにして、おびき出された御陵衛士・服部武雄、毛内《もうない》有《あり》之《の》介《すけ》、藤堂平助3名が惨死した。

この時、「藤堂は逃がすように」と近藤の指示があった。永倉新八は「逃げよ」とサインを出した。鈴木三樹三郎ら4名は逃走した。逃げた藤堂に事情を知らぬ平隊士が声をかけ、藤堂はその平隊士三浦恒次郎に斬られたという。

鈴木三樹三郎、加納道之助、富山弥兵衛は、血路を開き、二本松薩摩藩邸に庇護される。篠原泰之進は、今出川の桂宮家権太夫・尾崎刑部の屋敷に匿われる。篠原はその夜、二本松薩摩藩邸に合流。4人の遺体は3日間現場に放置された後、新選組の手で仮埋葬された。11月23日、光縁寺に葬られる。

御陵衛士の墓は戒光寺。明治元年（1868）2月13日、朝廷からの沙汰により、京都市下京区の光縁寺から改葬された。

伊東甲子太郎外数名殉難之跡碑
（下京区油小路通木津屋橋上ル、本光寺）

御陵衛士墓（東山区泉涌寺山内町、戒光寺墓地）

56 壬生心中――「新選組の今弁慶」の命を賭けた恋

ＪＲ丹波口駅を少し北に行くと、京都産業大学附属中学校・高等学校がある。今は若い少年少女が行き交う町になったが、かつては明治の殖産産業でもあった村井タバコ工場がレトロな姿を見せていた。さらに昔になると、辺りは壬生天神横丁と呼ばれた、あの坊主頭の、人よりでっぷりした色白の柔術家「松原忠治」が人妻と心中をしたところである。

新選組四番隊組長・松原忠司（１８３５？〜１８６５）は、文久3年（１８６３）八月十八日の政変の時に、坊主頭に筋金入りの鉢巻、大薙刀《おおなぎなた》をついて歩き「今弁慶さんや」といわれた面白い人。

慶応元年（１８６５）の夏、祇園で遊んだ彼は、深夜、祇園の芸者と二人で四条大橋を通りかかった。東から西へ渡る途中、西から東へ来る浪人風の武士とすれちがった。新選組隊士とは知らずに武士は「芸者連れとはいい身分じゃないか」と冷やかしを言った。常は温和な松原は酔っていて気を悪くした。橋上で二人は口論となり、松原はさーっと斬った。そして「この人は一体どこの人だろうか」と、倒れている武士の「フトコロ」を探すと財布の中に名刺が入っていた。壬生の「天神横丁の安西」という紀州の浪人であった。「親切者は山南、松原」といわれた位の人で、この浪人の死体を背負って「安西の家」を探した。長屋暮らしの浪人の家、二つ位の男の子と妻女が暮らしていた。事情を話すが、「自分が斬った」とは言えない。「助太刀したが間に合わず……」とごまかして、いくらかのお金を置いて帰った。

それから毎日の様に見舞いに行く。その妻女は24・５歳の美人でどんどん二人は仲良くなっていく。土方歳三が少し皮肉に注意をした。これに反発して松原は切腹したが死に切れず、慶応元年の9月1日、この妻女と心中して果てた。事の発端となったあの殺人からわずか1ヶ月半余の……、しかし、一生分の……命を賭けた恋だった。
この話は子母沢寛が小説として書いているが、本当にあった話のようである。

57 新選組六番隊長・井上源三郎の首

京阪淀駅を下車し、西へ歩く。駐車場より淀競馬場（京都競馬場）へ徒歩で入る連絡橋の北側に「戊辰の役」の慰霊碑が建っている。駐車場造成工事の時、ここにあった埋骨塚をブルドーザーで削った。その従業員の枕元へ「塚を元へ戻せ、戻せ」と血だらけの新選組の隊士が、赤・ピンクの旗を持って立ったという話があり、筆者が案内書に書いた。

「戊辰の役」の激戦の中、井上源三郎（1829～1868）は銃弾を受けて倒れた。引揚げの命令が来た為、源三郎の甥で11歳の泰助（1858～1927）は、叔父の壮烈な最期を見届け、叔父の「首と刀」を持ち大坂へ引揚げに歩き出した。しかしあまりの重さによろよろ歩く。他の隊士から「一行に遅れると敵に捕まってしまうから残念だが捨てろ」といわれ、途中の寺の門前の田んぼに埋めたという。「いつか京・大坂へ行く事があったらお参りして来い」と、泰助は家族に言っていたが、そのお寺が判らなくなってしまった。後年、泰助の息子覚太郎の嫁・ケイさんは、「埋めたお寺は励浄寺」と言っている。しかし「励浄寺」は自宅の前の寺、老齢のため……と皆聞き流していた。

二年程前、確か山南忌に宮川さん（近藤勇子孫）から「井上さん（井上源三郎子孫）と来洛する、淀へ行きたい」と電話があったが、私は丁度所用で参加できず、電話口で詳しく淀の説明をしておいた。当日、一行が「千両松碑」を探して国道の歩道橋で休んだ時、「こちらへ来て」という声を聞いた人がいたようだ。その足で妙教寺（京都市伏見区納所北城堀）へ行き古地図を調べると、かつて淀小橋の近くに励浄寺があったことが判った。ケイさんの言っていた励浄寺は、「井上源三郎生家の前の励浄寺」ではなくこの「淀の励浄寺」だったのだ。泰助は「不思議な縁だ、生家の前と同じ名前のお寺なら、叔父も安らかに…」と考えたのか。現在、淀小橋跡碑から国道1号線へ出ると、うどん屋が駐車場と共にある。この辺りがお寺の跡地である。

泰助たちはようやく橋本に着く、そして船に飛び乗って大坂へ下った。

八番楳木戦場跡・戊辰役東軍西軍激戦之地碑
（伏見区納所下野）

58 中島登《のぼり》「戦友絵姿」の女性像

新選組隊士中島登（1838～1887）は、新選組のプロフィールといえる戦友絵姿（歌舞伎風に描かれたスケッチ）の作者としても知られる。当時写真は皆無の状態で、唯一、慶応3年（1867）の初めに横浜に下岡蓮杖《れんじょう》（1823～1914）が写真館第一号をオープンし、そこへ近藤勇は高額の代金を支払って

2枚セットの今に残る写真を残している。

私は昭和38年（1963）から42年まで仕事で浜松に勤務した。市内に中島銃砲器店という浜松地区唯一の銃の専門店があった。五代目の中島登氏がおられた。子供がおられず、ご主人は病気になられたので「遺品全てを函館の五稜郭記念館に寄《き》託《たく》する」とのことで、私もその絵を納めたアルバムその他を頂いた。戦友絵姿を入念に調べてみるとその中に唯一女性の絵があることに気付いた。会津藩・原五郎の妹17歳と書かれている。女性剣士の絵姿、中島の愛した女性なのであろうか。

さて中島登とは、武蔵国多摩郡在寺方村の出身。中島又吉の長男として天保9年（1838）2月2日に出生、初名を峯吉という。安政3年（1856）9月頃、19歳で天然理心流・山本満次郎に入門。安政4年（1857）、同郷の安藤マスと結婚。長男・歌吉（後、登一郎）が生まれる。そして天然理心流の習得者、八王子千人同心の一員であったが同僚の一人と衝突して斬殺した為離脱し、後に新選組に入る。明治2年（1869）9月実父に宛てた手紙に「拙者儀五ヵ年前より徳川氏に志を連ね、京新選組に同志

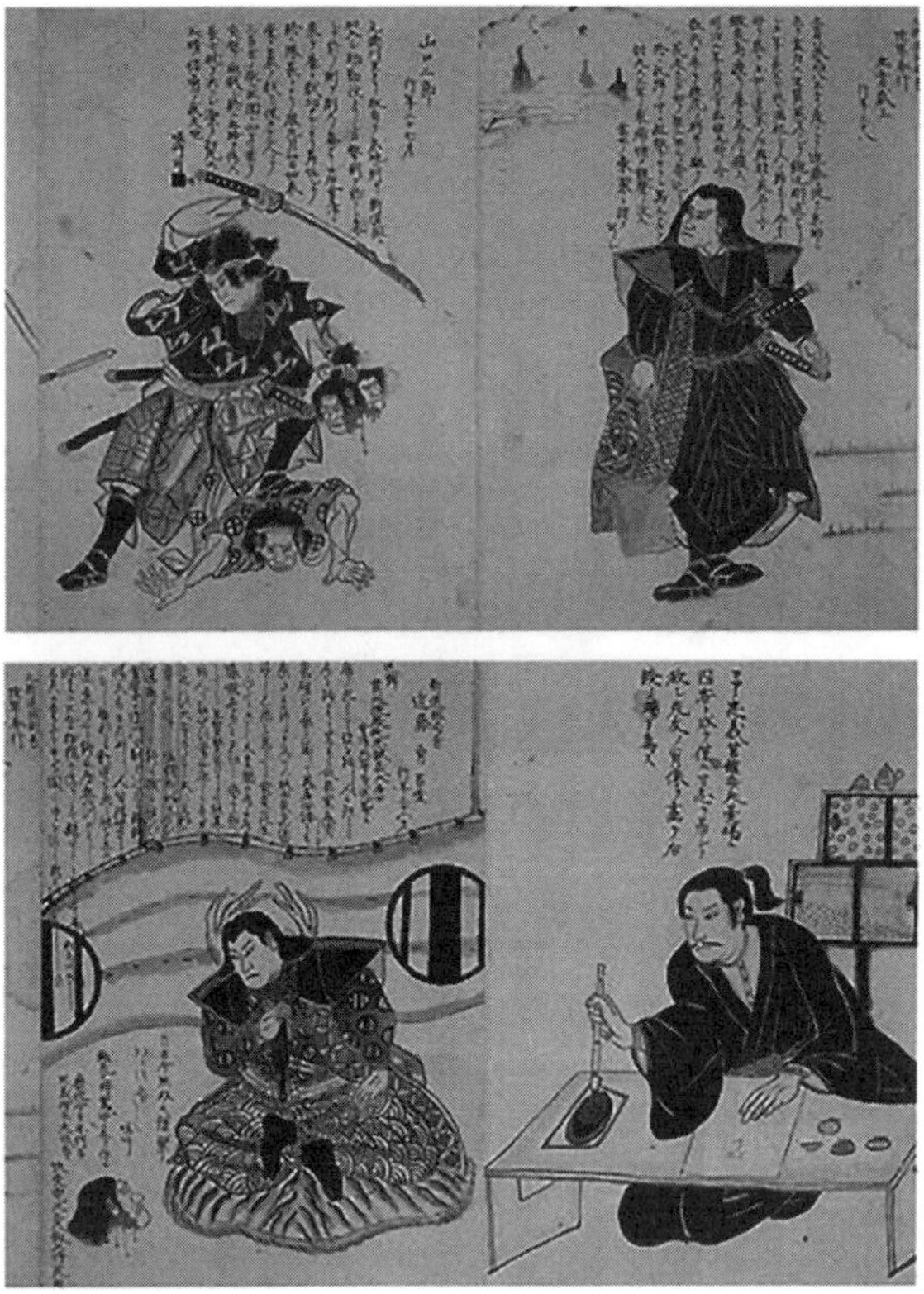

中島登「戦友絵姿」

して、我長より武・相・甲三国の地理並びに人気を計る仕事を仰せ付けられ、親子兄弟とも知らせず天下の一大事を計るに身を隠している事あり。また遊び人などと近づき心苦しくをつくしける」と入隊のいきさつを記している。

五ヵ年前とは元治元年（1864）9月であるが、翌慶応元年6月に作られた英名録に中島登の名前はない。慶応3年（1867）12月に作成された。「京都より会津迄人数」からである。彼は近藤の内命を受けた関東方面担当の諜報員であったようで、実父の手紙の中にもそれを裏づける事情が書かれている。実は新選組は当時幕府の持つ一番の諜報部隊であったのだ。これは殆んど知られず研究もされていない。

江戸幕府が終わり大政奉還された慶応3年12月頃、京都へ来洛し翌4年（1868）正月の鳥羽伏見に参戦。その後、ずーっと函館まで隊の幹部として戦い抜いた戦士でもある。会津戦争では隊長付小頭助役、仙台では諸士指図役、函館戦争では二分隊嚮導役を務め、明治2年（1869）5月15日弁天台場で降伏。明治2年浮囚生活の中で中島登覚書を執筆、戦友絵姿も描かれた。その後、寺院の収容所を転々とし、明治3年5月静岡藩に引き渡されて、中旬には赦免。多摩に帰還する。その後は浜松に居を定め、明治12年（1879）2月19日、長男・登一郎を浜松に呼び寄せる。そして、洋蘭の栽培をした翌年、明治15年（1882）には、魚屋沢木半平の長女・ヨネと再婚している。浜松で「清水次郎長の子分、大政・小政とケンカをして勝った」という言い伝えが残り、小説として「明治剣客伝」（津本陽氏）で描かれている。明治17年（1884）には「鉄砲火薬売買人」免許を取得し、中島鉄砲火薬店を開業ししつつ、彼だけが隊員のプロファイル・戦友絵姿を残した。

会藩原五郎なる人物を知らべてみたいと思っている。きっと中島は、土方歳三と共に会津若松に土方の傷が回復する期間、米沢へ移動するまで滞在した。その時この人との恋の物語りがあったのではないか。会藩原五郎の妹17歳の絵姿は!!

59 新選組の本当の話「西村兼文《かねふみ》の新選組の記録エッセーを読んで」

新選組についての記録は全く存在していないが唯一、当時の「エッセイスト」というべき人物が居た。西本願寺の寺侍の西村兼文（1832〜1896）である。彼は西本願寺守備役の寺侍で勤務のかたわら「京都の変わった話」や「変った人々」の話をエッセー風に書き残している。「新選組始末記」（壬生浪士始末記とも）である。昭和元年（1926）・2年と東京日日新聞の記者をしていた「子母沢寛《しもざわかん》氏」は、子供時代に祖父が函館戦争生き残りの伝習隊の勇士であったので、新選組のお話をよく祖父にしてもらった。これが動機で日本で始めての「新選組の小説」を描いて出版した。昭和3年だった。彼は昭和元年から3年の間、夜行で京都に来て夜行で東京に帰る取材を続けた。これの基礎となったのが西村兼文の新選組の話である。そして壬生、中堂寺、大内、島原の老人、当時を知っている人々に聞き取材をした。相当の人々から聞いたと思われる。これをまとめて昭和4年（1929）6月八木老人が語る新選組物語「新選組遺聞」として出版。当時のベストセラーとなった。

原点の西村の記録を読み、小説を読むと面白い。「山南事件」を見てみる。原文は山南敬助でなく「三南三郎」で柔術の高手と書かれている。近藤は一徹短慮の者、土方は奸媚《かんび》の者と書かれ、彼三南は抗議の自決をしている。西本願寺に勤務していた西村の記録、これが正しい物である。次に、新選組の悪行、伏見奉行所の与力・公事方の横田を暗殺した記録がある。これを読むと隊員の管理をしていない実体が浮かんでくる。

「西村兼文　原文のまま、西本願寺の寺侍この人のエッセーが小説の原本となった」

「新選組、移転於本願寺附　三南三郎自裁之事」

西本願寺本堂ノ北ニ集会所ト称スル一宇ノ堂アリ。是、大法会執行中諸国門末ノ僧徒多衆、茲ニ集会シテ、法会ニ列スル場所ニテ平日ハ鎖閉セリ偶々説教ナド執行スル所ノ大廈《だいか》ナリ（六百畳余）新選組ハ飽迄モ本願寺ヲ疑ヒ土方才三、井上源三郎、斉藤一、山崎蒸等交々《たびたび》入来シテ当時ハ大廈高楼数百ノ大座敷アリ。我徒ハ勤王攘夷ニ先鋒トシテ国家ノ為ニ身命ヲ塵芥ニ比シ且ツ京頤取締ヲモ勤務シ同盟ノ士、日々増加スルニ随ヒ壬生ノ陣営ハ分内狭マク加フルニ市外ニ在リテハ不便極レリ、依テ朝廷幕府ノ為ヲ慮カリ何レノ講堂ナリトモ、暫時借求シ致シ度旨ヲ陳べ或ハ暴言罵詈威力ヲ示シ、日々相迫ル故ニ同寺ノ困難不可言。或ハ金銀ヲ贈リ或ハ音物ヲ以テシ又ハ青楼ニ伴ヒナドシテ種々手ヲ尽シ品ヲ替テ百般断言、竭スト雖ドモ聊カ以テ承引セス。爰ニ副長「三南三郎」ハ旧仙台藩ニシテ柔術ノ高手ナリ。少シク時理ノ弁ヘアル者ナレバ近藤勇ニ諌言シテ曰ク「威カヲ僧侶ニ示シ、転陣ヲ名トシ陰ニ同寺ノ動静ヲ探ラントスルハ、実ニ卑劣ニ觸レテ見苦シカラズヤ。陣所ハ本願寺ニ限ル可カラズ。他ニ幾所モアルベシ」ト留ムレドモ近藤ハ元来一徹短慮ノ者ニシテ、匆々承引セザレバ三南大ニ慷慨シ「我苟クモ副長ニ従事ス其言ノ容レザルハ土方等ノ奸媚ニヨル」ト憤激ノ餘リ一書ヲ遺シ、丑、三月下旬終ニ自刄ス。

太鼓楼（下京区堀川通七条上ル西側門前町、西本願寺内）

横田内蔵允横死之事

伏見奉行組与力横田内蔵允ハ気概ノ士ニテ世才ニ長シ公事方ヲ勤メ人ニモ知ラレタル者ナリ。此頃新選組ノ士。毎度巨椋池ノ留場所ニ来リ魚ヲ漁リ、鳥ヲ打ヨシ。是ガ為メニ「同心」等困却スル事シバシバナリ。仍テ又來リ漁セバ新選組ナリ。共犯則ノ者ナレバ用捨ナク嚴糾セヨト令シ置タリ。然ルニ新選組ノ隊士後藤大助來リ砲発シタルヲ見認メタレバ「同心」之ヲ咎メ制スルト雖ドモ後藤アエテ承引セズ却テ強談暴言ヲ吐キチラシケレバ横田内蔵允之ヲ聞クヤ馳來リ、後藤ニ向カヒ此留場所ハ伏見奉行ノ私ヲ以テ留メルニ非ラズ、「禁裏御所」又ハ将軍家ニ献納及ビ御入用ノ節ハ何時ニデモ猟シテ獲物ヲ奉リ、或ハ将軍家ニモ自カラ御猟アル場所ニテ則チ奉行所ノ予リ箇所ナリ。何ソ新選組ナレバトテ朝廷幕府ヲ敬セザルノ弁理アランヤ。貴方ノ姓名ヲモ承知致シ度尚伝奏及ビ守護職所司代ヘモ伺ヒノ上其指令ニ委ダネント吃度シタル応接ニサシモ虎ノ威ヲ張ル後藤モ此理弁ニキツクリ差詰リ、一言ノ返答ニモ及バズ閉ロス。大助ハ己レノ非ヲ顧リミズ深ク恨ミヲ含ミ此年十一月九日夜半同志ノ悪徒共二三人ヲ語ラヒ密カニ奉行邸ニ忍ビ入横田ノ宅ニ押入、一言ノ問答ニモ及ハズ内蔵允ヲ殺害シ、天誅組ノ所為ト諸人ヲ欺ムカン。為メニ「此者賄賂ヲ貪ル奸吏ナレバ天誅ヲ加フルナリ」ト捨牌ヲ残シ置立去リタリ。徳川家政体ノ末路多事ニ時勢降リ斯ル胡乱ノ所業ナス者アルモ、強テ穿ガンニモ逮バズ。荏苒ニ経過セシ中ニ……後ニ後藤大助ガ所業ナル事判然セリ。

これは大坂奉行所与力・内山彦次郎暗殺と同じ様な事件で手口である。

60 どの本にも誰も知らない新選組の残した女の子

平成25年（2013）6月9日の夕方、新選組記念館に女性の三人連れの来館者があった。祖母と母と娘さんの三人、河野さん一家である。東京都板橋区赤塚新町に現在も居住されていて、河野家の先祖が板橋の宿場で「角屋源造」という茶屋旅籠《ちゃやはたご》をされていて、こんな伝承が残っている。

慶応4年・明治元年（1868）、或る日この「旅籠屋」に大勢の武士が宿泊した。その中に「平田儀平」という武士が居た。一泊した武士たちは、翌日朝早く出立してしまった。誰も居ない広間にぽつんと一人六歳の女の子が置き去りにされており、その子の持っている書き置きを見ると、「私は戸田のもので、この子は「ふさ」と申します。母親に死なれ自分が育てたが、私は「新選組」の一員で隊長と生死を共にしますのでこの子を置いて行きますが、どうぞこの子を育てて下さい。大きくなったらこの家の女中でも」と書かれていた。

「可哀想に思い我が子の様に育てましたところ、武士の子女だけあって「座作進退《ざさしんたい》」が佳く、さらに大変礼儀正しく佳い娘なので自分の一人息子の嫁にしました。私たちはこの子孫でございます」と系図も持参された。

平田儀平なる隊士は、明治元年3月五兵衛新田（現・東京都足立区綾瀬）にて入隊した隊士と思われるが、会津白河に着陣した名簿にその名はない。宇都宮戦では相当の隊士が戦死しているので、流山から白河の間できっと戦死した隊士と思われる。

こんな隊員も居たということが分かった。きっと、まだまだ知られない隊員もいるのではないだろうか。

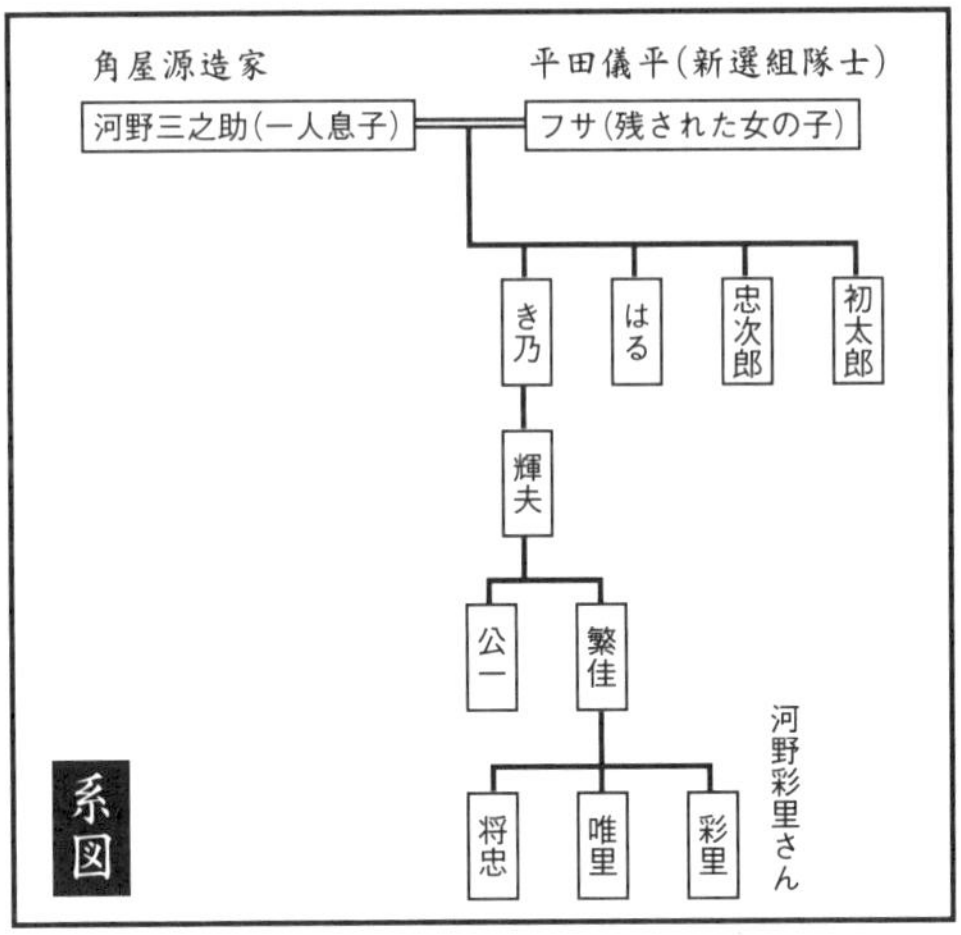

61 龍馬、恋人メインは京女だった

龍馬は動乱期をもっともそれらしく生きた英雄である。動乱の激動の中で生きて死ぬ。龍馬の人生は太平洋横断の帆船のようであったのだ。33年の生涯に、それだからこそ関わった女性は多い。余り知られていない女性に「お徳」（1843～1939）、彼女は土佐の城下の漢方医・岩本里人の娘で大坂の豪商鴻池善右衛門の妾となり、のちに警察官野村信之（元水戸藩士）の妻となった。夫と死別後は故郷の高知中村に戻り昭和14年（1939）、97歳の長寿を全うしたという。その娘時代に龍馬とかなり深い付き合いがあったらしい。（お徳の晩年を知る人からの伝聞）。

土佐関係で、もう一人の女性は「お蝶」。彼女は近衛家か三条家に仕えていた女中。京で龍馬と知り合う。武市半平太が土佐勤王党を結成した頃の同志大石弥太郎が京都で龍馬に会ったとき、当時江戸に居た「お蝶」に渡してくれと短冊一つと百両の金を龍馬から言付けられた。大石が「これは何者か」と聞くと龍馬は「わいの女房じゃ」といったという。（晩年の大石弥太郎からの伝聞）。

三条家といえば、龍馬は平井収二郎（土佐勤王党の同志）の妹「平井加尾」を宮廷内へ入れ情報を取るよう「加尾」に言っているが、兄の収二郎が注意するよう妹に言っている。この平井かおにも龍馬は惚れていた時期があったが、江戸へ修行に出て千葉道場で「千葉佐那」と会ってそちらへ傾いてしまった様であったのか。そんな美男子でもない彼は何故そんなにもてたのか？彼の特有の明るくて大きい気質、これは少年期から彼を育て

た「乙女」（坂本のお仁王さん）の影響であろうと思われる。長崎時代は丸山の芸妓「お元」、貿易商「大浦のお慶」と深い関係がある。仕事以上のお付合いであったはずである。

「千葉佐那」は別格であった。千葉佐那は片思いであったのではない。龍馬との出会いは龍馬19歳・佐那18歳、京橋桶町の北辰一刀流千葉定吉道場であった。千葉定吉は有名な千葉周作の弟で定吉には重太郎という跡取りが居り、佐那はその妹。師匠の娘さんだ。土佐の田舎者の彼はグーッときたはずである。土佐でほれていた「平井加尾」を忘れてしまっているのを考えても、都会のアスリートガールに惚れたはずであったが、師匠のお嬢様と肉体関係は出来ないプラトニックラブで二人は終わってしまったのだった。これも幕末激動の舞台が関西に移ったからであった。京で政治活動を始めた龍馬には「お龍」と「お登勢」が大きなサポーターとして彼を支えた。京で政治活動をしていた佐幕・反幕の志士たちは花街に恋人を持っていたのに、龍馬だけ、花街の芸妓さんの名前は出てこない。お龍とお登勢の「京女二人」の愛にしっかりと包まれていたのだ。京女二人は有名で色々といわれている。

先年大河ドラマ「龍馬伝」に先駆けて、京都市中京区三条柳馬場下ル東側に石碑が建った。楢崎将作邸跡碑である。そして嵐山の天龍寺塔頭寿寧院《じゅねいいん》に楢崎将作と楢崎龍子の顕彰碑が建ち、多くの観光客を迎えていた。本当の話は、彼女は西陣の機織り業の娘さんで、幕末の開国により大不況に西陣も見舞われ、父は廃業、娘の龍は柳馬場三条のお医者さんに住込み女中として入った。彼女はしっかり者でよく働き賢いので養女として楢崎家に入れたのだ。当時の医師は最高級のインテリであり、政治に関心があり頼三樹三郎・梁川星巌らと親交があり、多くの志士が出入をし、龍馬もその中に居たと思われる。楢崎は「安政の大獄」の嵐で捕えられ六角獄舎に収容されていた。その隣の「武信《たけのぶ》稲荷神社」（現・京都市中京区今新在家西町38）に龍馬とお龍が父に面会に来てここで出会ったという伝承が残っている。

将作は獄死した。父を失い生活力を無くした楢崎一家をお龍は体を張って働き支えた。そして禁門の変の「ドンドン焼け」が京都の2／3を火の海にした。河原町御池の長州屋敷からの火はアーっと言う間に柳馬場三条へ。何も持ち出せず男手のない女世帯、全財産は灰となってしまったのだった。当時、神戸の海軍操練所に居た龍馬は楢崎の家族を探しに京に来て、七条新地の扇岩楼で働いていたお龍に会ったはずである。そして家族をそれぞれお寺に預けお龍は寺田屋に預けたのだった。やがて海軍操練所は廃止され、長崎が主な仕事場となる。京都へ来たら寺田屋が定宿で、ここで龍馬は、この「二人の愛」に包まれていたのだ。

そして大事件が起きる。慶応2年（1866）1月23日深夜、薩長同盟の密約が成立し、ガード役として龍馬に付いていた長府藩の三吉慎三と喜びの酒を酌み交わしていた。午前3時頃、お龍はお風呂に入っていて、ひょっと外を見ると捕吏方の火が見えた。とっさに素裸で二階に駆け上がった。龍馬はすぐピストルを手に三吉は手槍を、そこへ勇敢な同心が斬り込んできた。一発二発と二人の同心が倒れた。しかし龍馬は、次に切り込んだ同心に指を切り込まれた。相手が少しひるんだ隙に勝手知った龍馬らは裏家にとび降り、その家を抜けて裏通りをひた走りに走った。伏見城の外堀の濠川《ほりかわ》の東側に材木置き場の小舎があった。ここへ隠れた。龍馬の出血は異常に多くもう走れない。「三吉君走ってすぐそこの薩摩藩邸へ急報を頼む」と、三吉は走りに走った。さすがにお龍である、すぐ寺田屋から藩邸に急を告げに走り、留守居役は濠川に藩旗を立てた小船を出して用意していた。三吉が急を知らせる。そして龍馬を急いで収容し、藩邸に匿《かくま》った。

お龍も共犯として指名手配になり、この二人は少して傷が安定した時点で薩摩藩京都藩邸へ移送された。お龍は看護師として全力を尽くして看護した。伏見奉行所は同心二名殺害犯の龍馬を厳しく追及してきた。西郷吉之助（隆盛）・小松帯刀たちは薩摩へ逃れ、治療に専念する方針を決定。小松家で滞在することにした。この時龍馬との二人の旅が日本の新婚旅行の第一号といわれている。そして回復した龍馬は慶応3年

寺田屋（伏見区南浜町 263）

楢崎将作邸跡碑（中京区柳馬場通三条下ル槌屋町 84）

龍馬、楢崎・お龍顕彰碑
（右京区嵯峨天龍寺芒ノ馬場町 62、寿寧院内）

武信稲荷神社（中京区今新在家西町 38）

（1867）大政奉還に向かって維新回天の大活躍をする。京都には帰れない「お龍」は下関伊藤助太夫宅に滞在していた。

そして慶応3年11月15日龍馬の誕生日、暗殺事件は起こった。下関であの夜、「血みどろの龍馬の夢」をお龍は見たのだった。その後住まいは、高知の乙女のところ、三吉家の長州と変転、滋賀県の人・西村（呉服商）と一緒になり、浪々の毎日を送り横須賀で死んだ。

「お登勢」はどうしていたのだろう。龍馬事件の後、伏見奉行所から二人の手配書が廻り殺人犯として追及された。これがこの後、龍馬近江屋事件にもつながったのではないかと言われている。

お登勢は侠女とか奇女とかいわれた女で、多分に親分肌の女性だった。彼女の宿を定宿にしている薩摩の連中より、龍馬を一番よく愛した。龍馬という男は侠骨タイプの世話女房型に人気がある。姉の乙女、千葉佐那、お龍、そしてお登勢。只一人性格の違う「平井加尾」は、彼から離れていった。信州の勤王バアサンの松尾多《た》勢子《せこ》が寺田屋を訪ね、龍馬に会ったという。多勢子の目に映った龍馬は「夫ある婦女の身にはきわめて危険な人物」であった。平田派の国学者、信州の田舎バアサンには、龍馬の新しい思想「虹の様」に「万丈の気」信念のこもる意気、今迄接したことのない不思議な男に見えたのだろう。

寺田屋騒動で血の海を見てきた女侠客のお登勢のところへ龍馬はお龍をつれてきて「養女にしてくれ」と。お登勢はやはりスケールが大きい。二人で仲良く龍馬を愛する暮らしが始まった。龍馬は彼女お登勢を「おかぁー」と呼んでいたらしい。寺田屋事件の後彼女が「血の薬ご存知より」と変称し「龍馬様御許へ」と当日の事件を書き送っている手紙がある。これが面白く状況がよく判る。

「扨て、一寸よそにて咄を聞き候。まつ申上候。ある宿の内には主なく後家にて御座候処、其夜どういう訳やらんか。夜は八つ時に風呂に入りあがりて火鉢のふちに居り候所へ表の方より、一寸たのみますといふて、タタキ候。何事と内の男、あけ候へば、その後家に表までちょっとおいで下被と申故、何事やらんといで見れば、うしろハチマキ、「刺又《さすまた》」・「抜身の槍」にて大よそ百人計ほどもならび居り、誠にびっくり致し居り候へ共、何事にて御座候とたずね候へば、其方の二階に両人の「さむらひ」が居るよし、たしかに聞候、ありていに申すべしと申すゆえ、もはやかくすこともならず真の通り二階においでなされ候と申し候らへばどうして居ると尋え候故、まだねずにお咄なされ候へば、夫より捕手の人が大ひに心配いたし「どうしよ」「こうしよ」といろ々恐れ、誰いけ、かれいけとそのこんざつはいはんかたなく、其女が思ひ候にはこんな人が幾万人捕手にかかるとも、其両人はしょせんかなはずといふ事、心の内に思ひ此だん、安心致居申候」

「大かた捕手の人が内にはいりしと思ひ候へば、二階が今も落ちたる音がいたし、又、鉄砲と音がいたし、やれ々こわいこととおそれながらそとに居候らば、皆々皆々にげてでるやら二階から落ちる人やらさんざんにて、其まぎれに其の女は内にはいり候へばはや其人も居ず二階に煙が上がり候故、こわさも忘れて見ると、フトンが燃えてあり、それからどうぞして品物をかくさんと思ひ候へども思ふにまかせず、かくする内もはや其両人がいぬという事知りて人々皆参り、内中さんざんさがし候」。

この事件を伝聞調に書いてあって、肝玉の大きい「お登勢」の人柄を伝えている。これを読むと面白い捕吏の人々もこわいので、「どうしよう」「こうしよう」とか「誰いけ」「かれいけ」と仲間で押し合いをしている。あーと言う間に「惨劇」は終わり、お登勢は現場に入り火を消し、また遺留品を隠している。度胸のある女である。この事件のあとも奉行所から色々しぼられたと思われるが巧く言い逃れたのだろう。その後も旅館経営を続けたが、慶応4年（1868）正月の「戊辰の役─伏見の戦い」で寺田屋は消失してしまった。現在京都伏見にある寺田屋は、明治期に以前の2／3の大きさで再建したものであり、そのためか、明治期にお登勢とお龍が出会った話も聞かない。

お龍は千葉佐那への焔を燃やしている。

「千葉周作のの弟定吉の娘・さな子は、親に似ぬ淫奔女《いんぽんおんな》であったそうです。肩揚の跡まだ鮮やかな時分から門弟の誰彼に心寄せて付け文をしたり、あたりに人の居ない時は年の若い優男を捉へて口説いたり、いやもう箸にも棒にもかからぬ女で、それがまた美人なれば師匠の目をかすめても、時には或は花陰に眠る者もあるのでせうが、悪女の深情とやらで我儘で腕力が強くて嫉妬深いものですから、皆が逃げ廻っておりました。所が龍馬が門弟になった時、早々付文をされたので龍馬もあきれ返って成るだけ顔を合わせない様にして居ました。後に同士の人々が集まった時に、いやもう私は天下に恐るる敵は無いが、彼女には閉口したと頭を掻いて苦笑したそうです」。

お龍の佐那への生の声である。気品ある名流剣士のイメージとは程遠い話である。

62 龍馬の長崎妻―丸山のお元

丸山の花月楼は、龍馬や亀山社中が入りびたりの店である。ここでお元と龍馬は親密になった。丸山芸妓の数ある中でも特に琴や三味線がうまく、よく気の付く美貌の持ち主だったといわれている。龍馬は音曲を存分に楽しむことができたとかいう。龍馬ははじめ亀山社中（後の海援隊）の本部のある小曽根乾堂《こぞねけんどう》の屋敷でお龍と共に住んでいたが諸事情（紀州藩船衝突事故の処理など）によってお龍を下関の豪商・伊藤助太夫の屋敷に預けていた。妻・お龍がいなくなって身軽になった龍馬は丸山芸妓の「お元」と暮らし長崎での多忙な生活の安らぎの場とした。また、亀山社中が船を失い経営難に陥った打開策として、龍馬は土佐藩参政で元土佐勤王党の宿敵・後藤象二郎と会談（清風亭会談）する。後藤は龍馬の緊張を和らげる為にお元を同席させたといわれている。お元は、茂木ビワで名高い茂木（現・長崎市茂木町）生まれ、かゆいところに手の届く世話女房型の美人だった。「坂本、いったい君は「お龍」と「お元」とどっちを女房にする気だ。二人を妻にもらうわけにいくまい」と西郷にひやかされている。その後、龍馬は京都近江屋で暗殺されてしまうまでお元は龍馬と会うことはなかった為、その後の詳細は分かっていない。

長崎のも一人の愛人「お慶」。大浦慶《おおうらけい》である。長崎油屋町の富商として名高い。龍馬とはイギリス武器商人グラバーを介しての出会いであった。「お慶屋敷」は、龍馬ら亀山社中の若者の秘密の拠点でもあり、「肝ふとかお慶さん」と親しまれた。この侠気な大商人も、龍馬の恋人だったとされる。幕末志士の多くが多くの女性関係を持った話は多いが、モテタＮＯ１が龍馬だったのではないか?龍馬の知られざる面白いお話である。

この時代、倒幕のために多忙を極めた偉人達は各地で現地妻を持っていて、心の拠り所にすると共に、その地の情報収集などに利用したといわれている。

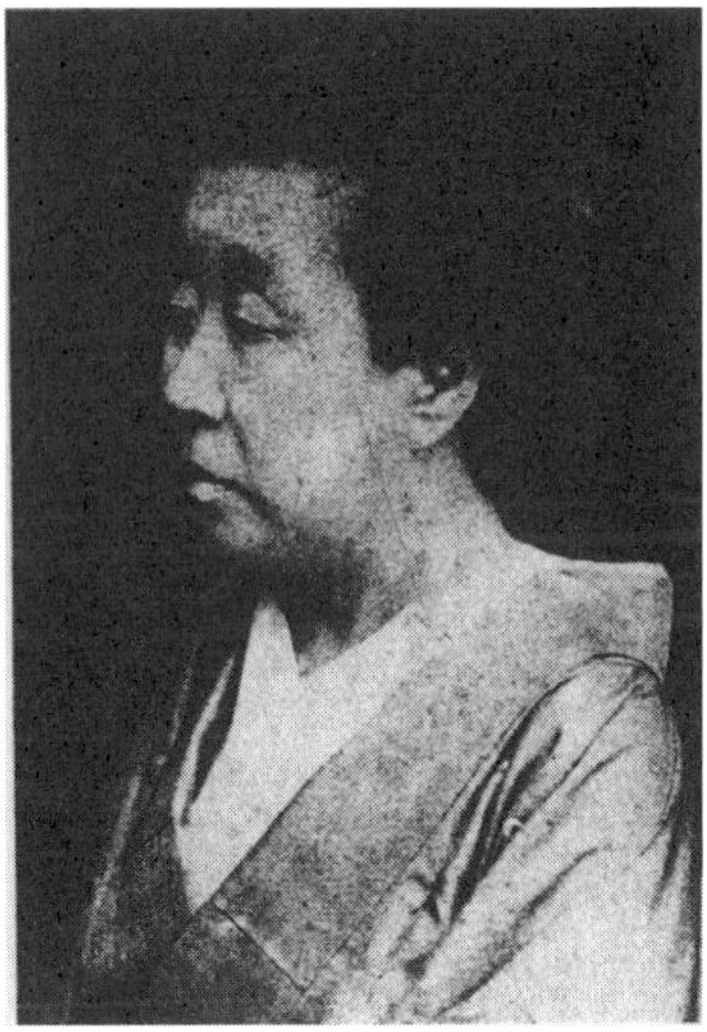
大浦慶

伊藤助太夫

63 龍馬斬ったと死に際に明かした老剣客渡辺篤
──この剣士が本命だ

京都市下京区柳馬場綾小路下ルに剣道場を開いて多数弟子の指南をし、府立一中、警察の剣道教師を務めていた渡辺篤（一郎）（１８４４～１９１５）という達人がいた。12歳の時から一刀流に入門し、恐るべき進歩した天才で、25歳で鳥羽・伏見の初陣に旧幕府軍側剣客として、剛勇の名をとどろかした。維新後は新政府の計《はか》らいで後進の指導に一身を捧げたが、大正４年１月６日73歳の天寿を全うして没した。その彼が臨終に際して免許皆伝の愛弟子飯田常太郎と自分の実弟渡辺安平の両人を枕辺に呼び、今まで秘密にしていた大きなことを打ち明けた。

時は慶応３年11月15日の未明、命によって勤王志士坂本龍馬・中岡慎太郎を河原町三条下ルの宿舎にて暗殺したのは、斯《か》くいう自分の所業であった。この日、自分は伝来の「備前国光」の一刀を手に首尾よく一刀の下に目指す龍馬を討ち取って使命を果たした。これを世間は新選組の手にかかったとか十津川郷士の兇刃に倒れた様に言いふらして、今では書物にさえその通り麗々しく書かれているが、実際は私の刃に倒れたのが本当である。この史実について早くから潔く名乗って出ようと思っていたが…、と証言した。渡辺篤直筆で明治44年（１９１１）８月19日付暗殺の状況が書き遺されている。「脱走経路」や「賞金」「現場に坂本ら４人が居たが内一人は給仕役の子供だったので見逃した」とかである。筆者も長年龍馬事件を研究しているが、引き上げ経路からスパイが龍馬の居ることを確認したとか的確に証言がされておりこの剣士が本命と見るのである。

渡辺一郎（篤）の「摘書」（明治13年）原文より、「日時慶応３年11月15日黄昏より打入る。同行者佐々木只三郎（唯三郎)、渡辺一郎、今井信郎《のぶお》、某、某、世良敏郎。状況、警戒表入口一人、戸の内一人、二階上りに一人。平頭、太り、背高き従僕に偽名を差し出し、共に二階に上り、直ちに正面に坐り居る坂本に切り付け龍馬後ろの床にある刀を取らんとせしも取り得ず倒れる。正面の龍馬へ切りつけ、横に倒れた所を突っ込み左右両名の者同時に討ち果たす。一名が中岡なること後に聞く。従僕も相たおれ。一人命助かりし者、是れは十三四歳位の給仕、右の動作に驚き、自分の前の机の下に頭を突っ込み平伏して居る子供は其の儘見逭す。なかば行灯は消え、合言葉を決めておいたが、同士討ちをしかねなかった。刀の鞘を忘れて帰ったのは世良敏郎という、本は読むが武芸の余りない男。帰り路も呼吸が乱れ歩く事も出来ないので、拙者が世良の腕を肩に掛け鞘の無い刀を拙者の袴の中へたてに入れて、保護して連れ帰った。夜に入って木戸口も閉まるので木戸の閉まらない道路を通りやす寺(新出水通り智恵光院西入ル松林寺)へ帰った」。

渡辺一郎の書の一部であるが、他では語られていない事件後の引き上げ経路も証言している。私は京都に80余年暮らしているのでよく分る。歩いて見た。事件後、河原町蛸薬師下ル西側の近江屋から河原町通りを四条河原町へ、ここから四条通りを西へ、(この時ええじゃないか踊りの一団が通っていた)寺町・烏丸・西洞院・堀川を渡って、千本通りを北へ。三条通りから二条城の西側を丸太町通りを過ぎ下立売通りを東へ智恵光院通りを北へ入ると「松林寺」道程は4.8㎞。

この渡辺篤の証言の真実性を分析して見ると

1・この引揚状況や経路を証言しているのはこの人のみ、「夜に入って木戸口も閉めるので木戸の閉まらない道路を通った」とある。先日、私の記念館の隣地の売買があり、測量士さんがたまたま来訪された。この人は歴史好きで幕末から明治期の古地図を持っておられた。京都の道は木戸が一杯ありましたんですえ!古地図を見ると道路上にその痕跡が残ってますよ。木戸の閉まらない道を帰ったとの証言、さすが警察隊見廻組、犯行ルートを下見しているのだ。

2・所司代の諜吏・増次郎が乞食に変装して、コモをかぶって醤油屋（近江屋は醤油商、土佐藩出入の商人）の軒下に臥して龍馬の帰ったのを見届けて先斗町（現場より東へ高瀬川を渡ると先斗町）の青楼の二階で日暮れを待っていた見廻組に知らせたと書かれている。これも他には言われていない証言である。

3・刀の鞘の話。現場に原田左之助（新選組隊士）の所持のものと思われる刀の鞘の遺留品があったため、当初はずーっと新選組の犯行と言われ続けてきた。しかしこの刀は世良敏郎という見廻組の隊員のものでこの人の性格まで証言されており、何故武芸の無い度量も少さく、この事件の現場に居て精神的に動揺しているところ迄証言されている。この世良隊員はこんな状況で刀の鞘を忘れ、回収する時間も無く現場から逃走したのだ。この状況も渡辺の証言の中にある。これで彼の刀の鞘の遺留は立証されている。

4・合言葉を決めておいたが「同士討ち」しなかった。行灯が消え真暗な中での行動で事前に合言葉を決めている。この暗殺には訓練がされているのだ。見廻組は龍馬暗殺を目標として準備し、訓練を重ねていたことが証言でよく判る。さすがに幕末京都の警察隊見廻組である。「池田屋事件の時、新選組が二階へ駆け上がったら暗黒であったので、同士討を悟った近藤勇が階下へと隊員を下ろしている」。

5・十三・四歳位の少年がいたこと。これについて主人の近江屋新助は家に居なかったでしょう、と言っている。ということは龍馬の所にこの少年は居たのだ。少年のことだから、こんな大事件に会ったので、一切、このことは言わなかったのだろう。この渡辺篤（一郎）が初めて死に際にして真実を語ったように。教善寺（京都市上京区下立売通七本松西入ル）墓地内にあった渡辺篤の墓は、現在は無縁仏として墓地西端に整理されてた。

6・明治43年に田中光顕が「陸奥宗光伝」を中央新聞に連載中に、浜松の中村四郎兵衛という人から、元新

中岡慎太郎

今井信郎

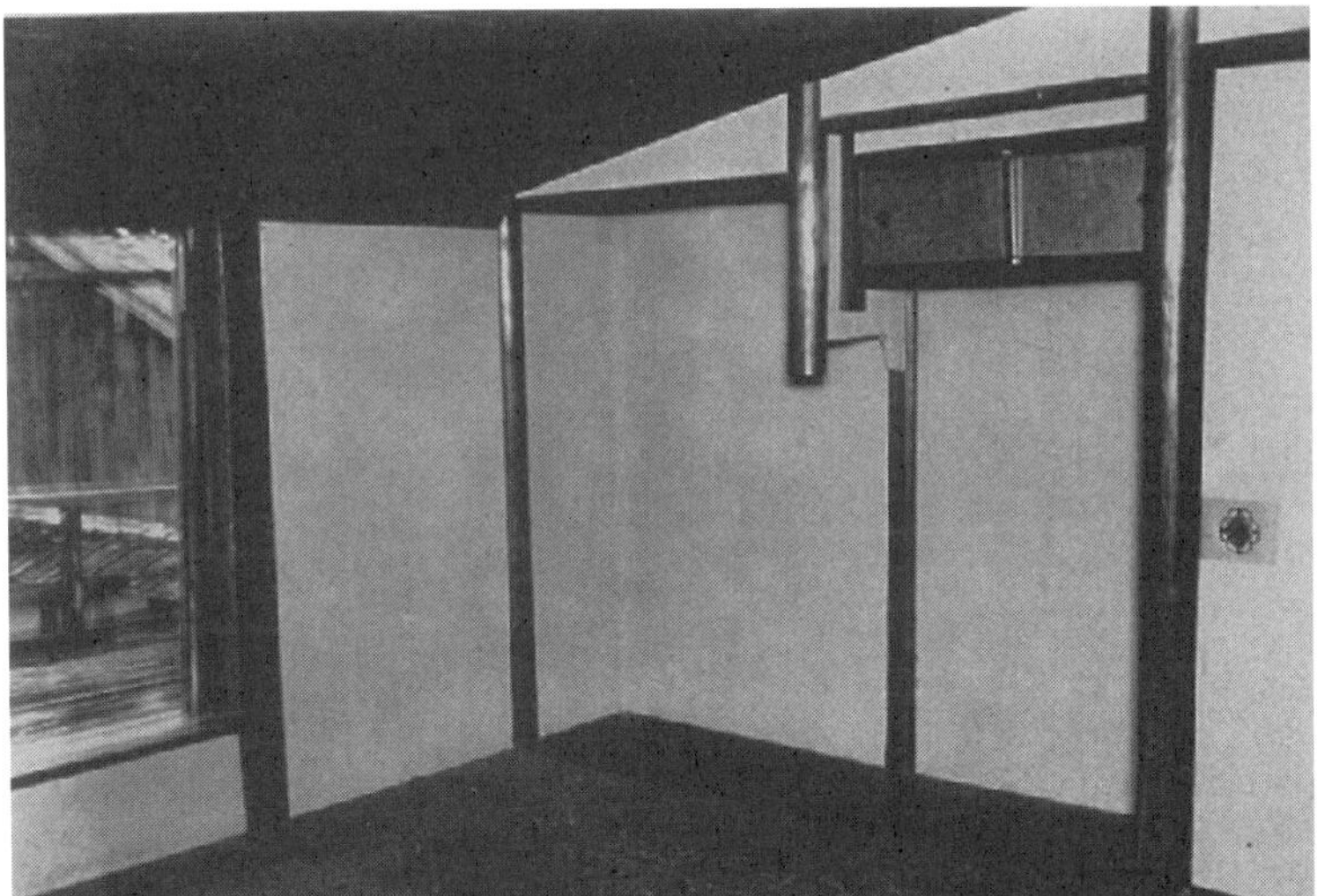

上・左／近江屋（古写真）

選組の永田克忠《かつただ》から聞いたとして、龍馬暗殺者は今井信郎《のぶお》（榊原健吉高弟）、渡辺一郎、高木啓二郎の三人に相違無いと言ってきている。筆者は浜松に住んだこともあり、新選組で有名な中島登も浜松で事業を成功し店を経営しており、幕末京都の佐幕派の人々は交流しておりこの情報も渡辺一郎証言と結びつき確証と見立てたい。

私も新選組研究に入り45年、再度渡辺篤（一郎）を研究してみて、この証言が龍馬事件の本命と強く強く思うものである。先日松林寺さんから、佐々木只三郎（唯三郎）の子孫の人が来寺され、佐々木只三郎の兄の手代木直右衛門に只三郎が伝えたのを本を出すといって張り切っておられたという内容の電話がかかってきた。

64 谷干城《たにかんじょう》—最後迄、龍馬暗殺事件は新選組と言い続けた

京都市中京区河原町四条上ル一筋目東入ル：谷干城寓居地（大森方）

慶応3年（1867）11月15日夜、坂本龍馬・中岡慎太郎が遭難の時、すぐに駆けつけた谷干城（1837〜1911）は、田中光顕（1843〜1939）と共に中岡の枕頭にあって、その口からその夜の様子を聞き刺客について調査した。結果、犯行は「新選組」と断定し、一生涯それを主張した。

彼は天保8年2月21日、土佐国高岡郡窪川に生まれ、幼名申太郎、14年後に「守部」と改名、父は谷万七景井。幼少より文武を修め、家祖泰山の学統を受けて国粋主義思想を持った。安政3年（1856）以降、江戸

谷干城

に出て安井息軒に学ぶ。文久元年（1861）秋、帰国し藩校致道館《ちどうかん》の史学助教になり尊攘論者となり国事に。慶応2年（1866）12月藩命にて長崎から上海に出張し、外国事情を学び攘夷を捨てる。同3年3月小監察となり上京し四条河原町上ルに住んだ。中岡慎太郎・板垣退助らと交わり、西郷隆盛・大久保利通と会見し薩土討幕の密約とその準備を計った。明治元年（1868）の戊辰戦争では、板垣退助の率いる迅衝《じんしょう》隊の大軍監として北関東・会津戦線で活躍。坂本龍馬を尊敬していた谷は、近藤勇を捕えた際には、尋問について薩摩藩と対立しただけでなく、死罪の場合には武士の名誉を重んじて、切腹にするのが通常であるにも関わらず、斬首・さらし首にしたといい、勇の死は、龍馬の敵討ちであったからだと言われている。明治4年（1871）の廃藩後、兵部権大丞として新政府に出仕し、明治5年陸軍少将として熊本鎮台司令長官となり、明治10年（1877）西南の役で50余日の熊本城籠城戦で有名な人である。明治33年（1900）、かつての見廻組の一人・今井信郎が「龍馬を暗殺したのは俺だ」と言ったが、谷は、それを聞き及ぶと「お前ごとき売名の徒に坂本さんが斬られるものか」と逆に厳しく非難したという。

65 クロマメさん殺さる、猿ヶ辻大事件

京都御苑を歩くと、必ず東北の猿が辻を通る。猿が塀の上で御所の鬼門を守っている。

文久3年（1863）5月20日、朝廷内にて議論は沸騰した。会議では、大和伊勢への行幸についての三条卿、姉小路卿の提案に賛成する者は少なく深夜に及んで評定が終わり、三条実美《さねとみ》卿と連れ立って姉小路《あねのこうじ》公知《きんとも》卿は公卿門（宜秋門）を出て北と南に分かれた。

三条卿は南から東へ廻って建春門の南を東へ進んでいく。御花畑のあたりと清和院の門外とで、お供の下げた唐花の定紋の箱提灯を目掛けて怪しい者が三、四人、すーっと進み寄ってきた。三条卿を害せんとする様子であったが、土州藩の付き人が用心深く護衛したので手を下す事が出来ず、いつしか姿を隠してしまった。三条卿はそれと気付き、姉小路卿の身の上を案じ、お供の丹波出雲守他二名を姉小路卿へ差し向けられた。

姉小路卿は中条右京と鉄輪左近の二人の共を従えて、公卿門から北へ向かい御所の西北角を東に折れ、朔平門をすぎて「猿ヶ辻」まで来た。すると何者かの打った手裏剣が飛来して、中条の左足の甲に突き立った。鉄輪は公知卿の御太刀を持って従っていたが、中条の怪我を見て「右京殿、如何し給いしや」と問いかけた。その時曲者が暗がりの中から鋭く太刀を振りかざして跳びかかり、矢庭に姉小路公知卿へ斬りかかった。姉小路卿は賊の一太刀で肩先から咽喉にかけて重傷を負われたが、気丈にも屈せずに「太刀を持て」と叫ばれた。この時、太刀を持っていた鉄輪は、事件の起こるや否や姿を隠してしまっていた。実は佐幕派の廻し者であっ

たともいう。公知卿は二、三度「太刀を」と叫ばれたが鉄輪はおらず、やむを得ず中啓《ちゅうけい》（扇子のようなもの）で受けつつ、右京、右京と叫ばれた。右京は足の傷を物ともせず刀を抜き合わせ、賊両人と渡り合い、ついにその太刀先の鋭さに一人は斬られ、残る一人は遁走した。公知卿は賊の切り込む太刀を奪い取って手に持っておられたが負傷の重い様子、右京は公知卿を肩に負い屋敷に戻った。右京は打たれた手裏剣を持って帰ってみれば薩摩造りの品のようであった。

三条卿の命で駆けつけた丹波出雲守はこの様子に大いに驚いたが、公知卿は三条卿の無事を喜び、「自分は例え死んでも魂は長く留まって国家を護り奉る」と言われた。丹波出雲守はこのことを三条卿に復命すると、三条卿は悲憤に耐えぬ面持ちであった。早速医師の手配をし、翌早朝、姉小路卿を見舞った。駆けつけた医師、大町周防守、杉山出雲守、安藤精軒、近藤原吉、田中亭、海野貞次郎らの手当てもむなしく21日午前2時頃亡くなられた。朝廷は公知卿を正三位に叙し近衛中将に任ぜられた。公知公は幼名を靖麿といい、父左近衛権少将公前の長男として天保11年12月5日の生まれ。安政5年（1858）3月、老中堀田正睦《まさよし》が上京して日米通商条約の勅許を奏請した折、その阻止に立ち上がった八十八人の公家の一人として運動した。文久3年（1863）3月以降は国事参政として三条実美と共に尊攘派の中心

猿ヶ辻（上京区京都御苑内）

三条実美

人物であった。

この犯人は残された刀の銘、奥和泉守忠重とその拵《こしら》えから島津家来・田中雄平（新兵衛）（1832～1863）の帯刀であると判り、本人を呼び調べたところ、田中はその刀で自ら咽喉を突いて自決した。姉小路事件の直因は不明である。色黒顔でクロマメさんと呼ばれ、公家には珍しい気力ある青年であった。芹沢鴨と女を争ったとかよく遊んだ人であった。お墓は今、マンションが建っている旧三条邸梨木《なしのき》神社を東、寺町筋のお寺（清浄華院《しょうじょうけいん》）にある。

幕末の四大人斬りの一人・田中新兵衛の刀は盗まれた彼の所持刀で、犯人は彼では無かったともいう。他の四大人斬りは、河上彦斎《げんさい》（熊本藩）（1834～1872）、岡田以蔵《いぞう》（土佐藩）（1838～1865）、中村半次郎（桐野利秋）（薩摩藩）（1838～1877）。

66 今も残る刀傷、人斬り以蔵の失敗

四条から高瀬川が美しい木屋町通りを上っていくと、「角倉了以《すみのくらりょうい》」の像の前に「本間精一郎遭難地」と石碑がある。事件の現場は少し北の先斗町三番露地、通称「ヒョウタン路地」といわれる小路。かつては木屋町から先斗町への抜け路地で、本間らが斬り合いをした岡田以蔵の刀傷が残っていた。最近これを見に来る観光客が多いので「表に戸を作って閉ざして」、今は通り抜けも出来なくなっている。先斗町側から北へ折れて数軒ゆくと瓢亭という料理屋があった。当時、土佐、福岡藩士がよく飲みに行った店である。

刀痕の残る柱が木屋町沿いの小野醤油店に保存されている。

本間精一郎（1834〜1862）は越前国寺泊《てらどまり》の人、文武に長じ弁舌さわやか、知友も多くあった。「安政の大獄」ののち、入洛し、尊攘の急進派として藩に属さぬ自由な行動を取った。清河八郎とよく似た郷士。京の公家とも接触し長州に遊説し、土佐にも行き那須信吾らの脱藩を促したが、寺田屋騒動により、急進派活動が挫折し彼は悲憤慷慨《ひふんこうがい》に陥り、酒色に溺れた。ヤケになったような行動は、武市瑞山《たけちずいざん》（半平太）たち薩・土の志士にも毛嫌いされ暗殺となった。

文久2年（1862）閏8月20日、彼は蜂須賀家の宿所、南禅寺を訪れた帰り木屋町三条の江州《ごうしゅう》木之本の郷士・安達湖一郎を訪ね、たまたま同家にいた大音竜太という人から「貴殿もこの頃危険だ。雨傘をさして行くより兜《かぶと》でもかぶって行け」と冗談を言われ、「兜はよかった!!」と破顔豪語しながら雨中を辞し、先斗町三条下ルの近喜という料亭で遊んだ。安達は木之本地方屈指の大地主で、木屋町三条に邸宅を構えて大半をここで過ごしていた。妻うたの妹が、右大臣二条斉敬《なりゆき》の諸大夫《しょだいぶ》・藤木甲斐守の妻であったから、堂上方の情報通として各藩から交渉があり、京都市内ではちょっとした顔役であった。

「近喜」を出る。折りしも、浪人体の者に後を付けられていたので先斗町を酔歩し、芸者と共に四条上ル「大駒《だいこま》」に入った。念のため、時間を稼いだ。

本間下手人は、薩摩の田中新兵衛と土佐の岡田以蔵、平井収二郎、島村衛吉・松山深蔵・小畑孫三郎・弘瀬健太・田辺豪次郎で、「大

本間精一郎遭難地碑
（中京区木屋町通四条上ル小野方前）

駒」を出たら襲われたので、組み敷こうとすると相手は逃げた。そしてこの路地を木屋町に抜けようとした折、先から2名、後から6名が斬りかかる。ついに精一郎は惨殺され、遺骸は高瀬川に捨てられた。翌日、四条河原に首は晒された。惜しい人物であった。尊攘運動を進め、親幕公卿の排除に活躍した同志清河八郎（1830～1863）も、後年暗殺された。

67 文久の天誅第一号の男―島田左近《さこん》

三条通の池田屋跡を見て高瀬川を北へ歩く。池田屋事件の翌朝、この川の中へ新選組の隊士たちが暑い暑いと言って水浴びをしていたと、中京のとある家に伝承が残っている。その家に嫁に来た若嫁さんが新選組の大ファンとなり、先年、新選組変身ショーで優勝した。こんな話を思い浮かべながら、上（北）へ歩く。御池通を渡るとそこは佐久間象山が馬上、人斬り彦斎《げんさい》に斬られたところだ。高瀬川の西岸に大きい記念碑が建っている。上へ少し歩くと「一之舟入」高瀬川の終点、今は昔の角倉屋敷も、日本銀行と銀行会館の建物そして島津創業記念館。少し歩くと二条通へ。向かいに竜宮門のある少し風情のあるお寺・善導寺。この前で島田左近は首を取られた。

安政の開国以来、朝廷と幕府はしっくり行かなくなり、幕府側は色々と融和策を行ったが上手く運ばない。当時天皇の側近であった九条関白は安政5年（1858）2月頃から幕府支持者となってきた。これは家臣の島田左近が長野主膳と共謀して、主人の九条尚忠《ひさただ》公を説得して変心させたとされている。九条関白の親幕は尊攘志士の怒りを買い、九条公を暗殺しようとの意見も出たが、何分貴い方は……ということになり、「島田」と「宇郷」の二人の謀臣が狙われる事となった。

　左近は名を正辰、美濃国加納の神主の子で初め京の商人伊勢屋東兵衛で手代の仕事をしていたが、宮家の青侍《あおさむらい》になろうと烏丸家のコネで九条家に入った。九条家の老女千賀浦《ちがうら》に気に入られ、その娘婿となり島田家を継いで左近とし、九条家の諸大夫《しょだいぶ》となった。文久2年（1862）正月に従六位下左兵衛権大尉に昇進、長野主膳とは仲がよく、これと通謀して九条公を佐幕に変心させるのに成功した。そして政治運動に入っていく。そして長野と協同して弾圧に協力。この働きで幕府からも大切にされ過分の手当てが入り、「今太閤」と世間で呼ばれるほど権勢を誇っていた。

　左近は勤王志士からは大いに憎まれた。清河八郎、村上俊五郎、小河弥右衛門（一敏）ら文久2年4月「寺田屋騒動」の残党も彼を狙っていた。また久坂玄瑞、入江九一、寺島忠三郎らが堺町丸太町下ルの左近の家を攻めたが逃げられた一件もあった。左近も警戒し、丹波や彦根に隠れ逃げていた。その後九条邸に潜伏していたが文久2年6月20日九条家の領地伏見に姿を現した。これを見つけた豊後竹田の岡藩の小河弥右衛門が薩摩の藤井良節《りょうせつ》に通報、これを藤井が田中新兵衛に告げると、小躍りした田中は服部政次郎、井上弥八、鵜木孫兵衛、志々目献吉と岡藩の広瀬友之允、福

島田左近遭難の地（中京区木屋町二条）

善導寺（中京区二条通木屋町西入ル東生洲町 533-3）

原武三郎と共に追跡、しかし逃げられてしまった。それから1ヶ月後7月20日夜、木屋町二条下ル「茶寮山本ゆう方」で左近は祇園三升屋の君香と夕食で一杯やっていた。一番暑い七月下旬、丸裸で川床の上に小女二人にウチワであおがせていたところへ、田中・鵜木・志々目の3人が飛び込み斬り付けた。左近はタバコ盆を投げつけ、目の前の鴨川原に飛び降り、北へ向かって一目散に逃げた。追いかけた3人は木屋町二条のお寺の門の前で追いつき、首を取り長州藩邸へ持ち帰った。

7月21日朝、高瀬川筋の二条木屋町「樋の口」に首の無い死体が浮いた。翌々23日鴨川原四条上ル100m程のところ、先斗町川岸に青竹に晒され首の下に付けられた板には

「この島田左兵衛権大尉事、逆賊長野主膳へ同腹いたし、謂われざる奸曲を相巧み、天地の容れざるべき大奸賊也。之に依って誅戮を加え、梟首せしもの也」。

文久2年7月23日、時に島田は37歳、洛中の人々は寄り合って島田の奸曲《かんきょく》をののしり、みんな誘い合ってこの「サラシ首のショー」を見に行った。島田は文久の天誅時代の第一号となった。この首の晒されている絵はよく本に載っている。この胴体は綾小路大宮西入ル南側二軒目の某寺に埋められた。この寺は新選組山南敬助とか沖田氏縁者の女性の墓という不思議な女性の墓のある光縁寺の向かいとなる。今、保育園を経営している寺で「頼山陽の遺髪塔あり」との石碑が建つが……。なお左近の盟友の井伊家の腹心長野主膳も彼女の村山たかと別れ彦根に帰っていたが藩論が変わり、文久2年8月27日、彦根にて斬首された。

68 目明し文吉（猿《ましら》の文吉）——三条河原に晒される

こいつは私も少年時代から知っていた知名度の高い悪人である。文久2年（1862）8月30日三条大橋東詰め北側の檀王法林寺前の鴨川原に一人の男が丸裸で無残な姿で晒されていた。細引きで首を絞められ両腕をその脇に上げてくくられ、腹部は両脇の柱にくくりつけられていた。背部中央に青竹が立てられ檄文があった。

「目明し文吉　右之者、先年より島田左兵衛尉（左近）へ隠従致し、種々姦謀の手伝い致し、あまつさえ戊午年以来姦吏の徒に心を合はせ、諸忠士の面々を苦痛致させ、非分の賞金を貪り其上島田（左近）の所持いたし候不正の金子を預かり、過分の利息を漁し、近来に到り候とても様々の奸計を相企み、時勢一新の妨げに相成候に付、此の如く誅戮を加え、死体引捨てにいたし候、同人死後に至り、右金子借用の者は決して返済に及ばず候、且又、其後とても、文吉同様の仕業相働き候者之有に於いては、身分高下に拘らず、随時誅殺せしむべき者也。

文久二年壬戌閏八月」

この絞殺死体のしかも全裸の晒し者は洛中洛外の噂に上り多くの見物が多数やって来た。文吉の悪事は有名であったので誰一人屍を葬る人もなく、長い間河原に放ったらかしになっていたという。

さて、「目明し文吉」とはどんな奴か。洛北の深泥《みぞろ》ヶ《が》池《いけ》村の百姓の息子で生来ならず者であった。家を出て一時はさるお公家さんの下僕として働いたがその中に「バクチ打ち」の中に入り、牢屋に入ったり出たりしていた。そんな中でも「す速っこさ」と「悪賢さ」を買われて「目明し」に取り立てら

檀王法林寺（左京区川端三条東入ル北側）

れた。その頃、文吉の養女が祇園の三升屋から「君香」という名で出ていたのを島田左近が妾となし、そのコネで目明し仲間に幅を利《き》かす事となった。

安政の大獄に際しては、「猿《ましら》の文吉」とアダナされた文吉は高倉押小路上ル西側に家を構え、仲間と供に志士の機密を探索して上司に上申して報酬を得ていた。水戸の鵜飼幸吉逮捕の時に多額の賞金を受けた。志士を食い物にして多くの金を得た文吉は、二条新地（二条大橋の東側の花街）に妓楼を設け、人を使って大儲けしていた。また金貸しもし、金利は高利で不当な利を上げていた。そして祇園の芸者の井筒の「春香」にその金を入れあげていた。

この文吉に志士たちは天誅をと相談、武市半平太の家で岡田以蔵、阿部多司馬、清岡治之助、五十嵐敬之《たかゆき》、島村衛吉、上田宗児らが集い、文吉を斬る相談をした。人目につかぬ様に以蔵、多司馬、治之助がこれにあたった。籤取《くじとり》をして決めたという。文吉宅へ乗り込んで捕え武市の家でその罪科を聞き出した。その上、こんな犬猫同然の者を斬るのは剣が泣くと、縄で絞め殺し三条河原にさらし者とした。島田左近はすでに7月20日に殺されている。

目明し文吉宅跡（中京区高倉通押小路上ル西側二軒目）

69 赤松小三郎―教え子に殺された先生、「師の三寸先を踏み暗殺した男　中村半次郎」

「三寸下って師の蔭を踏まず」と昔の言葉があるが、教え子に暗殺された先生赤松小三郎の話がある。平成25年（２０１３）は新島八重が大河ドラマ主人公となり、金戒光明寺の会津墓地へ参る人が多くなった。花の終わった四月下旬、福島白河のＡさんが、「会津墓地と共に赤松小三郎先生のお墓が新しく変ったらしいのでお参りしたい」と来洛され、当時の砂岩石で造られボロボロになっていたのと変わり、新しく平成の墓石を一緒に参拝した。慶応3年（１８６７）9月3日信州上田藩の兵学家・赤松小三郎友裕（１８３１～１８６７）は、東洞院五条下ルの路上で自分の塾の塾頭である薩藩の中村半次郎と田代五郎左衛門に斬殺された。37歳の若さであった。その日、東洞院四条角と三条大橋に貼紙がされた。

「罪状左之如し、元信州上田藩赤松小三郎、此者儀兼て西洋を旨とし、皇国の御趣意を失い、却て下を動揺せしめ、不届の至、捨て置く可からざるの罪多きに付、今日東洞院五条魚棚上

赤松小三郎遭難の地碑（下京区東洞院通鍵屋町下ル西側）

ル所おいて、天誅を加え候に付、即ち其首を取り、さらすべき所に候え共、昼中に付其儀不能はず、依って此の如き者也。卯九月三日　有志中」。

赤松小三郎は天保2年生まれ、上田藩士・芦田勘兵衛の二男で赤松弘の養子となった。嘉永2年（1849）江戸に出て蘭学を学び下曽根金太郎、佐久間象山、勝海舟に師事した。文政の末には長崎に遊学し、オランダ人から兵学と数学を学んだ。慶応2年（1866）2月に上洛し、二条衣棚に兵学指南元雲塾《げんうんじゅく》を開いて、兵学・自然科学を教授した。また薩摩藩邸に招かれて兵学を教えた。門下生には中村半次郎、村田新八、篠原国《くに》幹《もと》、野津鎮雄《のずしずお》、伊地知正治《いぢちまさはる》、樺山資紀《かばやますけのり》、野津道貫《のづみちつら》、東郷平八郎、上村彦之丞、田代五郎左衛門らがいた。

赤松は門地に拘りなく、英才を登用し、陸海軍の近代化を図り、富国を目指すことにあり、また幕薩は和すべしという公議政体論を唱えた。11月に入ると幕府は赤松を開成所教官、海陸軍兵書取調役に起用しようと上田藩に申し入れたが、上田藩主は「赤松は藩の改革に必要な人物である」と断った。慶応3年に入ると上田藩から彼に帰国する様に命令がきた。5月に彼は政治改革に関する意見書「御改正口上書」を越前の松平慶永《よしなが》へ出し「上下二院制」の議政局を提唱した。また永井尚志《なおゆき》、西郷吉之助（隆盛）らと「公武合体策」について奔走した。

国元からの帰藩命令でようやくその決心をした小三郎は、討幕派の人々から「佐幕派の彼が国許に帰り幕府の重要な役目に付くとすると、これは恐るべき人物でありまた薩摩藩の兵学師範であった関係からその軍事機密が幕府側に洩れてはならぬ」という事で、この暗殺が行われたとか!!　これに西郷は非常に怒ったといわれている。何とも不条理な。恩師を殺すという不

赤松小三郎墓（左京区黒谷町121、金戒光明寺内）

法や如何にある。平成25年（2013）にお墓は新しくなり、古墓石は上田市にお持ち帰りになられ、現在は赤松小三郎記念館（長野県上田市常盤城）に展示されているそうです。光明寺中央道の赤松小三郎の墓の案内碑を私はさびしく見上げて歩いた。

70 佐久間象山―開明の天才は何故暗殺されたか

元治元年（1864）7月11日木屋町御池上ルの路上で馬上の「学者象山先生」を二人の刺客が襲った。それを見た木屋町筋のお茶屋の女将さんの話から熊本の人斬り彦斎、平戸の松浦虎太郎、因州の前田伊右衛門、らの仕業と判かった。同夜、祇園社西門及び三条通に斬奸状が掲示された。その内容は「此者、元来西洋学を唱え交易開港ノ説を主張し、枢機之方へ立入、御国是を誤候大罪難捨置候処、剰奸賊「会津彦根」二藩ニ興党し中川宮ヲ謀り、恐多くも九重、御動座「彦根城」へ奉移候義ヲ企テ、昨今、頻ニ其機会ヲ窮候。大逆、無道不可容天地国賊ニ付、即今日於三条木屋町加天誅畢」が民衆の前に立てられていた。

当時文久3年（1863）の前半は破約攘夷実行を主張する派と攘夷実行慎重派が対立した。前者は三条実美を中心に回る参政、寄人《よりうど》という廷臣が長州と結びついた。後者は孝明帝、中川宮《なかがわのみや》、近衛《このえ》忠熈《ただひろ》を主として上級廷臣と薩・会などが結びつき、ついには王政復古の倒幕の大和親征を止める為、薩藩が中川宮と組んで八月十八日クーデターを起した。その後、中川宮政権と言える状況となり、幕府の朝政参与が生まれ、元治元年（1864）には将軍・家茂《いえもち》も上洛し、安定した様に見えたが、激動の嵐は吹く。朝政参与も慶喜《よしのぶ》と島津久光の対立、松平容保《かたもり》は病気勝ち、山内容堂《ようどう》はやる気なしで、数ヶ月で瓦解《がかい》した。

元治元年（１８６４）４月に入り、朝政参与の諸侯や在京藩主は国元に戻り、久光も退京した。朝廷は家茂に対して大政委任を沙汰した。29日に家茂は参内し、奉答した。孝明帝、中川宮、二条斉敬《なりゆき》の信任を得ていた徳川慶喜、松平容保に、所司代の松平定敬《さだあき》を加えた一・会・桑の政治権力が出現した。この状況に危機感を持った有栖川幟仁《たかひと》・熾仁《たるひと》父子、鷹司輔熙《すけひろ》、中山忠能《ただやす》、大炊御門《おおいごもん》家信、橋本実《さね》麗《あきら》といった「反体制派」が動き出し、長州が付け入り、親長州の鳥取藩・岡山藩・加賀藩が毛利父子の寛典を求め続けた。そして色々とデマが飛び交った。「久光が大坂で客死した」、「家茂が死去した」、「老中稲葉正邦《まさくに》が長州の嘆願書を取り次いだ責任で切腹した」、「容保が御所内で死去した」とかの流言が流布し、暗殺が横行した。

流言中最も大きいのは孝明帝の遷幸で会津容保により比叡山へとか、彦根へとかの巷説が流れた。７月10日に「高辻」「錦小路」などの廷臣宅に投書あり、佐久間象山がそれを計画しているとあった。象山は松代《まつしろ》藩の命により、謹慎を解かれ上洛、廷臣の攘夷派に時事論を講ずる為に幕府の臨時講師として活動を始めた。象山は洋装で西洋馬具の馬で洛中を平気で往来し「西洋かぶれ」と陰口を叩かれ

佐久間象山遺難碑（中京区木屋町御池上ル）

佐久間象山寓居跡碑
（中京区木屋町通御池下ル東側）

ていた。そしてこの難に会った。彼の死に対して仇討ちの為、勝海舟が新選組の近藤勇に頼み象山の妾の子、三浦恪二郎《かくじろう》（三浦啓之助）を新選組に入れた。三浦のことは前章に書いた。

71 横井小楠《しょうなん》殉節の地は、新島八重の一番風呂の東側

私は若い頃勤務していた銀行の支店のすぐ近く、寺町丸太町下がった東側は、開国論者として英才で同志社創設時の「熊本バンド」の生みの親とも言える人・横井小楠（１８０９～１８６９）が暗殺された所である。ここは平成25年（２０１３）の大河ドラマのヒロイン・新島八重が、寺町丸太町上ル（現・新島旧邸）に居住し、一番乗りをしていた銭湯（旧錦湯跡）の東側である。

横井小楠

彼は安政以来開国論者として天下に知られ、攘夷志士につけ狙われた。文久2年（１８６２）暮れには江戸で松平春嶽の顧問としての折、同藩の友、吉田平之助、都築四郎と江戸檜物町の旅亭で宴会中に刺客に襲われた。身をもって逃れた小楠は「士道没却《しどうぼっきゃく》」として文久3年12月帰国の時、知行召上げ「士席差放《しせきさおう》」とされ慶応3年（１８６７）12月まで肥後沼山津（現・熊本市沼山津）に引っ込んで、志士との文通や門人の指導をして時期を待っていた。慶応4年3月8日朝廷

横井小楠殉節地碑（中京区寺町丸太町下ル東側）

よりお召しがあり、肥後藩は彼の士席を復元し上京を命じた。4月8日出発11日大坂着。徴士参与を拝命、4月4日上洛、12日徴士参与職制度事務局判事さらに従四位下に叙せられた。60歳の彼は「長者の礼」で遇された。その後5月より病気になり、9月回復、15日より出勤した。彼はいよいよ自分の抱負を生かす時と思ったが、世間の排外思想が強く政府の新方針に反対の者も多かった。そして彼がキリスト信奉者であり共和論者であると誤解し、彼を生かしておいては国家の前途が危ういと暗殺の危機が迫ってきていた。

横井たちは世上平穏なりと思い、正月参賀の為、参内した。八ツ過ぎに退出。駕篭の脇を京都で雇った越前生まれの若党の松村そして上野、門生で当日のガード役の横山、下津と寺町御門を出た。刺客は駕篭の後をつけてきた。丸太町を過ぎると刺客の一人上田が駕篭に向かって短銃を撃った。これを合図に一同斬り込んできた。小楠は素早く駕篭から抜け出して短刀を抜いて構えた。従者は不意打ちに遇い、師を救うことも出来ず、小楠は首を取られた。刺客鹿島は首を持って西へ逃げ、小楠宅から駆けつけた韋駄天の吉尾に首を投げつけて逃げた。政府は威信の為にも犯人を速やかに捕えようと「京七口」を固め、斬奸状を持った「柳田直蔵」一人が夷川通り中町辺りの町家で捕らわれた後、1月12日傷の為死亡、土屋延雄は自首、上田立夫と鹿島又之丞は高野山で捕えられた。十津川に逃れた中井と前岡のうち、前岡力雄は明治3年7月16日中山道垂井宿で捕えられた。中井刀弥尾は、園部の神官の家を明治3年6月に出てから杳《よう》として行方知れずになった。

上田立夫は石見《いわみ》国上田村郷士二男で30歳。津下四郎左衛門（土屋延雄）は備前国沼村の名主の息子で23歳、前岡力雄は十津川郷大原村郷士中井庄五郎らと三条制札事件に参加、鹿島又之丞は笠松県の出で24歳、柳田直蔵は大和郡山藩の足軽25歳、中井刀弥尾は十津川郷士年齢不詳。上田・鹿島・土屋・前田4名に対して、横井を嫌い同情した役人の寛刑にせよとの主張や筑前藩からの下手人助命の嘆願にもかかわらず明治3年10月10日に斬首が決まった。横井遭難の報を聞かれた天皇は大変怒られたという。そして慰問使を遣わされ、元の藩主細川韶邦《よしくに》に祭祀料300両を下賜された。

小楠は熊本藩士で目付の二男に生まれ、8歳で藩校に入り21歳で居寮長となる。江戸に遊学していたが酒で失敗し帰国そして開国論者へ。越前藩に招かれ由利公正と共に殖産貿易事業を行った。彼の旧制打破と開国佐幕説は受け入れられなかった。墓は南禅寺天授庵にある。高倉竹屋町上ル西側に住んでいた。長男は同志社総長となった横井時雄である。

72 若き23歳の天龍寺隊の総指揮官―国司信濃《くにししなの》

「禁門の変」の書物を開くとイケ面の二人の顔が必ず載っている。「久坂玄瑞と国司信濃」の二人である。久坂玄瑞（１８４０〜１８６４）の肖像は、島原の辰路（お辰）が生んだ久坂の長男（次男）で明治期に長州へ引取られた男の子をモデルに描かれた「肖像画」である。信濃の像もそれであろう。

国司信濃（１８４２〜１８６４）は、元治元年（１８６４）7月17日「来島《きじま》又兵衛」らと天龍寺に宿泊し、18日の夜半８００余名を率いて出発。北野を経て一条戻り橋に至ると兵を分けて、一隊は来島又兵衛が率いて「蛤御門」に向かい、一隊は中村九郎以下を率いて中立売《なかだちうり》御門に向かった。たちまち中立売御門を守る福岡藩兵を破り、会津藩兵の守る蛤御門に進み、門を破って突入した。たまたま公家門（宜秋門《ぎしゅうもん》）守備の桑名藩兵の来援があり、たちまち両軍の激闘となった。しかるに乾御門《いぬいごもん》の鹿児島藩（薩摩藩）兵が来援し、横から長州勢を突いたので、さすがの長州兵もこの猛襲を支えきれず敗れ「清水谷家」の門前で来島又兵衛が戦死した。享年48。当時薩摩藩兵の銃撃隊として活躍した川路利良《としよし》の狙撃で胸を撃ちぬかれ、助からないと悟った又兵衛は甥の喜多村武七に介錯を命じ、自ら槍で喉を突いた後、首を刎ねられた。

国司信濃

山崎方面から久坂玄瑞らの尊攘軍は、西街道から進んで松原通に出て鷹司邸の裏門に拠り、半数の兵を邸内に入れた。堺町御門の福井藩（越前藩）兵がこれを止めようと動き、蛤御門にて既に勝利した薩・会・桑の藩兵が来援して長州兵は苦戦に落ち、更に同邸は砲撃を受け久坂玄瑞・寺島忠三郎は自決、入江九一も乱闘中に

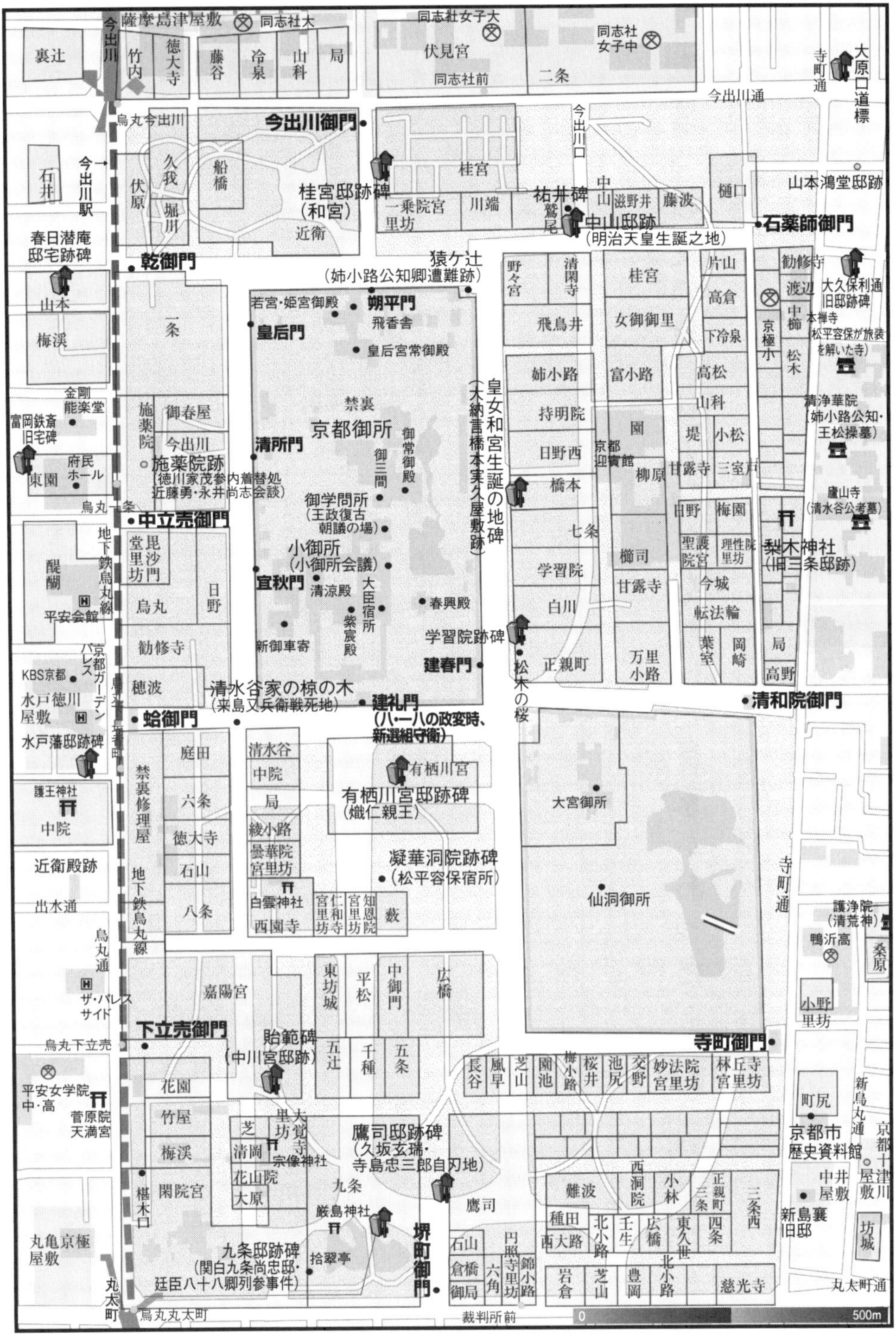

御苑・御所の各門の位置図

討死した。真木和泉《まきいずみ》ら浪士も闘っていたが形勢非なるを見て再挙を図らんと一群の浪士と重囲《じゅうい》を衝いて天王山へ走った。

信濃は、同じ老臣の益田右衛門介、宍戸美濃（就年《なりとし》）らと相談し、また真木和泉のすすめもあって、一旦は長州へ落ちることを決意した。こうして信濃は藩兵の生き残りをまとめ、丹波口から長州を目指して落ちて行った。長州へ落ちた信濃は目的を遂げ得なかった罪を負って「謹慎閉居」していた。この年8月、徳山に幽閉され、のち福原越後（元軌《もとたけ》）（1815～1864）・益田右衛門介（親施《ちかのぶ》）（1833～1864）と共に幕府へ謝罪降伏のしるしに切腹を命じられた。

辞世の詩

「よしやよし世を去るとても我が心　御国のためになほ尽《つく》さばや」

京都で闘った23歳の若きリーダーは幕末京都の波に消えていった。まことに惜しい人物を長州藩はここでも失った。

73 禁門の変の時、真木和泉を助けた農家があった

京都市南区吉祥院西ノ庄東屋敷町：小原氏宅

平成26年（2014）は「禁門の変」150周年の年である。禁門の変で敗れた長州軍の一隊・真木和泉の尊攘派志士一行は、最後は天王山で自刃したが、逃げる途中に休息し傷の手当をして貰ったのが吉祥院西ノ庄の小原家。この戦いは長州軍の善戦むなしく、会津・薩摩他の連合軍に短時間で敗退した。来島・久坂・入江・

寺島らが猛火の中に討死にし、又自決した。久坂の山崎軍「清備《せいび》義軍《ぎぐん》」の参謀であり、また忠勇隊を率いて「堺町御門」へ突入した真木も数ヶ所の傷を負った。足に受けたのは重傷であった。敗退し、追っ手の弾雨の中、七条まで何とか落ちのび付近の農家で休息しようと訪れるが、皆、後難を恐れて戸を閉ざす。しかし、村の西はずれの豪家・小原伝之丞は義気のある人で、妻や家人共々親切に手当てをしてくれた。又畑のスイカ数十個を提供し、渇をいやしてくれた。真木も深く感謝し台所にあった粗末な「渋ウチワ」に

「山陰に八重の逆茂木ひくとても　世のうきことはなどかかはらむ」の歌を記した。夜に入ると主人は妻が嫁入りの時に乗って来た駕篭を引き出し、真木を乗せ近所の若者たちに担がせて、天王山まで送った。真木は好意に感謝し、日の丸の軍扇を伝之丞に遺して篤く礼を述べ去った。さらに、駕篭をあとで引き取りに来るときのため、所書き「真木和泉真蹟」を残した。翌々日、真木和泉他16名、17烈士は観音堂に火を放ち自刃した。

今、山崎天王山には「十七烈士の墓」として立派な石碑が建立され、最近は登山ブームで天王山登山の人々が参拝している。今年は彼らの１５０回忌、当時の山崎村や島本村の人々はこの人々を「残念さん」として拝して、村役人の怒りを買っていたという。

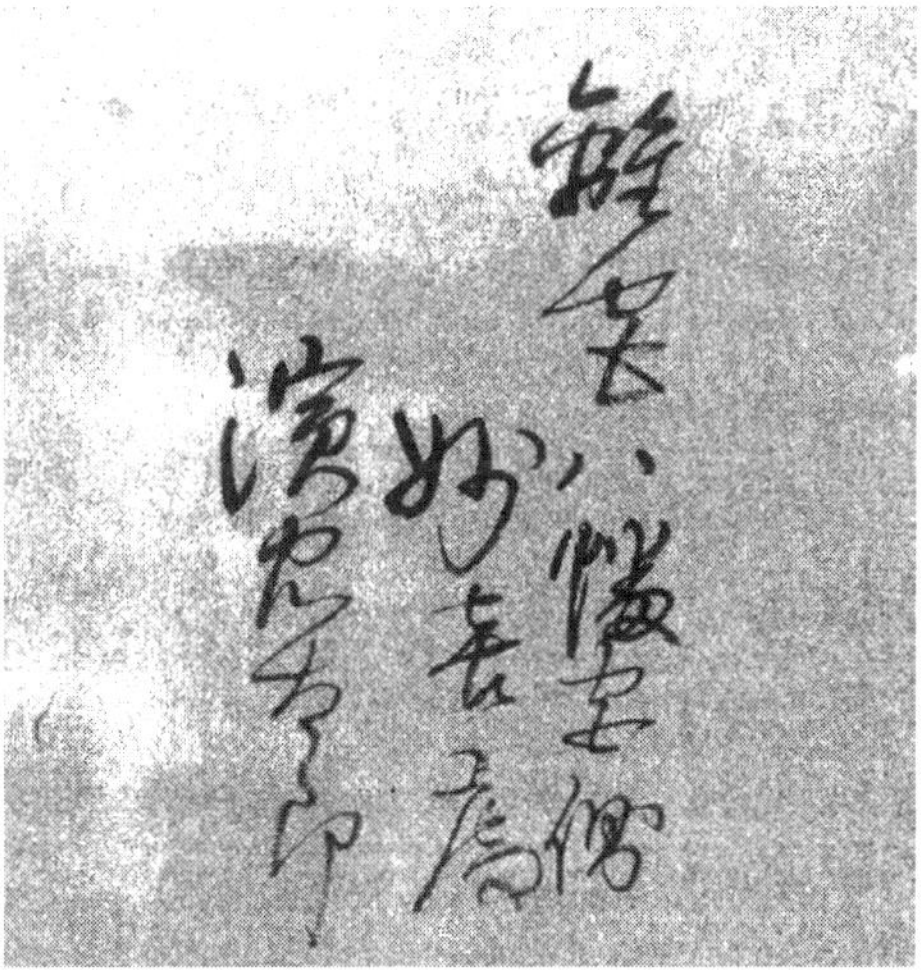

真木和泉真蹟「離宮八幡宮側妙喜庵濱忠太郎」
（京都市歴史資料館　蛤御門の変と「どんどん焼け」パンフレットより）

74 洛西農民長州のサポーター

京都の西のはずれに樫原《かたぎわら》という山村があり、ここに幕末長州のサポーターが居た。この地で代々続く油商小泉家の当主・小泉仁左衛門は、勤王志士山口直（薫次郎）（1815～1873）の親族で、勤王の志篤く山口と子弟の教育を計り、財を投じて私塾立命館を設立、また小浜《おばま》の梅田源二郎（雲浜）も呼び尊攘思想を広めた。水戸の鵜飼吉左衛門、頼三樹三郎も来た。また山口と計り三条東洞院梅忠町に私塾を開き、梅田雲浜を教師とした。この塾生の中に肥後の松田重助、長州の吉田稔麿、播州の大高又次郎、京の西川耕蔵らがいた。

安政4年（1857）、長州藩京都留守居役・宍戸九郎衛門らが訪問、これから長州と物産貿易が始まった。長州よりは米、塩、蝋《ろう》、干魚、半紙など。山城よりは呉服、小間物、菜種、木材の類を以って交易を始めた。特に米、塩、紙は「毛利の三白政策」として有名だが、蝋を加えて四白とも言われている。

慶長5年（1600）の関ヶ原の戦いで敗れた毛利氏は、中国地方（安芸《あき》国・周防《すおう》国・長門《ながと》国・備中《びっちゅう》半国・備後《びんご》国・伯耆《ほうき》半国・出雲《いずも》国・石見《いわみ》国・隠岐《おき》国）約120万5000石から周防・長門2ヶ国約36万9000石に減封され、藩財政は非常に苦しい状況となった。藩外に出荷して収入源にできる特産物として米に加えて塩と紙（和紙）に着目した。殖産興業によって得られた利益は、やがて長州藩全体の兵制

小泉仁左衛門宅（西京区樫原宇治井西町）

改革を実施する経済的な背景にもなった。

この頃、この事業に最も苦心尽力したのは「雲浜」であり、長州を後ろ楯として勤王の実をあげようと士気は上がった。梅田雲浜は妻の死後、経済の重要さを悟り商業交易事業に専念した。妻の犠牲の上に立ち上がった交易社であった。これは攘夷、将軍に一橋慶喜擁立をはかる経済的基盤を築くためであったといわれる。雲浜は交易の拡大によって多大の利益をあげ、かつての貧乏志士は運動資金の潤沢さで、やっかまれるようになる。

75 禁門の変—薩摩と長州の青年、洛西で討死

京都の町の中央、五条通は、西へ走ると明智光秀が「本能寺攻め」に入ってきた「老《おい》の坂《さか》」に至る道だ。その途中、物集女《もずめ》街道と交叉《こうさ》している所に「札《ふだ》の辻《つじ》」はある。

元治元年（1864）7月19日、「禁門の変」で敗退した真木和泉一行に遅れて、薩摩藩士相良《さがら》頼元《よりもと》（兄）・新八郎（弟）・楳本僊之助《うめもとせんのすけ》（長州藩士）の3名が京を後にした。荷宰領《にさいりょう》の1名を加えた一行は、19日の昼頃、樫原札の辻までやってきた。しかし、既に小浜《おばま》藩士100余名が屯所を設け、大砲を備えて落武者狩りを始めていた。たちまち追っ手に取り囲まれ、3名は刀を抜いて応戦し、6・7名を斬り伏せたが多勢に無勢、ついに3名は斬り殺された。

小浜藩士の引き上げた後に残された遺骸は、岡村の村人が村外れの丘に手厚く葬った。3人がここに辿り着く前、三宮社御旅所前で脱ぎ捨てた甲冑は、家人おゆきバアサンの手で村役人に渡され、長州藩邸に届けられ

薩州藩にも知らされたという。ところが、薩州藩の方では藩士ではないという。身分が判然としないまま埋葬された地には、薩州相良頼元・同新八郎・長州楳本僊之助の墓が建立され、明治33年（1900）5月5日をもって「旧鹿児島相良頼元同相良新八郎」を靖国神社へ合祀するという陸軍省告示（4月21日付）が出、明治38年から官修墳墓として改修された。維新殉難志士墓在此丘上（道標）は、西京区樫原秤谷町にあり、ここから数十m登ったところに3名の墓があり、「勤王家殉難地」碑は、西京区樫原宇治井町に立つ。平成26年（2014）は禁門の変150周年。彼らの150回忌。筆者もお参りに行く所存である。

勤王家殉難三名の墓
（京都市歴史資料館　蛤御門の変と「どんどん焼け」パンフレットより）

76 禁門の変の時、長州金剛《こんごう》隊を助けた興正寺《こうしょうじ》と醍醐の三宝院《さんぽういん》

桜で有名な京都東南の山科の地、醍醐で元治元年（1864）7月26日、新選組の手によって6人の僧侶が捕えられ、六角獄舎に入れられた。長門美祢《みね》郡《ぐん》大峰《おおみね》庄《しょう》須原村《すはらむら》遠楽寺《えんらくじ》の「松渓《しょうけい》」と下僕「千代松」。同郡太田村福田《ふくだ》寺徒弟「大心」、同船木真倉村《まくらむら》覚成寺《かくせいじ》「円暁《えんぎょう》」、同船木妻埼西法寺《さいほうじ》弟子「皆堂」、萩城下専称寺《せんしょうじ》弟子

「恵定《けいてい》」。以上の6人である。彼らは文久3年7月、一向宗《いっこうしゅう》僧侶の有志が結束して組織した「金剛隊士」であった。

元治元年7月19日金剛隊は来島又兵衛率いる遊撃隊に属して「蛤御門」に突入した。しかし長州側に利なく、会・薩・桑の兵火の前にたちまち敗れ、敗走した。また鷹司邸から出た火は南側に燃え移り、河原町御池の長州藩邸など三方からの火は見る見るうちに広がり、京の町は火の地獄となっていった。「ドンドン焼け」と京都の人は言っている。

折から寺宝・文書など重要物の避難準備をしていた七条堀川の興正寺の門前に六人の僧侶が立った。何れも墨染めの衣の下に鎖帷子《くさりかたびら》という姿であった。興正寺法主・華園摂信《はなぞのせっしん》師は役僧に命じ来意を聞いた。「当山の御法主はかねて勤王の志ある人と聞いております。今太鼓堂の付近で当寺を教えられ参りました。しばらく休息お許し頂きたいと思います。我々は金剛隊の者であるとお伝え下されば、御法主はご存知とお思います」。法主は早速彼らを書院にて休息させて、法主も6人に会い挨拶を行い「蛤御門の変」に参加した訳を聞いた後、食事と宿泊を与えた。

翌日6人は真言《しんごん》僧の姿に変装して法主の伝《つて》で醍醐の三宝院へ落ちた。ところが早くも新選組がこの情報を手に入れ、法主の身も危うくなった。興正寺では全力を尽くして新選組対策を考え八方手を尽くして事無きを得た。この時、守護職の命により西本願寺に譴責が行われ、責任を取り寺内の北東部を屯所に提供した。

興正寺（下京区堀川通七条上ル花園町 70）

三宝院（伏見区醍醐東大路町 22、醍醐寺内）

当時興正寺は本山ではなくお西さんの弟寺とされていたのだ。これが約1年間の新選組第二屯所である。一年後、興正寺下屋敷に不動堂村屯所を提供し移転した。平野国臣ら処刑後の六角獄舎に入った彼ら6人の心情は如何であったろうか。その後彼らはどんな人生を辿ったのだろうか。たずねる由も今はない。

「ドンドン焼け」、この時お寺のイチョウが水を吹き寺を火から守ったと伝えられ神木とされている。

77 平野国臣《ひらのくにおみ》―名歌人と京都

京都市中京区木屋町御池上ル：平野国臣潜伏地（山中成太郎方）

「新選組ブーム」の壬生から四条大宮のターミナルへ出て、大宮通を蛸薬師通の次の六角通を西へ歩くと六角獄舎跡の碑と「平野国臣他30数名処刑の地」の木札。「禁門の変」のドンドン焼けでこの獄舎にも火が迫り、不法行為であったがその時、在獄の政治犯を処刑したところだ。代表格は平野国臣、有名な尊攘の志士たちの中でも知られた人である。薩摩の殿さん島津久光を動かそうとして失敗、伏見の寺田屋でも挫折し、今また文久3年（1863）「八月十八日の政変」で大きな失敗をした。軍師格の真木和泉もやはり長州へ、その真木は久留米の水天宮の神主さん。この真木に「恋闕《れんけつ》第一の人物」といわれたのが福岡藩の平野二郎国臣。闕という字は禁闕（御所の門）、天皇の門、転じて天皇に恋するという意味。純粋に天帝をお慕いする尊王以上の尊王である。この人は、狂人のふりをして妻子と別れ、尊王倒幕一本槍で各地を飛び回った。

八月十八日の政変にも「政変があった、天忠組（天誅組）よ、お待ちなさい」と忠告したが、すでに旗揚げ、京都へ戻ったら皆んな長州に落ちたあと。すぐ追いかけて「天忠組は二階へ上ってハシゴをはずされたも同然だ、助けよう」、七卿落ちの一人、澤宣嘉《さわのぶよし》を大将に担ぎ、元長州奇兵隊第二代目総督・河上弥市を引っぱり出して生野、但馬の尊王家と組んで天忠組応援の旗揚げをやったがこれも失敗、逃走中豊岡藩兵に捕えられ京に送られ六角獄へ。

その前、天忠組を制止に大和に行き、天忠組全滅で京都に戻った国臣は、木屋町御池上ル山中家に寓居しており、ここへ8月22日の暁方、新選組が踏み込んだ。そして当家に居る3人を出せと！ 3人とは国臣主従と鶴田陶司（1840〜1864）である。鶴田は自宅に戻り、国臣は、訪れた肥後同志・松村深蔵と祇園縄手の茶亭「松よし」「吉松」に行っており難を逃れた。「今迄遊びに行って損はあっても得をしたことは無かった。今度の事で今までの損を取り戻した」と同志への手紙に書いている。

彼の最後の活動、生野《いくの》の義挙も失敗逃走する。六角獄舎で古東《ことう》領左衛門（淡路の庄屋・豪農）（1819〜1864）と共に斬られた。新選組がサポート隊として近藤勇以下で、37名を斬ったとも言われている。月照・西郷心中の際にもかかわり、本当に広く活躍し歌もよく詠んだ人だった。

六角獄舎跡碑
（中京区六角通神泉苑西入南側）

78 平野国臣他志士の墓

この六角獄の処刑に対して、守護職松平容保公はその不法さに「大いに心無いこと」と憤り、町奉行らに激しく戒めの言葉を申し渡した。処刑された遺体は御土居西の仕置場（現・西大路二条上ル竹林寺墓地辺）に移された。そして獄吏松田就正、小島吟次郎の二人によって密かに氏名の明らかな身分ある13体には瓦片に氏名を朱書して付け、長い穴を掘って順次並べて埋葬し、身分氏名の分らぬものは大穴の中へ一つにして埋めた。

その後忘れ去られ、明治8年（1875）5月京都府はごみ処理場をここ、西の刑場跡に作った。この刑場跡の片隅の椋《むく》の木の下に隆起していた地面があった。そこは志士の遺体を埋めたという噂があった。明治10年（1877）2月当時の化芥所《かがいしょ》主任吉井義之氏が掘り返してみると平野国臣の名を記した瓦片と共に多くの骨が出た。近くの無住寺の竹林寺に埋骨した。またここも忘れ去られてしまった。明治42年（1909）木戸孝允公33回忌の時、平野国臣の碑文の中にその遺骸の所在不明とされていて、竹林寺は西の竹林寺か東の竹林寺か不明となった。その後、東の竹林寺の住職により発見され、昭和になり立派な墓碑が建てられた。

平野国臣墓・碑（竹林寺内）

竹林寺（上京区下立売通御前西入行衛町 455）

79 六角獄舎の地獄絵を見た官吏・村井修理少進

六角獄舎が地獄と化したドンドン焼けの時、これを見た官吏がいたのと、首切り千吉がいた話

「山崩《くだ》け河裂け国将《まさ》に倫とす、劫火、予《よ》を執《たぶさ》えてフク輪《りん》に飛ぶ火焔、天を焦がし天地赤し濫刑《らんけい》斬り尽す　赤心の人」（縲史）

禁門の変により生じた大火災・ドンドン焼けの炎が六角獄舎に迫った時、元治元年（1864）7月20日夕刻、獄吏たちは囚人を独断で斬罪に処してしまった。過激な志士の脱走を恐れたためだという。生き残った村井修理少進政礼《まさのり》（1831～1867）は獄中の様子を手記「縲《るい》史《し》」に書き残した。しかし、慶応3年（1867）12月12日朝、維新はもうそこまで来ている時代の夜明け前、この村井も同志十数名と共に「首斬り千吉」の手で斬られた。享年37。遺骸は他の人々と共に「二条御土居」（現・中京区西大路御池の西京高校のあたり）の刑場の穴に埋められた。村井の義弟藤原某が刑場番人にお金を贈り、その遺骸を掘り出してその首を洗い清めて東山霊山に改葬し、御所を拝する北東向きに墓を立てた。この処刑の命令を出した与力三浦貞次郎と首斬り千吉は志士に狙われて四条大橋の西詰めにて殺された。村井の弟が報復したという。

さて、村井修理少進政礼とはどんな人か。尾張の人、父は水野公国、天保6年6月29日生れ。蔵人所衆・村井政敬の養嗣となり、安政5年

村井修理少進政礼邸跡（中京区間之町竹屋町上ル西側）

（1858）10月、正六位の下、修理少進に任じられ蔵人所衆となる。国漢の史籍を学び、兵法にも通じ、尊攘の志に燃え、幕府に対立していた。京の志士と交遊したが「安政の大獄」には危うく難を逃れた。文久2年、長藩長井雅楽《うた》の航海遠略策に反対し、和宮降嫁に反対し、岩倉具視の排斥運動をした。この頃から松延次郎と変名し、武市瑞山《たけちずいざん》らの為に尽力し、薩長連合のことも奔走した。山陵奉行の下で京都陵調方をつとめた。文久3年（1863）9月捕えられ六角獄舎へ。5年間獄舎生活をした。獄中にあっても政礼は学問を怠らず、在獄の同志らと詩歌の交換をした。

80 福田理兵衛―維新の蔭の功労者　嵯峨の材木商・京町衆

嵐電《らんでん》に乗って、車折駅で降りる。車折《くるまざき》神社は金運・良縁・学業の神様を祭り、境内社・芸能神社が、芸能の神様として芸能人の信仰を集めている有名な社である。車折神社の中に「葵忠社《きちゅうしゃ》」という祠があり、常はひっそりとして拝する人も無い。毎年4月第三日曜日には福田一族により、葵忠祭が行われている。ここには当村の材木商福田理兵衛が祀られている。平成27年（2015）のNHK大河ドラマ「花燃ゆ」は禁門の変が中心になることだろう。

この時長州藩のサポーターとして大活躍した「京の町衆」福田理兵衛（1814〜1872）という人物がいた。

文久2年（1862）長州藩が京師鎮撫の内勅を奉じて入京した際、嵯峨きっての旧家福田理兵衛が長藩の楢原善兵衛の頼みで天龍寺と交渉し、山内《さんだい》24ヶ寺を借り、清涼寺（嵯峨釈迦堂）及び付近の民家30軒を長藩の宿舎に充てた。禁門の変の際は、「町奉行、所司代に伺わないと」と断る執事をよそに来島又兵衛の遊撃隊の基地として出陣、蛤御門で激突、長軍の敗北となる。理兵衛は下嵯峨の郷士で、長藩の情報部員として、その長男信太郎と共に活動していた。禁門の変の敗北で長兵と共に山崎を経て大坂へ、そして海路、萩へ走った。車折の理兵衛の邸宅は会・薩の手で燃やされ、家財は５０００両を処分し、村人は一人10両分割で貰った。この厳しい処分は、京の商人に対する見せしめであり、村人への分配は、いわば、大義名分のための薩摩・会津の人気取り政策に他ならない。翌日、戦勝した薩摩軍が、長州残党狩りのため押し寄せ寺に火をかけた。天龍寺塔頭・弘源寺《こうげんじ》には、この時に応戦した長州藩士の刀傷が残っている。「西南の役」の時、村田新八たちの敗北を憎は、「仏罰じゃ」と言ったといわれている。現在も天龍寺をよく見ると山門とか仏堂とかの大きな建物が無いのに気付くだろう。維新後この福田父子は士分に取り立てられたが、明治5年萩で帰洛直前に何者かに暗殺されたともいう。明治44年（１９１１）、理兵衛は従五位を贈せられた。車折神社の東数分にある正定院《しょうじょういん》（現・京都市右京区嵯峨朝日町）にも墓石がある。大正４年（１９１５）、旧邸跡に祠が祀られたが、昭和10年（１９３５）に、関係者の希望で車折神社の境内に移され、葵忠社として祀られた。

葵忠社（右京区嵯峨朝日町、車折神社内）

正定院（右京区嵯峨朝日町 7）

81 高浜砲台の裏切り

鳥羽・伏見の戦いの時、先祖より恩顧ある徳川家を裏切って砲撃を加えた徳川の親藩藤堂藩。先祖の高虎が怒っているぞ!!

鳥羽・伏見の戦いの最終ラウンド、この勝敗を決定的にした「寝返り」があった。慶応4年（1868）1月5日「淀藩の裏切り」で淀城入城を拒まれた幕府軍は、淀川を渡って八幡・橋本に陣し、橋本台場を拠点に対岸の砲台を守る「藤堂藩」（津藩）と協力し、一挙に戦局を挽回するつもりであった。ところが6日早暁から藤堂藩が守る島本の高浜砲台から幕軍楠葉《くずは》砲台に向け急に砲撃が始まった。また橋本の東方の山上から、八幡から迂回した土州兵（土佐藩兵）が幕軍を打ち下し始めた。これにより幕軍に多くの戦死者が出た。この「淀藩」「藤堂藩」の裏切りが決定打となり、幕軍は6日夜まで大混乱、大崩壊し大坂へ逃走した。

戦略的には1月3日に「淀藩」と「藤堂藩」には「深き思食（召《おぼしめし》）の旨も有之候間、方向を失わず宜敷く王事に勉励すべき」旨の内示あり、5日深夜、勅使として四条隆平《たかとし》が綸旨《りんじ》を持って山崎の「聞法寺」（現・

大山崎遠望

京都府乙訓郡大山崎町大山崎白味才128）で、津藩軍の総帥・藤堂采女（元施《もとひろ》）に渡し、帰順を迫った。「勅命は山崎関門の儀、枢要之地に候条、官軍救応守関の大任」を果たすようにとあった。藤堂采女は勅命をかしこみ奉り、ひとえに尽力奉公仕ることを約した。采女に見送られた勅使四条は、藤堂九兵衛に守られた高浜砲台（高浜船番所）を見て帰った。四条は、明治4年に成立した奈良県の初代県令。廃仏毀釈を強引に推し進め、「廃仏知事」とまで呼ばれた。興福寺《こうふくじ》の五重塔も、県令の命により、引き倒すことが試みられ、これが難しいとなると、売却して焼き払おうとしたといった話など、徹底した仏教排除策を強行した。奈良の古寺にとっては「受難の四条県令時代」であった。

藤堂藩藩邸跡碑（中京区堀川四条上ル東側、京都市立堀川高校正門前）

82 戊辰戦争に新政府軍として参戦の僧が居た本能寺

菊池竹庵（1829～1868）は、文政12年鹿児島県南種子町平山瑞堯《ずいぎょう》に生まれた。5歳の時に西之表の慈遠寺の小僧となり、その才能が認められ、10歳から鹿児島の正建寺（種子島家菩提寺）で修行。19歳の時、上洛し伊賀の法華寺に身を置きながら尊王攘夷を志し奔走する。彼は、有馬新七（薩摩藩士）（1825～1862）の薫陶を受け、本能寺にあって日夜尊王派の志士と交流があったことから、一時、新選組に捕縛される。しかし僧衣のまま捕えたことを逆にねじ込まれて、役人も止むなく解き放つ。釈放後は、東大谷横の、本能寺の末寺・東漸寺（廃仏毀釈により廃寺）の役僧となり、練兵に励んだ。

戊辰戦争時、新政府軍が旧幕府方を攻めるために東征した際、天皇方に付いた竹庵は、薩摩隊に自ら進んでその道案内と敵情を探る役を申し出る。薩軍に属し、篠原国幹《くにもと》の麾下《きか》となり上総《かずさ》国（現・千葉県）の五井で、夜間、僧形で敵陣営に忍び込んだところ見つかってしまい捕えられ、拷問にも答えず、惨殺された。4月6日のこと。竹庵の遺体は、上総の八幡駅の円頓寺に仮埋葬され、明治3年3月22日、東京の大円寺に改葬された。碑文の中に緇徒《しと》（僧侶の意味）の身をもって義にたおると記されている。その後竹庵の父は天皇から報奨金も戴いたという。

本能寺（中京区寺町通御池下ル下本能寺前町 522）

83 都城《みやこのじょう》青年六士の知られざる悲話

京都駅八条口から西へ東寺の西北に源氏の祖を祀る六孫王《ろくそんのう》神社がある。ここから西の方へ東海道線沿いに歩くと狐塚。昔は狐塚に、東の杉塚、南の経田塚、琵琶塚を合せて四ツ塚と言った。ここに都城六勇士の墓と顕彰碑がある。

慶応3年（1867）12月に入って薩摩から遠征軍が続々大坂に上陸。残りの都城・知覧・鹿籠《こごもり》の兵2個小隊250名は伏見に上陸し松林院他に宿泊した。彼らは伏見の警戒と東寺方面への駐屯を任じていた。12月21日夜、都城小隊の坂元与八郎、横山藤助、内藤将左衛門、大峰壮之助、野辺納右衛門、安藤惣兵衛らは伏見の偵察に出た。彼らは御香宮《ごこうのみや》付近で新選組と思《おぼ》しき一隊と接触、すぐさま東寺の本営へ報告しようと内藤を残して5名が帰り始めると、相手から小銃を打ちかけられた。急ぎ帰り、正隊長に報告し大仏陣から500名が出動したが人影は無かった。23日、2個小隊に対して、東寺の本営へ引き上げ命令がきた。「前線から後方へ斥けられた」と思った小隊一同の非難は、発砲されて逃げ帰った六士に集中。六士は恥をそそぐため切腹の許可を本営に願い出たが許されぬまま、同月26日夜、宿舎の阿刀邸内で割腹して死んだ。東寺執行阿刀慶増《あとうけいぞう》は同情のあまり、自らも自殺を計るが助かり、この人が後にこの「狐塚」に「六勇士墓碑建立」に尽力した。大正13年（1924）12月26日の命日、都城の最後の領主・島津久寛《ひさひろ》の後を継いだ、島津久家（1877〜1922）の賛同を得て建てられる。少年に近い若者たちだったという。本当に鳥羽・伏見戦いで大いに活躍する命が無駄に消えた。ほとんど人に知られず、このお墓は京都の西南のはずれにさびしく建っている。

狐塚内の都城六勇士の墓（南区唐橋平垣町）

84 会津小鉄—鳥羽伏見の戦いのあと官軍の命令にも恐れず会津兵の死体を葬った任侠者

金戒《こんかい》光明寺の会津墓地へ行く途中「西雲院《さいうんいん》」を通る。西雲院に入って左側に大きい「小鉄の墓」がある。筆者は昔銀行員時代「大阪北新地」で作家の故・飯干晃一《いいぼしこういち》（１９２４～１９９６）さんにお会いした事がある。会津小鉄（１８３３～１８８５）を書いた作家はこの方一人である。飯干さんの「会津小鉄」によると、会津小鉄こと上坂《こうさか》千吉は、天保４年５月20日に、大坂島之内で生まれた。父は水戸藩浪士上田友之進、母は島之内の太物商《ふとものしょう》丹波屋吉兵衛の一人娘「ゆう」である。ヤクザの用心棒のような仕事をしていた父友之進が、兄の死後家を相続するために水戸に去った。その後仙吉は母に連れられて水戸へ父を訪ねたが冷たくあしらわれ、家に入れず母子は流浪した。その後母を亡くした仙吉は７歳の時一人大坂へ戻った。12歳の時、福知山の正覚寺の小僧となる。この折、父の残した刀・虎徹の一振りを携えたと言われている。仙吉はここで剣を学ぶ。浅山一伝流、師は青山清右衛門。嘉永３年（１８５０）３月仙吉は島之内へ帰る。仙吉は大坂でも鏡心明智流、平井徳次郎に剣を習う。この年事情があり人一人を殺めた結果、所払いとなる。嘉永７年（１８５４）４月小鉄22歳、江戸へ出て「会津中間部屋」に入る。

会津墓地（左京区黒谷町 121、金戒光明寺内）

会津小鉄墓
（左京区黒谷町 121、西雲院内）

これより先、嘉永5年10月（18歳）京都寺町丸太町下ル革堂町大垣屋清八（大澤清八）は、京の会津部屋の元締めであった。この清八の世話で二条新地大文字町の長屋に入った。仙吉はこの大垣屋の恩を忘れぬ為、大の字を瓢箪に型取った代紋を用いた。

文久2年（1862）12月24日会津守護職入京、翌3年3月家茂《いえもち》入洛、三代家光以来230年ぶりの入洛であった。孝明帝が加茂社に行き攘夷祈願される日は3月11日であった。京街道の宿場町・橋本宿在洛中の家茂はこの行事に供奉《ぐぶ》しない訳にはいかなかった。一方では清河八郎に率いられた浪士隊から離脱し京都に残った芹沢鴨・近藤勇ら13名が将軍警護のため働きたいと嘆願を会津守護職に出したのはその前日、3月10日であった。会津藩家老田中土佐はこの嘆願書を読み「得たりや応」と彼らの利用を思いつき、会津本陣に浪士たちを呼び採用を決めた。そして16日会津侯にお目通りの上、お言葉を賜った。浪士たち13人は大感激し、御奉公を誓った。その時子分600人を擁し「部屋頭」となっていた小鉄は、近藤・芹沢らと会い協力する約束をした。文久3年小鉄らは二条から七条の新築の家（下京区第26組三之宮町）に移るところであったが、禁門の変の「ドンドン焼け」で焼けた。維新後、明治9年（1876）秋、北白川吉田村本町一番地に間口60m奥行き130m2400坪の邸宅を建て、別荘とし倅《せがれ》「仙之助」（明治8年生まれ、明治29年21歳の時行方不明）の名にした。この家は仙吉捕縛後につぶされたが、武家門の左右に置かれた巨大な石地蔵が今も付近の町に残されている。明治16年3月14日「小鉄捕縛」。当時彼の収入は日550円だったという。明治17年1月13日出所。

武家門に置かれた石地蔵（左京区北白川西町）

出獄すると7000人が白川村の自宅に祝いに訪れたとされる。翌18年3月19日死去。小鉄は牢から出たとき大変衰弱しており、すぐに死んだ。53歳であった。

墓は黒谷光明寺山内の西雲院門内すぐ左側にある。鳥羽伏見の戦いの時多くの会津藩士が戦死し現場に死体放置されていた。これを小鉄が金戒光明寺の会津墓地に運んだ話は特に有名である。小鉄投獄はある説によると「疏水工事の人夫と小鉄の子分の争いを避けるため」に北垣国道京都府知事が小鉄を投獄したとか。小鉄は明治に入ってからも活動を続け、明治10年「西南の役」、政府御用の三井（60％）藤田（20％）大倉（20％）の三社が人夫の傭入《やといいれ》の下受をした。藤田は人夫賃の半分を取り込み人夫のストとなりやがて訴訟となる。これを抑える為に「七条新地三宮町」に住む会津小鉄に強圧を加えさせた。今も河原町正面東に京都市ひとまち交流館の東裏手高瀬川東側に大きな事務所ビルがある。京都では「会津小鉄」はツトに有名である。新選組とは同じ仲間であった様である。

85 戊辰の役昔話―侍さんの家

昔、三山木《みやまき》（現・京都府京田辺市三山木）の村は静かで平和な所やった。ところが明治元年（1868）に「鳥羽・伏見の戦い」がはじまった。徳川慶喜の処遇に怒った幕府の兵と薩長の兵との戦や。その結果、幕府軍は敗れ、会津の侍がこの三山木に落ち延びて来たんや。額から血を流し折れた刀にすがって足をひきずりながら一軒の戸を叩いた。

「追われている、かくまってくだされ」

家の主《あるじ》は殺されたらかわいそうやと思って急いで押入れの中に隠したんや。そこへ長州の兵がやって来て
「会津の侍がこの家に入ったな」

「いいえこの道を向こうの方へ行きましたで‼」

「一応家をあらためる」

「そんなら家に入って探してみなはれ、そやけど、その間に会津兵はどんどん遠くへ逃げてしまいますで」

長州兵は迷っておったが逃げられたらかなわんと、そのまま急いで走り去った。主のとっさの機転で難を逃れる事ができたんや。押入れから出てきた会津の侍は血と汗と泥にまみれておったが、凛々しい若者やった。

この家にはひとり娘がおって、ほんに気立てが良くて美しい娘やった。この傷ついた侍を手厚く介抱したんや。その甲斐あって侍は驚くほど早う回復したんや。元気になった侍はある日、娘の手解《てほど》きを受けながら鍬《くわ》を持って慣れない手つきで畑を耕しはじめたんや。汗水流してひたむきに働く侍と娘の姿を見た主はたいそう心を動かされた。しばらくして、あるじは侍に頼んだ。

「至らぬ娘やが婿になってもらえませんやろか」

侍はすぐさま
「かたじけない、喜んでお受けいたす」とこの家の婿になった。

それから三山木の村人はこの家を「侍さんの家」と呼ぶようになった。これとよく似たお話が宇治市小倉町にも残っている。

86 自弁で戊辰戦争に参加した京の農民兵、維新勤王隊・山国隊
―京都時代祭で先頭を飾る部隊「ピーヒャーラ、ラッタッタ」

平安神宮のお祭「時代祭」は、毎年秋10月22日に京都観光の一大イベントとして多くの観光客を集めている。京都御所を出発して最終平安神宮までのコースを時代時代の風俗で歴史上の人物が練り歩く。神宮祭神は、平安京創成の桓武《かんむ》帝と最後の孝明帝を祀っている。惜しむらくは孝明帝に愛され幕末京都の為に尽くした「会津守護職・松平容保《かたもり》公」は入れられていない、まして新選組はもっての他の様だ。平成16年（２００４）大河ドラマ「新選組！」放映に際して、「京都新選組同好会」他が、平安講社・平安神宮に時代祭への参加をお願いしたが不可であった。近年、足利尊氏《たかうじ》が参加の予定であるらしい。

山国隊。慶応4年（１８６８）1月6日山国庄の郷士らは官軍に協力しようと、山陰道鎮撫使西園寺《さいおんじ》公望《きんもち》公にお願いに行ったが軍装がマチマチで行動の統一不可との事で駄目だったので、一度山国庄へ戻り再度装備を整えて、1月11日山国社（京都市右京区京北宮ノ元町）で出陣式をあげた。83名の隊は京、大坂を目指したが既に鳥羽・伏見は官軍の勝利。鎮撫使から一時解散の命令の為、代表の藤野近江守斎《いつき》、水口備前守市之進が参与の岩倉具視公へ願い出、岩倉は「隊名」を山国隊と名付け、因幡《いなば》藩に属して復命を待てと命じた。2月8日藤野は役所から13日に東征出陣の命を受けた。13日の朝83名中、屈強な若者34名を選び、隊長には因幡藩の馬場金吾、山国隊の藤野斎は組頭として出発、残りは京都御所の警備に任じた。

山国隊は大垣から木曽路に入り甲州へ、その後隊長は池田屋事件で助かった河田左久馬。河田は東征軍参謀で3月6日甲州勝沼で新選組と交戦し、これを勝利した。3月14日江戸着。21日からフランス式調練と軍楽の

時代祭(山国隊)

教育を受け24日大本営から「魁《さきがけ》」の陣笠を受けた。4月20日下野《しもつけの》壬生城を恭順させ、22日宇都宮城からの旧幕軍は大鳥圭介の指揮で壬生城を囲んだが「山国隊」はこれを死守した。3名戦死。5月16日上野戦争は、「黒門」を占領し頑張る。26日小田原攻めに出撃、その後奥州に10月1日仙台に入城、11月5日有栖川宮の凱旋隊として江戸を出発、11月25日京都に凱旋。翌年2月21日、山国隊は凱旋し、山国神社に参拝した。

こうした1年1ヶ月に渡る山国隊の軍費経費は全部自弁であった。山国庄に帰れなかった7人のお墓は、辻村の薬師山に祀られている。山国庄は昔は天皇直轄御料地であった。平安京造営の用材もここの物を使った。特に光厳《こうごん》天皇(1313~1364)は各地を転々とされた上で山国庄に入られ常照皇寺《じょうしょうこうじ》を開かれた。この土地は皇室とは深い関係にあったのだ。今は京都市に編入され、京都市右京区京北井戸町で「京北ふるさとバス」が走っている。

87 薩摩の乱暴の跡—浄福寺《じょうふくじ》の刀痕

新選組ばかり言われているが、勤王方も中々悪がいた。京都の上の浄福寺通りは有名な千本通りの一筋東の通りである。千本通り一条上ル東の辺りは、聚楽第の跡地である。付近は西陣と言われ、日本の帯の一大生産地であった。「応仁の乱」では「西の陣」が置かれたので「西陣」の地名となった。慶応3年（1867）3月初旬に西郷吉之助（隆盛）を従えて入洛した島津久光は、軍兵700余名の内、「錦小路」と「二本松」の藩邸に入りきらぬ兵を浄福寺（上京区浄福寺通笹屋町）に置いた。

薩藩の若い兵たちは当時の住職や役僧を追い出して、乱暴の限りを尽くしていた。ある日、若い藩士の余りに乱暴さを見るに見兼ねて、伊地《いぢ》知《ち》正治《まさはる》が注意しようとお寺にやって来たが、若武者どもは温和しく先輩の小言を聞くどころか反対に伊地知に食って掛かる。

「天下の危機」に際して我が藩の今日はどうだ。長州の青年の意気を見よ、我々の乱暴位は尊王攘夷の意気の現れである。大目に見て、先輩方ももう少し我慢して頂きたい」と刀を抜き、気合もろとも寺の柱をそこかしこと試し切りして回った。「浄福寺党」といわれた若者のこのきつ

浄福寺（上京区浄福寺通一条笹屋町２丁目）

い剣幕に驚いた伊地知は逃げ出したと言われている。今も浄福寺の各所の柱に刀痕が残っている。

このお寺は恵照山《えしょうざん》と号し知恩院の末寺。はじめには村雲寺という。かつては京都御苑の今出川御門内にあったが、元和元年（１６１５）皇居増築の折、現在地に移った。本堂は阿弥陀如来像、釈迦堂には三国伝来の釈迦仏を祀る。堂宇の多くは享保年間（１７１６～１７３６）の再建である。

若者はいつでも手がつけられなかったのだろう。戊辰戦役ではこのエネルギーが時代の幕を開けたのだろう。

88 西郷と心中した坊さん
——京都維新の傑僧・月照《げっしょう》上人と、月照の忠僕・大槻重助《おおつきじゅうすけ》

京都観光人気ポイントトップが清水寺、今日も修学旅行生が行き交う。ここに不思議な名前の茶店が二軒ある。修学旅行生に大人気の「音羽の滝」、その滝道。清水の舞台の南西のところに「舌切り茶屋」と「忠僕茶屋」が軒を並べてお客を呼び込んでいる。「ワラビ餅どうどすか」「よう冷えてまっせ」。私は子供の頃、お墓参りに西大谷さんからお墓、そして清水さんへお墓参りを終わると「清水さんの境内」のこのお茶屋に寄った。子供の頃は、今では忘れられてしまった「舌切り雀のお話」の雀のお宿とばかり思っていた。ここにはこんな謂れがある。

「月照上人」が安政の大獄で大弾圧が迫り、近衛家から警護を頼まれた西郷さん（西郷隆盛）と二人であち

こちを逃走し隠れた。その時、月照上人の下僕であった二人にも追求弾圧が厳しく行われた。舌切り茶屋の先祖は成就院《じょうじゅいん》の寺侍であった。その近藤氏は捕らえられ自白を逃れ、舌をかみ切って死んでいった。もう一人の下僕さんは月照を守って薩藩迄行った人。生活の糧のないこの二人下僕の家族に、清水さんが茶屋開業の権利を与え、二つの家族は生活した。この子孫が今もこの二軒を守って仕事をしている。舌切り茶屋は男優の「近藤正臣」さんと親戚（正臣さんのひいおじいさん）だという。

扨て、月照上人とはどんな坊さんであったのだろうか。清水寺の塔頭成就院の住職、一人の僧が宮家と強く結合して国事に注力する。「幕末の京都」のお寺にも時代の波が押し寄せていた。何故尊王攘夷運動に！　こんな見方もある。米国との国交は「キリスト教布教」がその背後にあり、仏教を守る為にとか。幕末清水寺は荒れ放題、若くして成就院の主となった彼はまた歌人でもあった。歌の関係で「近衛忠熙《ただひろ》」の門をたたき、清水寺復興を頼む。近衛、青蓮院宮《しょうれんいんのみや》、伏見宮、鷹司家は開国反対、尊王攘夷の公家の代表格、「安政の大獄」の嵐は京都に吹きすさんできた。今も東山五条の東、清水寺の裏門を出て5分ほど歩くと清閑寺《せいかんじ》。鳥羽天皇陵やその愛人小督《こごう》の墓のあるさびしい所に月照・西郷ら志士密議の茶室が今も残っている。鷹司家は長州藩の久坂玄瑞がお出入格で薩摩も近衛家と親しかった関係で志士と交流し、サポートしたのだろう。月照も追われる身となる。西郷は近衛家から月照の警護を依頼され「東福寺即宗院」や大坂と転々とする。ついに西郷と鹿児島へ行くことになり九州各地を廻りながら鹿児島へ。道中、志士や支持者に匿われながら鹿児島に入ったときには、薩藩は佐幕派が権力を握っていた。思いあまった西郷は心中を決意し、錦江湾《きんこうわん》に入水《じゅすい》した。

「大君のためには何か惜しからん　薩摩の瀬戸に身を沈むとも」。

西郷と二人で歌を交わし、月照46歳で寂滅、西郷は息を吹き返し、維新回天へ荒海へ乗り出していく。これにより悟った西郷は絶対に死なないという信念の下に時代を切り開いていくリーダーとして名を残した。成就院には多数の歌集や墨書画が残っている。清水寺境内には月照弟の信海、西郷隆盛の歌詩碑、墓地にも月照兄弟の墓がある。舌切茶屋、忠僕茶屋もある。清閑寺には「大西郷月照王政復古謀議旧蹟」の石碑がある。

忠僕茶屋を調べてみると次の事が分かった。安政5年（1858）9月10日夜幕吏に追われて、下僕であった大槻重助を連れて住み慣れた清水寺成就院を出た月照は、その夜は三条寺町の「書林」竹原田兵衛宅に泊り、翌11日朝、近衛家から月照の保護を頼まれた西郷吉之助が海江田《かいえだ》信義《のぶよし》と共に竹原宅を訪れ出発した。伏見から乗船し、大坂経由で海路九州へ入り鹿児島に着いたのは11月10日。この間大坂藩邸、10月下関・博多筑前からは平野国臣が月照を山伏に変装させて鹿児島に入った。その時藩論は一変し、西郷も危うくなってきた。月照が捕らえられ自白に追い込まれると「青蓮院宮や近衛家にも迷惑が及ぶ、むしろ同志の手で死なせて欲しい」と月照が言った。11月15日の真夜中、宿・俵屋へ西郷がやって来た。そしてその前の海岸から酒肴の用意された舟に西郷、月照、平野国臣と下僕の大槻、付き添いの阪口周右衛門（薩摩藩足軽）が乗り込んだ。船頭は3人、酒宴が行われ常は飲まない月照も酒を飲んだ。歌人月照も国臣も歌う。突然月照が船端へ、西郷も。そして二人は抱き合ったまま海中へ、やがて二人の体が

忠僕重助碑（清水寺北総門前）

忠僕茶屋（東山区清水１丁目294、清水寺内）

見付かり、介抱したが月照だけは息を吹き返さなかった。下僕大槻重助は泣く泣く「南林寺」（現在の松原神社、南洲寺辺り）に仮埋葬したが、役人に捕らわれ、京都へ送られた。彼は丹波国何鹿郡綾部村字高津出身21歳であった。翌安政6年（1859）5月に釈放され、いったんは故郷に帰ったものの、世間の目も冷たく、妻の実家からもらった手切れ金を元に、清水寺境内に月照の墓守りとして夫婦で茶店を開くことを許された。それから約10年の歳月が流れ、王政復古が達成された。重助は上京してきた西郷隆盛との再会を果たし、やがて西郷従道（隆盛の弟）らから、月照に対する忠義を称えられ「忠僕茶屋」の名前を授かったという。

89 舌切り茶屋と近藤正慎《しょうしん》

この茶屋の先祖は月照上人の寺侍であった。丹波国桑田郡の出身で、月照（忍向）の下、出家して成就院の末寺金蔵寺の住職となった。天保12年（1841）11月清水坂の「男女餅」の娘に言い寄られ、その問題で責任を取り退職、修験者として修行をし、その後天保13年4月還俗して丹波亀山の近藤市左衛門の養子となり、信海（月照の弟）の情けで月照上人の「成就院の寺侍」となった。月照は、薩摩へ西郷を頼り出立の折、後のことを近藤正慎に託した。月照を伏見まで送った近藤は寺に帰り証拠書類を焼き、寺の留守番をしていた。

舌切り茶屋（東山区清水１丁目294、清水寺内）

10月3日京都西町奉行与力西村金次郎らに捕らわれ六角獄舎へ、そして尋問は厳しかった。近藤正慎は一切自白せず十余日断食したが、「もしや、寝言で西郷と月照のことを口走らないか」との不安に駆られ、自害を決意。10月24日自ら舌をかみ切り、そしてすぐに死に切れぬと思うと、拷問を受け身動きが取りづらい体を柱のそばまで引きずりながら、頭をその柱にぶつけ頭蓋骨を割り、そして果てた。時に43歳でその時、市太郎と八重の二児がいた。妻きぬ（きいとも）は駕篭で戻ってきて戸を開け、血泡を吹いた夫の死体に抱きつつ失神したという。妻は二児を育てこの茶屋で生活した。田中光顕が「舌切り茶屋」と命名して、今も子孫が経営している。

90 パークス襲撃事件―後の京都府知事中井弘の大チャンバラ

花の祇園白川、しだれ桜が咲き出すと白川から縄手通りは花見客で一杯になる。この縄手通新橋上ルで大きな事件は起こった。慶応4年2月30日（1868年3月23日）、時は幕末維新、慶応3年成立の新政府はスタートしたがヨチヨチ歩き、慶応4年正月の戊辰の役、開戦第一戦の鳥羽・伏見戦で勝利したが……、この時事件は京都で起った。

英国公使パークスは京都御所に参内《さんだい》し、明治天皇に拝謁するため前夜は知恩院で宿泊した。当日新橋通りを西へ向かい縄手にさしかかった。公使館の衛兵監督と中井弘の先導で公使館付き騎馬護衛兵12名が先頭を行き、パークス公使と後藤象二郎が続き、ついでアーネスト・サトウの後ろに、ブラッドショー中尉、ブルース中尉に率いられた第九連隊（第二大隊分遣隊）が続く。更にその後ろにミッドフォードが籠に乗り、公使館付医官のウィリスと、二人の英国海軍医官ボルスとライディディンクスと海軍士官らが続いた。「京雀」の見物人の人垣で、花見の時のような状況、行列がつぼみふくらむ桜と白川の清流を愛でながら縄手通を右折する。先頭が縄手通りを進み三条大橋付近の五軒町に差し掛かった時、群衆の中から突然二人の日本武士が斬り込んできた。林田貞堅（朱雀操《すざくみさお》）と三枝蓊《さえぐさしげる》である。彼らは洋装の人物に誰彼なく斬りつけはじめたのだった。先導の中井はとっさに馬からとびおり、林田と斬り合った。中井は強くダブダブの袴が足にからんで仰向きに倒れた。そこへ林田が中井の首に向かって斬り込んだが、運よく頭皮にカスリ傷のみで助かった。倒れた中井は下から林田の胸に突きを入れた。これにひるんだ林田が背中を向けた時、後藤象二郎が肩先に切りつけた。林田は倒れた。そこへ中井がとび立って首を落とした。もう一人の三枝は切り込んでいたが英国の兵隊にピストルで「あご」を打たれて逃げるも、捕えられた。公使のパークスは無事で、英国兵10名ほどが重軽傷を受けた。彼らは後藤の命を受けた五代才助に導かれて、知恩院に逃げ戻った。そこへ頭から血を流した中井が、自分が切った「林田の首」を見せにきたといわれている。

祇園白川

この林田は京都桂村の人で元小堀家の家来、三枝の同志尊攘志士であった。三枝は大和の人で天誅組の生き残り。尊攘思想にコリ固まった二人、「外夷が禁中を汚す」ことに反発した行動だった。三枝は3月4日粟田口で処刑された。後、新政府は、二人の身分を武士から平民に落した。殉国の志士を記した殉難録稿にも掲載されず、靖国神社にも祀られなかった。この最後の「攘夷志士」のお墓は霊山墓地にある。

この事件は、江戸無血開城に影響を与えたという。

中井弘（1839〜1894）は薩摩の人、天保9年生まれ、若くして脱藩、宇和島藩の情報員として働き、土佐の後藤象二郎（1838〜1897）と仲良くし、慶応2年（1866）に半年ほど、土佐の留学生としてロンドンへ行っている。そして長崎で海援隊のイロハ丸事件にも参加している。大政奉還や龍馬たちと活動しているが、あまり知られていない人物。剛毅な性格で龍馬タイプの人間だ。明治政府の外務・工務省で仕事をした。伊藤博文、井上馨《かおる》とも交友あり、中々の人物と見受けられるが……。明治17〜25年滋賀県知事、明治26年京都府知事、在職中の明治27年に死去。墓は東福寺即宗院。

中井弘銅像（東山区円山町473他、円山公園）

終焉《しゅうえん》の地（京都・円山《まるやま》公園）に中井弘の三男松太郎の娘きせと弘子が昭和39年（1964）に建て直した銅像がある。戦前にはもっと大きな胸像があったが戦争で取り壊されている。この中井のギザギザの刀が京都国立博物館に残っている。このチャンバラの刀である。この人は滋賀県知事もされ、工学面の知もあった。琵琶湖疏水の推進もしている京都維新の一つの顔といわねばなるまい。中井弘は、実にしたい放題の人生で中井弘蔵、後藤休之進などと名前も転々として、結婚も妻を一生で4人も変えた。なかでも、柳橋の芸妓だった武子との結婚生活の変転がおもしろい。一説には武子は、新田義貞を先祖に持つ名家の生まれで、江戸深川の育ちとも言われている。明治3年（1870）になって戸籍法が制定され、中井は実家・横山家が父の放蕩で廃籍された家を再建するために、一時薩摩へ帰郷した。彼はこのとき、薩摩藩では脱藩ということになっているので、極刑が待っていると思って、大隈重信に武子を預けて「良い人が現れたら世話してほしい」と頼む。武子は、なかなかの美貌で、井上馨（後の明治の元老）が惚れ込んでしまう。で、友人を集めて披露宴当日に、中井が偶然にも大隈邸を訪ねてきた。三好徹著の「へんくつ一代」から言葉を借りると「中井は、そういうことなら武子を井上にくれてやる。ただ一つだけ条件がある。決して武子を離別しないという証文を書け」という。大隈夫人・綾子は結婚誓約書を書かせて伊藤博文と山県有朋が証人になった。結局、井上は武子と生涯を過ごし、明治9年（1876）井上のヨーロッパ視察に同行、外国の社交術を学び、明治16年（1883）完成の鹿鳴《ろくめい》館《かん》の女王といわれるほどの社交性と才知を発揮する。「鹿鳴館」の名前も中井が井上馨に頼まれて付けた。「詩経」の小雅鹿鳴の詩からの引用である。

さて、「中井は多くの子供や何人もの嫡子（7人という）をもうけ、なかには歌舞伎役者もいた。長女の貞子（1869～1919）は、明治16年14歳に平民宰相原敬《はらたかし》に嫁ぐが、政治評論家阿部真之助によると、手の付けられないわがままな女」で、別居を経て結局、他人の胤《たね》を孕《はら》み、明治38年（1905）離婚が成立した。余談ながら、貞子は、中井弘と武子との間の子供ではない。中井が再婚したフミの長女である。

八　幕末の群像

91 幕末酔虎伝のトップ・頼三樹三郎《らいみきさぶろう》

京都市中京区河原町三条上ル東入ル南側恵比須町：私塾跡

頼三樹三郎（１８２５～１８５９）は、頼山陽（１７８０～１８３２）の三男として、文政8年（１８２５）5月26日に京都三本木の学塾「水西荘」（現・京都市上京区東三本通丸太町上ル）にて出生。幼い頃から人に優れて利口であったので、山陽は彼を特に愛した。彼が8歳の時、父を失い、母に育てられた。しばらく父の弟子の児玉旗山《きざん》（１８０１～１８３５）の塾に通うが、旗山が没すると、天保11年（１８４０）には大坂に行き、同じく父の弟子の後藤松陰（１７９７～１８６４）の塾に寄寓し、かたわら、父と親しかった篠崎小《しょう》竹《ちく》（１７８１～１８５１）に学んだ。ところが三樹三郎は子供のくせに小竹に議論を吹っかける。小竹といえば大声で有名だ。初めは説論するつもりだったが口論になり、三樹三郎も負けじと声を張り上げるから、毎日雷が落ちたようになる。論議は常に「学問が先か、政治が先か」であるから、決着のつくはずはない。小竹の娘婿で山陽の弟子でもある後藤松陰が、「ぼん、もうええやんか」とポンと肩を叩くまで続いたという。母は強く、貧に耐え、彼の江戸遊学のお金の為に三本木の家を売った。天保14年（１８４３）江戸へ遊学、「昌平坂学問所」に入った。上野に友人と遊んだ時、寛永寺の壮麗を見て、幕府は朝廷をないがしていると酔いに任せて「石灯篭」を蹴り、「葵の紋」を踏みにじった為、役人に拘束され「昌平坂学問所」を退所させられた。

頼三樹三郎墓（東山区八坂鳥居前東入円山町626、長楽寺）

頼三樹三郎肖像画

弘化3年（1846）、奥州から蝦夷地へと各地を歩き、彼の足跡は今も各地に残っている。そして各地の志士と交流した。

嘉永2年（1849）京都へ帰り「河原町三条」にて家塾「真塾」を開き教授をしながら、尊攘志士と交流「尊王論」を唱えた。「条約勅許問題」が起ると、父の旧友・梁川星巌や梅田雲浜と共に尊攘派の公家邸に出入し、尊攘運動に強く進んで行った。11月30日「安政の大獄」に連座し、「六角獄舎」に。翌6年正月、江戸送りとなる。尋問に対して「自分の尊攘活動は父祖の家訓である。これに背《そむ》くことは出来ない」と決然として答え、安政6年（1859）10月7日小塚原で死刑となった。享年35。尊王の儒学者・大橋訥庵《とつあん》（1816〜1862）は、遺体が埋葬もされずに打ち捨てられていることを見かね、門弟と共に小塚原刑場まで行き、三樹三郎の遺体を棺に納め回向院墓地に埋葬した。世田谷の松陰神社と京都長楽寺に墓がある。

彼は詩もよくした。

「当年意気欲凌雲　快馬東馳不見山　今日危途春雨冷　檻車揺夢過函関」（箱根にて）。

この人は生まれた時から酒の申し子みたいだ。出生の翌日、日野というお公家さんが「八文字」という銘柄の祝い酒を。これが命名の因だ。酒は御神酒《おみき》という。八文字だから、ここは三本木、今は文政8年（1825）、「三木八」とするか。父の山陽は命名した。三木八郎と三木三郎また醇、字子春、別号鴨崖ら。安政の「反逆四人男」と自称した。他は、池内大学、梅田雲浜、梁川星巌。

「御用だ」捕吏が来ても平気の平左「オーイ誰か酒持って来い」、痛飲すること数升、「しからば出掛けるか！」

92 片目の戦士―松本奎堂《けいどう》

京都市下京区東洞院仏光寺西南角：松本奎堂邸跡

天誅組総裁・松本奎堂（1832～1863）は、三河国刈谷藩士・松本印南惟成《いんなみこれしげ》の二男として天保2年（1831）12月7日に生れる。11歳で尾張藩儒者・奥田桐園《とうえん》（1791～1852）に入門、甲州流軍学師範の父を助け門弟を教授していたが、18歳で槍術の練習時、左目を失明した。その後、選ばれて昌平黌に学ぶ。文久元年（1861）京都東洞院仏光寺に住し、宍戸弥四郎（奎堂とは竹馬の友）と共に、藤本鉄石（京の絵師）、吉村虎太郎ら志士と交わる。島津久光上京の機に倒幕の策を計ったが寺田屋騒動の為失敗し、淡路《あわじ》へ逃れた。同地の勤王派大地主・古東《ことう》領左衛門や河内《かわち》国の勤王派大地主・水郡善之祐《にごりぜんのすけ》とも親しく交わり、後に彼らは天誅組のために莫大な私財を投げ打つことになる。同3年（1863）6月の下関戦争後、松本は、土佐藩の吉村寅太郎・池内蔵太《いけくらた》らと長州へ赴き長州藩

天誅組の墓（東山区清閑寺霊山町1、京都霊山護国神社内）

主世子定広に謁見して、上洛を説き、また諸方を斡旋した。

文久3年（1863）8月藤本鉄石、吉村寅太郎と共に「天誅組」を作り、そのトップとなった。組織を作るにあたって、かねて「ロウソク売り」や「銭縄売り」に変装し度々大和五條辺りへ入り込んでいた松本の献策が入れられたという。趣意書、軍令書、布告など天誅組が公にした文書はほとんどが松本の手によるものとされる。十津川の戦いで右目も失明し、全盲となった。現在の奈良県吉野郡東吉野村の鷲家口付近の山中で紀伊兵の銃声で、駕篭かきは「カゴ」を捨てて逃げ、奎堂は銃弾で打たれ戦死した。

「君が為めみまかりきと世の人に　語りつきてよ峰の松風」

辞世が懐中から出て彼と判った。33歳。墓は愛知県刈谷市広小寺十念寺にある。

93 将軍にヤジをとばした男―京の高杉晋作

京都市東山区縄手白川橋上ル東側：魚品楼跡

「三千世界の鴉《からす》を殺し、主と朝寝がしてみたい」

高杉晋作（1839～1867）の自作の都々逸《どどいつ》である。風流好みで何時も三味線を引き遊び上手な男。よく京都でも遊んでいた。愛した女性のその一人は祇園井筒屋の芸妓・小梨花《こりか》である。縄手通りの魚品楼は長州出入の店で晋作もよく出入した。文久2（1862）～3年にかけて彼は一番よく上京した。このひとは面白く「度肝を抜く様な」人であった。ある時、芸妓小梨花を連れて歩いていた。一本歯の高下駄に「無反りの長刀」を帯び、絵日傘を差している。実に珍妙な侍姿であった。桁外れの大物である。文久3年（1863）

3月11日攘夷祈願の天皇賀茂社行事の折、将軍家茂が彼の前を通ったとたん、彼は「征夷大将軍」と大声で怒鳴った。高杉晋作の部屋として魚品楼に残され、明治になって「大まさ」という料理屋になってからも高杉の部屋は保存されていたが、その後取り壊され現在は残念ながら当時の建物ではなくなっている。

昔は白川に逃げる抜け穴があったとか…、今あの大物が歩いた縄手通を歩いている。「縄手通」とは縄でひっぱった様に真直ぐな道で、三条から四条まで。これから下（南）は「大和大路通」となる。同じ道の名が二つに別れる珍しい道である。

彼は文久3年、学習院御用掛として就任した。が、晋作は周布《すふ》政之助（1823～1864）に対して、今こそ倒幕に向けて動くべきだと提言。しかし、周布の返事は、「それには10年早い、その時期が来るまで待ったほうがいい」と。彼は絶望する。そして髪を切り10年間の休暇を願い出た。そして「東行」と名を改めた。

「西へ行く人を慕うて東へ行く、わが心をば神や知るらむ」

隠遁の暮らしは長くは続かなかった。下関戦争が起こった。彼の出番が、……奇兵隊総監に就任、25歳で藩の政務座役についた。そして彼の大活躍が始まっていく。

高杉晋作像（山口県下関市丸山町５丁目、下関日和山公園内）

94 幕末京都のCIA—長野主膳《しゅぜん》（女スパイ村山たかの情夫）

幕末京都の暗黒男、ワンマン大老井伊直弼《いいなおすけ》（1815〜1860）の参謀、安政大獄の立役者。この男長野主膳（1815〜1862）の素性はよく分からない。誰の子でどこの生まれなのか?人に聞かれると「伊勢の国」というだけ。彼が登場してくるのは25歳の時、色白で面長鼻は高くヤセ型。背が高く眼光鋭く公家侍のような男で言葉遣いは物静かだった。この男が突然に伊勢の飯高郡川俣郷宮前村字滝野に現れ、本陣の国学者滝野知雄の元にやって来た。そして国学を習う中、この知雄の出戻りの妹「多紀」（1809〜1859）と出来た。長野27歳、多紀32歳。ここをベースにして各地を放浪し、天保12年（1841）11月、近江の市場村（現・滋賀県米原市）で私塾高尚館を開き、歌学を教えた。翌年には、自ら埋木舎《うもれぎのや》と名付けた屋敷で不遇な生活を過ごしていた井伊との関係が生まれた。主膳の学問の深さに感心した井伊直弼が入門して弟子になったという。そして井伊の女・村山たか（かずえ）とも出来た。彼女は師であり恋人である長野に一身を捧げた。嘉永3年（1850）に直弼が第13代彦根藩主になると、嘉永5年（1852）4月、藩校弘道館の国学寮学頭に選ばれ、そして安政4年（1857）藩士となり、150石に昇進。そして井伊の懐刀&スパイとして安政の大獄の暗黒劇の主人公となっていく。京都では村山たかと彦根藩邸を拠点に活動した。藩邸は河原町三条下ル東側千余坪、東は高瀬川に面し、伏見大坂へ水運があり利便で嘉永7年（1854）4月大老井伊により建設された。安政7年（1860）、直弼が桜田門外の変で暗殺される。長野主膳は、和宮降嫁のアドバイスを幕府に行ったり、なおも彦根藩政にも参加し、文久2年（1862）5月の段階で100石の加増（合計250石）も受けた。8月になり井伊政権を引き継いでいた安藤信正・久世広周《くぜひろちか》政権を、幕政改革の名の元に朝廷と結んだ島津久光が否定し、安藤・久世は失脚し、これを感じ取った彦根藩でも井伊直弼に近い存

村山たか墓（左京区一乗寺小谷町13、圓光寺）

在だった長野主膳や宇津木六之丞（1809～1862）などの処罰を考え始める。とくに主膳は、安政の大獄の首謀者として尊王攘夷の志士たちに命を狙われていたので、彦根藩士がどこの馬の骨とも分からない浪人に殺される危険性を考慮して、彦根城下の屋敷に戻った時に捕縛した。文久2年（1862）8月24日である。牢屋敷に入れられた主膳には何の取り調べもなく、「政道を乱し人心を動揺させた罪」として、苗字帯刀の剥奪、斬首、遺体は打ち捨て（埋葬禁止）が命じられ、武士の身分の証である切腹ではなく、斬罪となる。村山たかは大内村（現・京都市下京区）に潜んでいたが息子多田帯刀《たてわき》（1831～1862）と共に志士に捉えられ、帯刀の首は三条河原へ。自身も生け晒《ざらし》にされた。助けられ一乗寺金福寺《こんぷくじ》に入り、明治9年70歳まで生きた。一乗寺の圓光寺《えんこうじ》にお墓がある。

村山たか

村山たか（かずえ）（1809～1876）は、文化6年、近江国犬上郡多賀村で、多賀大社の社僧・般若院慈尊《はんにゃいんじそん》と彦根の芸者との間に生まれたとも、大社にあった尊勝院の主・尊賀上人と般若院の妹との子とも伝えられている。生後すぐに寺侍村山氏に預けられる。幼い頃より歌や舞を仕込まれ、18歳の時に当時の藩主である井伊直亮《なおあき》（直弼の長兄）の侍女となる。21歳になり京都に上って、祇園下河原で芸妓となり、その中で馴染みとなった鹿苑《ろくおん》寺《じ》の住職北潤承学禅師との間に子を身籠った為に、同じ鹿苑寺の坊官であった多田源左衛門の下に形式上、引き取られることになった。ここで産まれた一子こそ、後の多田帯刀であった。そして生まれ故郷の彦根に戻る。その際彦根城下で蟄居生活を過ごしていた鉄三郎（後の井伊直弼）と出会って情交を結んだ。天保10年（1839）頃とされる。またその数年後に直弼を通じて出会った長野主膳とも深い関係になったとされる。やがて弘化3年（1846）直弼が井伊家の世嗣となり江戸に向かうにあたって二人は別れたとされる。そして生き晒しの高札に書かれたように、たかは長野主膳の妾になったといわれる。

安政の大獄の際には主膳の下、京都にいる倒幕派の情報を江戸に送るスパイとなり大獄に大きく加担した。日本の政権に属した女性工作員としては、史上初めて名をとどめる存在である。安政7年（1860）の桜田門外の変で直弼が暗殺された後、文久2年8月主膳が斬罪となる。文久2年（1862）11月14日夜に尊王攘夷派の武士に捕らえられ、翌朝三条河原に三日三晩晒《さら》されたが、女性ということで殺害を免れた。しかし、息子の多田帯刀は母親のかわりに岡田以蔵らによって斬殺され、首を晒されている。

その後、洛外一乗寺の金福寺で出家し妙寿尼と名乗り、明治9年（1876）に死去。享年68。金福寺

村山たかの詣り墓（左京区一乗寺才形町20、金福寺）

の過去帳には井伊直弼の法名と一子多田帯刀の戒名が記されており、菩提を弔う祈りの日々を過ごしていた。墓は圓光寺《えんこうじ》にあり、金福寺には参り墓がある。

平成23年（2011）の末、東山区花見小路四条下ル4丁目小松町の井伊美術館で、井伊がたかへと宛てた手紙が発見された。手紙は井伊が20代後半に書かれたものと思われ、藩の反対で、たかと会えなくなった際の、辛い心情が綴られているという。

95 富岡鉄斎《てっさい》
—勤王儒者であり、画家、京都の生んだ巨大な芸術家

新緑の京都御苑の西側を歩く。蛤御門を過ぎる、次の御門が中立売《なかだちうり》御門これを西へ。烏丸通りより室町通りへ出て北へ歩くと富岡鉄斎旧宅跡碑がある。

富岡鉄斎（1837～1924）は、三条衣棚の法衣商十一屋伝兵衛の富岡維叙《これのぶ》次男として生まれた。幼い頃胎毒のため難聴となった鉄斎を両親は商人には向かないと思い、彼を学問の道に進ませようとした。7歳のとき六孫王《ろくそんのう》社の稚児となり、その頃から学問を始めた。絵は15歳頃から習った。安政3年（1856）頃、北白川心性寺（現・日本バプテスト病院構内）の太田垣蓮月尼（1791～1875）の所に住み教化を受け、陽明学、仏教、詩を学ぶ。尼の一人暮らしを心配した父・

富岡鉄斎邸跡碑（上京区室町通一条下ル東側薬屋町）

車折神社（右京区嵯峨朝日町 23）

維叙が、鉄斎を蓮月宅に住み込ませたらしい。時は幕末期。勤王志士と交わり、安政大獄で多くの人は捕えられたが、鉄斎は耳が遠いので難を逃れた。その後長崎に遊学し南画を学び、長崎から帰った鉄斎は聖護院村で私塾を開く。生活は苦しかったらしいが、蓮月尼の勧めもあり所帯を持つ。慶応3年（１８６７）、近くに住む円山派の絵師・中島華陽《かよう》の娘と結婚。翌年長女が生まれるが、２年後に明治天皇が再び行幸するのに供奉《ぐぶ》して鉄斎ははじめて東京に行ったが、その留守中に妻は病死してしまう。暫くして後妻を迎えるが、鉄斎の母と折り合いが悪く、離縁。そして明治5年（１８７２）、友人の仲介で文章博士・五条家の奥女中として働いていた佐々木春子と結婚する。鉄斎37歳、春子26歳。明治9年大和の石上《いそのかみ》神宮、和泉の大島大社で宮司となり復興に力を注ぎ、明治14年（１８８１）兄が病死し、病床の母の面倒をみるために、神官を辞し京に戻り一条（現・上京区室町通一条下ル薬屋町）に住んだ。彼は、儒学の神と尊敬された清原頼業《きよはらのよりなり》を祀る車折《くるまざき》社の荒廃を聞き、宮司《ぐうじ》となり協力した。明治21年（１８８８）から26年まで宮司を勤めたという。彼は終生自分は儒者であると言った。89歳で死ぬまで、学問の道を進み、そこから滲み出た独自の筆致による画を描き続けた。車折神社には鉄斎の作品が多数（約百余点）伝わる。また、境内には鉄斎の筆によるものとして裏参道入口の社号標や本殿の扁額、表参道脇の車折神社碑があり、さらに鉄斎が生前に用いた筆を２０００本以上納めた筆塚も存在する。明治27年（１８９４）から10年間ほどは、京都私立美術工芸学校の嘱託教授として講義をしている。大正6年（１９１７）に帝室技芸員、大正8年には帝国美術院会員に選出されている。

鉄斎は、滋賀大津に伝わる民芸画「大津絵」に対して大きく関心を持ち評価した。お墓は四条河原町の大雲院にあったが、お寺は円山《まるやま》へ移転、彼の墓は昭和58年（１９８３）に塔頭是住院と共に洛西大原野に移った。作品は多く兵庫県宝塚市の清荒神清澄寺《きよしこうじんせいちょうじ》にあつめられ、「鉄斎美術館」が設けられている。その蒐集《しゅうしゅう》は主として、鉄斎に師事した清澄寺法主・坂本光浄による。

96 ＮＨＫ大河ドラマ「花燃ゆ」の主人公―松陰の妹「文《ふみ》」

文《ふみ》（１８４３～１９２１）は、長州藩士杉百合之助（常道）（１８０４～１８６５）と母瀧（１８０７～１８９０）の四女として、萩の団子岩と言われる地にて出生。長門国萩松本村（現・山口県萩市椿東）である。叔父に松下村塾の創立者である玉木文之進《ぶんのしん》（１８１０～１８７６）がいる。松陰の実家である杉家は、父母、三男三女、叔父叔母、祖母が一緒に暮らす大家族で、多い時には11人が小さな家に同居していたと言う。七人兄弟姉妹の中の第6子で、上から順に15歳年上の長男梅太郎（民治《みんじ》）（１８２８～１９１０）、13歳年上の次男虎之助（松陰）（１８３０～１８５９）、11歳上の長女芳子（千代）（１８３２～１９２４）、4歳上の次女寿《ひさ》（後に楫取寿子）（１８３９～１８８１）、2歳上の三女艶《つや》（１８４１～１８４３）、3歳下の三男敏三郎（１８４５～１８７６）である。

文は安政4年（１８５７）12月5日、15歳で18歳の久坂玄瑞《くさかげんずい》と結婚したが、玄瑞はこの結婚をしぶったといわれている。松陰の友人の中谷正亮《しょうすけ》（１８２８～１８６２）が、松陰が文を久坂に嫁がせたいと

松下村塾（山口県萩市椿東松本 1537）

功山寺（山口県下関市長府川端１丁目2-3）

明倫館跡（山口県萩市江向602）

の意向を強く持っているのを察して玄瑞に勧めたが、彼は文の容姿が悪いと拒んだ。これに対して中谷は「妻は容姿で選ぶべきでない」と説得し、彼は止むなく諾《だく》したという。

松陰の文へのはなむけの言葉「久坂は防長年少第一流の人物にして、固より亦天下の英才なり。今少妹の稚劣なる、その耦に非ざるや、つまびらかなり。然れども人は自ら、はげまざるを憂ふ、自らはげみ自ら勤めば何すれぞ成らざらん」文は優秀な玄瑞の配偶者となるには未熟であるが努力すれば必ず立派になると激励した。また文の名前は叔父の玉木文之進から一字を採ったものであり、「文」の名に恥じぬ様「読書勉強」に努めなさいと励ました。松陰は、結婚して家を出ていた二人の妹「千代」と「寿」の二人より、一番幼い末妹の「文」が可愛かったのであった。

玄瑞は結婚後、杉家に同居したが、安政5年になると新婚生活はほどほどに江戸へ遊学に出た。世は幕末の激動期となり、革命運動に長州の尊攘派の中心となり、東奔西走の活躍を始め、鷹司家御用掛となった。文久3年（1863）8月29日玄瑞は文に手紙を送り、「八月十八日の政変」で尊攘派が京都から追放された「口惜しき」心情をぶつけている。また文との間に子の無かった玄瑞は「このうち小田村兄さま、おたちのおりしもかの次男の方を養子にもらひおき候まま、みなさんへおんはかりされておもらひなさるべく頼み入りまいらせ候」とも伝えた。「小田村兄さま」とは後の「楫取素彦」のことだが、その子・久米次郎（の

長女芳子（千代）

楫取美和子（文）

次女寿（後に楫取寿子）

吉田松陰の母瀧

ちの道明）を養子にする約束を取り付けたので、周囲に相談してもらい受けるよう頼んでいる。なお、この手紙の原文が「涙袖帖」として現在も楫取家に残っている。のちに後妻として素彦と再婚した際、文が持参したのだ。彼の遺稿や、文に宛てた書簡21通をまとめて「涙袖帖《るいじょうちょう》」と題したのは次姉・寿の夫であった小田村伊之助（楫取素彦）だった。

元治《げんじ》元年（１８６４）７月「禁門の変」で玄瑞は同志・寺島忠三郎と二人鷹司邸で自刃した。文はその時22歳の未亡人となった。

しかし、玄瑞は京都島原の天神辰路《たつじ》（お辰）との間に男の子をもうけていた。文久2年・3年と玄瑞の最盛期、鷹司家担当で公家がよく利用している最高の花街の島原へ出入する内に桔梗屋の「辰路」と愛の生活が始まった。激動での京都での彼の大活躍の蔭に、この女性が居た。一時、藩から追放された玄瑞は法雲寺や島原に潜伏していた。久坂は「禁門の変」の際、天王山の本陣から辰路に会いに島原へ来たという。あいにく辰路は不在、多忙の久坂は仕方なくあきらめて本陣へ戻って行った。少し遅れて辰路は所用から戻り、桔梗屋の仲居からそれを聞き、「足袋はだし」で追いかけた。西七条（吉祥院桂川橋ともされる）で追いついて最後の別れをしたという。その時、お辰は身重の体であった。禁門の変後、鷹司家の用人により久坂・寺島の遺体は洛北の詩仙堂に葬られ、首は相国寺隣の上善寺に葬られ、その首をお辰が受け取りに行ったという話が残っている。この話は筆者が別に「お辰」の話で述べている。玄

壇之浦砲台跡（山口県下関市みもすそ川町１番）

瑞の死から2ヶ月後、お辰は秀次郎を生んだ。現在、玄瑞の肖像としてイケメンの「青年武士」の勇士がどの本にも乗っているが、これは秀次郎をモデルにして書かれた肖像画である。秀次郎6歳は明治2年（１８６９）、久坂玄瑞遺児を名乗り出る。長州藩に認知され、久坂家に引き取られた。お辰は、維新後まで島原角屋主人を中心に近所の方々の厚情に守られて遺児を育て、秀次郎を長州久坂家に送ったあと、角屋の主人中川氏の仲人で西七条の竹岡家に嫁に行った。

文の心情は如何ばかりであったろうか。文は夫の死後、元治元年（１８６４）9月、楫取家からの養子久米次郎7歳を迎え、久米次郎を守り久坂家の復興に励み、そして藩公世子・毛利元徳《もとのり》の夫人安子に仕える女中として、慶応元年生まれた、その嫡子興丸（元昭）の守役となった。「美和子」の名もこの頃から使い始めている。ところが明治12年（１８７９）、お辰の生んだ秀次郎が久坂家を相続し、久米次郎は久坂家ではなく生家の楫取家を継いだ。女手ひとつで久坂家を守り続けてきた文にとって、これは大変厳しく辛いことであっただろう。こんな中、明治14年1月30日、実姉で楫取素彦の妻「寿《ひさ》」が43歳で病死。美和子（文）は楫取家に同居していた。母・瀧の強い勧めで明治16年5月3日、素彦の後妻となる。美和子（文）は41歳、素彦は55歳であった。美和子の母・瀧は明治23年（１８９０）8月29日、流行性感冒のため他界。享年85。

「花燃ゆ」の久坂たち松門下の青年が花の命を散らした蔭に文は泣いていた。そして、この結婚を期に「美和子」と正式に改称し、その後素彦は明治30年（１８９７）から明治帝の皇女御用掛となり、第10皇女貞宮に仕えた。美和子（文）も御付になり、青山離宮の貞宮御殿に勤住した。貞宮多喜子内親王は明治32年世を去られ、二人は防府町三田尻岡村に屋敷を建て晩年を過ごした。大正元年（１９１２）、素彦が死去。美和子（文）は大正10年（１９２１）、山口県防府町にて死去。防府市の大楽寺に夫・楫取素彦と並んで眠る。

97 文《ふみ》（吉田松陰の妹）が嫁いだ久坂玄瑞《くさかげんずい》

久坂玄瑞（1840〜1864）は、天保《てんぽう》11年5月、長門国萩平安古《ひやこ》（現・山口県萩市平安古町）八軒屋に、萩藩寺社組本道医（内科医）・久坂良迪《りょうてき》の三男・秀三郎として生まれる（次男は玄瑞誕生時に既に死亡していた）。母は中井氏で名は富子（長門阿武郡生雲村の大庄屋・大谷中左衛門の娘）。諱は「通武《みちたけ》」。字は「玄瑞」、「実甫」。通称は「誠」「義助」。両親が歳をとってから生まれた子供だったこともあり、両親の愛情を一身に受けて育った。幼少の頃から城下の私塾の吉松塾で四書の素読を受けた（この塾には高杉晋作も通っていた）。次いで、家業である医学を勉強するため、藩校医学所・好生館《こうせいかん》に入学した後、藩校・明倫館に入学。20歳年上の優れた医者であり蘭学者でもあった、兄・久坂玄機《げんき》（1820〜1854）の影響を受け成長するが、14歳の夏、嘉永6年（1853）8月に母を亡くし、翌年の安政元年15歳の時、兄が藩主の命でペリー再来後の海防献策を執筆中に病死、その初七日に父も急死、秀三郎は15歳で家族全てを失った。こうして秀三郎は藩医久坂家25石の跡取りとなり、医者として規則通り頭を剃り、名を「玄瑞」と改めた。知行高は、手続上の間違いで二十五俵の相続を二十五石となったという。そして16歳頃には、早くも玄瑞の秀才の英名は萩城下の内外に知れ渡っていった。身長は六尺（約180cm）ほどの長身で、声が大きく美声であったという。成績優秀者は居寮生として藩費で寄宿舎に入れるという制度を利用して、玄瑞は17歳で好生館の居寮生となった。

安政3年（1856）、兄事する中村道太郎（九郎）（1828〜1864）のすすめで藩に願い出て九州に3ヶ月間遊学。熊本に吉田松陰（1830〜1859）の親友であった宮部鼎蔵《ていぞう》（1820〜1864）を訪ねた際、松陰に従学することを強く勧められた。久坂はかねてから、亡き兄の旧友である月性上人《げっしょうしょうにん》（1817〜1858）から松陰に従学することを勧められており、この遊学によって、松陰に対する敬慕がより一層深まった。久坂は萩帰国するとすぐ、松本村に自宅謹慎中の吉田松陰に手紙を書き、松陰の友人の土屋蕭海《しょうかい》（１８３０?～１８６４）を通じて届けてもらった。しかし、この手紙のやりとりはかなりの激論となったようだ。

まず玄瑞が松陰に送った手紙の内容は、「洋夷の跳梁と幕府の無策」を慨嘆する所信を披瀝した。これが松陰と結ばれる第一信となった。松陰は返書で「議論浮泛思慮粗浅、至誠中よりするの言に非ず。僕此の種の文を悪み此の種の人を悪む」と痛烈に批判。玄瑞は再与吉田義卿書で「読了憤激、一言有り座下に白さん」と再度持論を展開した。松陰の返書は「足下軽鋭、未だ深思せず。人其の言を易くするは責なきのみ」と、冷静な思慮対処を玄瑞に求めた。玄瑞は「非敢好義論也、要解其惑耳」と三度目の時勢の批判と対策の急を書いた。これに対して松陰は「棒読一番し従前の疑は渙然《かんぜん》として氷釈《ひょうしゃく》せり。足下決然として自ら断じ今より手を下して虜使を斬るを以て務と為せ」と玄瑞の将来に期待した返書を送った。

こうして玄瑞は、翌安政4年（１８５７）晩春、正式に松陰に弟子入りした。玄瑞はその期待に応え早々と頭角を現し、その才は「高からざるに非ず、且つ切直人にせまり度量またせまし、然れども自ら人に愛せらるるは、潔烈の操これを行やるに美才を以ってし、且つ頑質なきが故なり」「防長年少第一」「天下の英才」とまで師の松陰に激賞された。

また、玄瑞は松下村塾入門の後、幼友達の高杉晋作（１８３９～

久坂玄瑞

宮部鼎蔵

大村益次郎

1867）に入門をすすめ、最初はためらいがちだった晋作も松陰に入門。松陰曰く、「暢夫《ちょうふ》（晋作）の識を以って、玄瑞の才を行ふ、気は皆其れ素より有するところ、何おか為して成らざらん。暢夫よ暢夫、天下固より才多し、然れども唯一の玄瑞失うべからず」（高杉暢夫を送る叙）と、二人に互いを認めさせ、協力していくことを促した。

玄瑞は、松下村塾では高杉晋作と共に「村塾の双璧」と言われ、高杉・吉田稔麿《としまろ》（1841～1864）・入江九一（1837～1864）と共に「松門四天王」と言われた。松陰は久坂を長州第一の俊才であるとし、高杉と競わせて才能を開花させるようと努めた。そして、松陰は、自分の一番下の妹との結婚を玄瑞に勧め、安政4年（1857）12月5日、玄瑞は松陰の妹・文と結婚。時に玄瑞18歳、文15歳。松陰は妹文が玄瑞に嫁つぐ時の手紙では「防長年少第一流の人物。天下の英才なり」と書き贈った。

安政5年（1858）正月江戸遊学を許され、2月、玄瑞は松陰のもとを離れ京都・江戸に遊学する。江戸桜田藩邸では蘭書会読会に出席、西洋兵学を学び時事問題を語り合い、幕府の蕃書調所、伊東玄朴《げんぼく》の江戸蘭学塾「象先堂《しょうせんどう》」、村田蔵六（後の大村益次郎）の私塾「鳩居堂」（9月5日入学）などに積極的に出入りし、梁川星巌、梅田雲浜とも交友。翌年2月、帰国後まもなく官費生として好生館《こうせいかん》内の西洋学所（のち博習堂）に入学、7月に舎長となる。江戸遊学の折、国許より松陰が老中暗殺を画策しているという報を聞き、同じく江戸遊学中の高杉ら松下村塾門下生連名で、松陰に対し計画中止を促した。これに対し松陰から所見の違いから絶交を言い渡されてしまう。松陰は江戸送りにされ、安政6年（1859）10月27日、処刑されてしまう。久坂玄瑞は、師であり義兄である松陰東送の命が下ると、義兄・小田村伊之助（楫取素彦）（1829～1912）、品川弥二郎らと共に野山獄で大いに謀議して、松浦松洞《しょうどう》に松陰の像を写させ松陰に自賛を求めた。松陰の死後は、初命日には門弟と共に村塾に先師の祭を営み、百日祭には遺髪を収めた。さらに門人の氏名を刻した手水鉢《ちょうず》・花筒を墓前に備えるなど松下村塾の中心的な存在として活動を続け、長州藩尊攘運動の先頭に立つようになる。

但し、玄瑞はある友人に宛てた手紙で、「近頃僕は西洋のことを記した本を読んでいるが、彼らは城下はもちろん、村落に至るまで病院や救貧院を完備し、人心を籠絡《ろうらく》しているという」「たとえ我々に巨砲や大艦があっても、それだけでは真の意味で西洋人に勝つことはできまい」「攘夷にははじめから成算などない。ただ肝心なのは、国家の方針を定め、大義を打ち立てることだ」と書いている。

やがて玄瑞を慕い松陰門下生が集まり始め、再び村塾で定期的な勉強会を開くようになり、文久元年（1861）12月1日、玄瑞は、「一灯銭申合」（松陰の没後、門下生が写本を作り、その筆稿料を蓄積し、他日のために備えようとしたもの）を行い、村塾維持を決意し同志的結合と政治的集中をはかる。（参加者は桂小五郎（孝允）、高杉晋作、伊藤俊輔（博文）、山県狂介（有朋）ら24名）。

翌文久2年正月、土佐の坂本龍馬（1836～1867）に託した武市瑞山宛の書簡に、玄瑞は「諸侯たのむに足らず、公卿たのむに足らず。草莽志士糾合の外にはとても策これ無き事と、私共同志中、申合せ居り候事に御座候。失敬ながら、尊藩も弊藩も滅亡しても大義なれば苦しからず」と書いている。また2日後薩摩の樺山三円《かばやまさんえん》宛書簡には、「第一に現状では藩と藩が合体する事は万々一にも不可能であるから、互いの藩政府を度外視して各藩の有志が相互に連絡して尊攘を実現すべき。第二

長井雅楽

武市瑞山

坂本龍馬

西郷吉之助（隆盛）

品川弥二郎

毛利敬親

に、大名の存続のみ懸念してきたが、大名の家が幾百万年続いても天朝の叡慮が貫かれなければ何にもならない。一日も早く天朝の叡慮を貫くよう尽力すべき」とも述べている。幕府も大名や公家も当てには出来ない、国事には草莽《そうもう》の志士が結束するしかないという論理は、晩年に松陰が到達した境地でもある。

その頃、長州藩の直目付・長井雅楽《うた》（1819～1863）の「航海遠略策」によって藩論が公武合体論に傾く。長州藩主毛利敬親《たかちか》は当初、この長井の策を幕府に藩論として提出して、幕府を喜ばせたのであったが、玄瑞は桂小五郎（1833～1877）と共に、これに猛反対した。藩外においても薩摩の西郷吉之助（隆盛）らの権謀家が朝廷にまで手をまわし、反長州の画策につとめていた。文久2年（1862）2月、佐世八十郎（前原一誠）、品川弥二郎ら7名と血判。脱藩して尊攘の先鞭をつけようとし、3月には藩の公武合体派であり「航海遠略策」発案者の長井雅楽を「言語道断の振舞」と激烈に批判、五ヶ条の罪状を挙げて、4月には同志と共に上京し、長井の弾劾書を藩に提出。6月には伊藤俊輔（博文）らと共に暗殺を計画。が、襲撃の時機を逸したため、藩に長井への訴状も兼ねて待罪書を提出。京都にて謹慎となる。しかし、桂小五郎らは、攘夷をもって幕府を危地に追い込む考えで、藩主毛利敬親に対し攘夷を力説し、長井失脚に成功した。玄瑞は謹慎中、後に志士の間で愛読されることとなった『廻瀾條議』『解腕痴言』の二冊の時勢論を草し、藩主に上提した。これが藩主に受け入れられ、長州藩の藩論となる。藩論は「航海遠略策」を捨て、完全に尊王攘夷に変更された。また、長井雅楽は、6月に免職され帰国、翌文久3年2月自刃を命ぜられた。

　文久2年9月、謹慎を解かれた玄瑞は、早速活動を開始。薩長土三藩有志の会合に出席し、攘夷御下命の勅使を激励する決議をなした。また、9月末には土佐の坂本龍馬、福岡孝弟《たかちか》らと会い、三藩連合で近衛兵を創設する件を議した。10月、玄瑞は桂小五郎と共に、朝廷の尊王攘夷派の三条実美《さねとみ》・姉小路公知《きんとも》らと結び、公武合体派の岩倉具視らを排斥して、朝廷尊攘化に成功した。そして同年10月、幕府へ攘夷を督促するための勅使である三条実美・姉小路公知と共に江戸に下り、幕府に攘夷の実行を迫った。これに対し、将軍・徳川家茂は翌年上京し返答すると勅旨を受け取った。

　江戸に着いた久坂は上海帰りの高杉晋作と合流した。高杉は外国人襲撃を画策していたが、玄瑞は、「そのような無謀の挙をなすよりも、同志団結し藩を動かし、正々堂々たる攘夷を実行するべき」と主張し、高杉と斬るか斬られるかの激論となった。それを井上聞多（馨《かおる》）が巧く捌《さば》き、結局、玄瑞も受け入れ長州藩志士11名が襲撃を決行することとなった。しかし報せを聞いた長州藩世子・毛利定広（のちの元徳《もとのり》）や三条実美らの説得を受け中止

井上聞多（馨）

毛利定広（元徳）

に終わった。だがその後11名の志士は、10月、「御楯組《みたてぐみ》」を結成し血盟した。ちなみにその趣意精神を記した血盟書「気節文章」は玄瑞が書いたものである。そして文久2年（1862）12月12日、彼らは品川御殿山に建設中の英国公使館焼き討ちを実行した。

その後、玄瑞は、長州に招聘《しょうへい》する目的で佐久間象山を訪ねるため、水戸を経て12月下旬信州に入り京都に着いた。文久3年（1863）1月27日に京都西本願寺別邸・翠紅館にて、久坂玄瑞が同藩の佐々木男也《おなり》・楢崎弥八郎・中村九郎（道太郎）・寺島忠三郎・松島剛蔵・長嶺内蔵太《くらた》等と周旋して、諸藩の尊攘運動の領袖を糾合して時事を論じた。この日集まったのは、土佐藩の武市半平太・平井収二郎、対馬藩の多田荘蔵・青木達右衛門、津和野藩の福羽文三郎（福羽美静《ふくばびせい》）、熊本藩の宮部鼎蔵《ていぞう》・住江甚兵衛・河上彦斎《げんさい》、水戸藩の梅沢孫太郎・梶清次右衛門・下野隼次郎・金子勇次郎・大野謙介・川又才助等。さらに長州藩世子毛利定広（のちの元徳）も、この会合に臨んだという。さらに、京都藩邸御用掛として攘夷祈願の行幸を画策した久坂玄瑞は、攘夷親征の第一段として天皇の攘夷祈願の行幸を提唱し、3月11日の加茂社、次いで4月11日石清水《いわしみず》八幡宮への行幸が実現した。この様に、攘夷熱が高まる中、幕府は朝廷より攘夷期限を迫られ、遂に5月10日を攘夷の期限と決定した。もちろん幕府に攘夷を迫った朝廷を裏から、煽り立てていたのは玄瑞ら長州藩士達であった。

前述のように、文久2年7月より長州藩は長井雅楽《うた》らの穏健な公武合体策を捨て、「尊攘」を藩是とし、天皇、朝廷への大義の為には幕府に背く事もあるという「破約攘夷」「即今攘夷」に突き進んでいた。文久3年正月から3月にかけては藩の機構を改革整備し、幕府が朝廷に「攘夷期限」を約束した5月10日の決行を間近に控えており、玄瑞ら在京尊攘派は4月、その報を受けて下関の攘夷戦に加わるため帰国。馬関の戦端を開く先鋒を藩に願い出たが、藩はすでに派遣した毛利能登（元美《もとよし》）の総奉行としての指揮権を玄瑞ら軽輩出身者が侵す事への恐れから敵情視察を名目として別途に派遣。藩正規軍に対立して「有志組」と呼ばれる彼等は、光明寺に本営を置き、官位を返上した公卿中山忠光を党首とする「光明寺党」を結成。玄瑞が指導者となり、党の中心メンバーは「一燈銭申合」・「攘夷血盟」に参加した者らであり、これが間もなく高杉晋作の手で誕生する「奇兵隊」の母体となる。そのメンバーは、入江杉蔵（九一）、吉田稔麿《としまろ》、山県狂介（のちの有朋）、赤禰武人《あかねたけと》ら松下村塾門下生をはじめ、計50人ばかりの攘夷志士集団である。彼等に藩も加わり、5月10日から外国船砲撃を実行に移した。この無謀とも言える攘夷戦は、23・26日の交戦を通じ、6月1日長州藩の惨敗に終わる。（長州藩の外国艦船砲撃事件）。

文久3年（1863）8月、玄瑞は「義助」に改名。再度入京し、尊攘激派と大和行幸の計画などを画策した。7月の薩英戦争に負けた薩摩藩は、開国派に転じた。そんな折、長州藩の情勢主導をよしとしない薩摩藩が公武合体派に立って、尊攘派の過激を嫌った孝明天皇の叡慮を後ろ盾に、会津藩と手を結び、朝廷内部の尊攘派公家および、長州藩の追放に成功する。この文久3年の「八月十八日の政変」によって長州勢が朝廷より一掃された。玄瑞は、七人の公卿を守りつつ一旦帰郷するが、その後、京との間を行き来し、潜行活動を続け、京都詰の政務座役として在京し、失地回復を図った。京都奔走中に深い仲となった島原廓内桔梗屋の抱え芸妓辰路（お辰）（井筒タツ）にもこの時に手紙を書き「軒端の月の露とすむ　さむき夕べは手枕に　いのねられねば　橘の　匂へる妹の恋しけれ」との歌も添えている。そしてその間、三条実美・真木和泉・来島又兵衛らの唱える「武力をもって京都に進発し長州の無実を訴える」という進発論を、桂小五郎らと共に押し止めていた。

しかし、玄瑞は、元治元年（1864）4月、「朝議参与瓦解」で薩摩藩の島津久光、福井藩の松平春嶽《しゅんがく》、宇和島藩の伊達宗城《だてむねなり》らが京都を離れたのを乗ずべきの機とみて、急遽、進発論に転じ、長州藩世子・毛利定広の上京を請うた。そして6月4日、進発令が発せられた。また、6月5日の「池田屋事件」の悲報が6月14日国許に伝わると藩は上下を挙げて激発した。久坂は来島又兵衛や真木和泉らと諸隊を率いて東上する。

6月24日、福原越後軍は伏見長州藩邸に、来島又兵衛軍は嵯峨に、25日には、久坂・真木らが天王山宝積《ほうしゃく》寺《じ》に陣を張る。彼らは長州藩の罪の回復を願う「嘆願書」を起草し、朝廷に奉った。長州藩に同情し寛大な措置を要望する他藩士や公卿も多かったが、7月12日に薩摩藩兵が京に到着すると形勢が変わってきた。また、その頃すでに幕府は諸藩に令を下し、京都出兵を促していた。

7月17日、男山《おとこやま》八幡宮の本営で長州藩最後の大会議が開かれた。大幹部およそ20人ほどが集まった。玄瑞は朝廷からの退去命令に背くべきではないと、兵を引き上げようとしていたが、来島又兵衛は「進軍を躊躇するのは何たる事だ」と詰め寄った。久坂は「今回の件は、もともと、君主の無実の罪を晴らすために、嘆願を重ねてみようということであったはずで、我が方から手を出して戦闘を開始するのは我々の本来の志ではない。それに世子君の来着も近日に迫っているのだから、それを待って進撃をするか否かを決するがよいと思う。今、軍を進めたところで、援軍もなく、しかも我が軍の進撃準備も十分ではない。必勝の見込みの立つまで暫く戦機の熟するのを待つに如かずと思うが」と述べ、来島の進撃論と激しく対立した。来島は「卑怯者」と怒鳴り、「医者坊主などに戦争のことが分かるか。もし身命を惜しんで躊躇するならば、勝手にここに留まっているがよい。余は我が一手をもって、悪人を退治する」と座を去った。最年長で参謀格の真木和泉も「来島君に同意を表す」と述べ、この一言で進撃の議はほぼ決まった。このような場で慎重論に同調するものはほとんどいなかった。玄瑞は、止むを得ざると覚悟し、その後一言も発することなくその場を立ち去り天王山の陣に戻った。諸藩は増援の兵を京都に送り込んでおりその数2万とも3万ともいわれた。いや長州軍討伐の勅命で6万から7万の兵が配置されたという。それに対して長州藩は2千の兵で戦いを挑まざるを得なかった。

19日、蛤御門を攻めた来島又兵衛の戦いぶりは見事なものであり、会津藩を破り去る寸前までいったが、薩摩藩の援軍が加わると、劣勢となり、来島が狙撃され長州軍は総崩れとなった。この時、狙撃を指揮していたのが西郷吉之助（隆盛）だった。開戦後ほどなく玄瑞は勝敗が決したことを知ったが、それでも玄瑞の隊は堺町御門から乱入し越前兵を撃退し、薩摩兵を破ったのち、鷹司邸の裏門から邸内に入った。玄瑞は一縷《いちる》の望みを鷹司輔熙《すけひろ》に託そうとした。鷹司邸に入るとすぐ玄瑞は輔熙に朝廷への参内《さんだい》のお供をし嘆願をさせて欲しいと哀願したが、輔熙は玄瑞を振り切り邸から出て行ってしまった。屋敷は敵兵に火を放たれ、すでに火の海となっており、玄瑞は全員に退却を命じた。入江九一らに「如何なる手段によってもこの囲みを脱して世子君に京都に近づかないように御注進してほしい」と後を託した。最後に残った玄瑞は、最期には「もうよかろう」と言って腹を裂き、自らの首を掻き切って、寺島忠三郎と共に鷹司邸内で壮烈な自刃を遂げる。享年25。（禁門の変または蛤御門の変）。墓は京都東山霊山《りょうぜん》にあり、遺髪が萩の護国山墓地内の杉家墓所に埋葬され墓碑が建った。法名は江月斎義天忠誠居士。

　尊王を掲げて来た長州が、結果的に天皇の御所を激しい銃砲戦におびやかし、公卿邸宅数十、市中焼失家屋2万8千とも言われる3日間の大火災の災禍に巻き込み、敗北を喫し「朝敵」として

来島又兵衛

寺島忠三郎

鷹司邸跡（上京区京都御苑内）

久坂玄瑞密議の跡碑（下京区西新屋敷揚屋町 32、角屋前）

久坂玄瑞墓
（東山区清閑寺霊山町 1、京都霊山護国神社内）

翠紅館跡（東山区維新の道下河原東入ル桝屋町）

追われる立場に及んだのである。戦火の最中、平野国臣ら六角獄舎の反幕政治犯らも一度に処刑され、ここに伝統的・古典的な尊王攘夷派は壊滅する事となる。

しかし、松陰から受け継いだ久坂玄瑞の思想と行動力は、坂本龍馬や中岡慎太郎をはじめ、多数の志士たちに大きな影響を与えた。西郷隆盛は、明治維新の後、久坂玄瑞について以下のようなことを述べている。

「今、俺が少しばかりの手柄があったからといって皆にチヤホヤされるのは、額に汗が出るような気がする。もし藤田東湖先生や、久坂玄瑞、その他の諸先輩が生きておられたなら、とうてい、その末席にも出られたものではない。それを、ああいう先輩方が早く死なれたために、俺のような者が偉そうに言われるのは、恥ずかしゅうてならぬ」。（頭山満《とうやまみつる》「大西郷遺訓」）。

玄瑞兄・久坂玄機

玄機（1820～1854）は、良廸の長男で名は真、静。天籟と号す。萩で儒学、蘭学を学び、弘化3年（1846）26歳の時、医学修行のため3年間の京都行きを命ぜられたが、翌年6月、大坂の緒方洪庵（適塾）に入門。嘉永元年（1848）28歳で塾頭になる。同年に入門した村田蔵六（のちの大村益次郎。入門時、24歳）とは意気投合。のちに玄瑞が江戸で蔵六の開いた「鳩居堂」に入門したのも玄機の交友関係にあった。適塾では蘭書を読み、兵制や種痘を研鑽。玄機は蘭書『ヘロトン』を翻訳した「演砲法律」や、大砲に関する「新撰海軍砲術論」「新訳小史」「和蘭紀略」「治痘局」「牛痘纂論」などを著し西洋兵学や医学に精通し功績をあげた。伊東玄朴に江戸に出ることを勧められたが辞退して、嘉永2年、玄機は帰藩、医学館の都講役（講師）となった。適塾塾頭には蔵六が就いた。なお、玄機は京坂滞在中に関西はじめ紀伊大和、伊勢の間を往来。なかでも伊勢には多くの交友があったという。嘉永2年10月9日、長州藩では種痘を領内各地で実施することになり、玄機は青木周弼《しゅうすけ》、赤川玄悦らと共に主任として種痘を行うことになった。玄機はすでに蘭書翻訳に基づき「治痘新局」を著して種痘の要領を説いている。種痘の成果が実り、藩政府の村田清風もこれを評価している。また玄機は帰藩した同じ年に医学の都講となり、翌嘉永3年（1850）30歳で、6月医学館が「好生館」と改称され、出仕し都講兼御書物方となった。尊王の志があったことから僧の月性とも親交があり、海外の事情にも明るく、村田清風からしばしばその意見を聞かれたという。安政元年（1854）、アメリカやロシアが通商を求めて来航してくるようになったことに対処すべく萩の藩政府は海防の手だてについて玄機に対策を求めた。玄機は病気で伏せっていたが、藩命を受けるや徹夜で対策に没頭。数万言にのぼる対策案を起草して藩政府に提出した。しかし、その間の疲労がたたって数日後の2月27日に死去。享年34。この玄機の事蹟について語っているのは弟の玄瑞その人で、「俟采擇録《いさいたくろく》」という著作のなかで触れている。これは江月斎（玄瑞）が冒頭で述べているように故人の逸話を羅列したものだが、「節に死し難に殉ぜずては叶はぬ事を知り辯へ度と存候」と、その趣旨について書きおいている。原文に関しては「久坂玄瑞全集」（マツノ書店）に収録されている。また、一説によると玄機と玄瑞の間に二男がおり、文政7年（1824）玄機が4歳の時に早死にしたといわれている。

涙袖帖

「涙袖帖《るいじゅうちょう》」とは、小田村伊之助（明治になって藩主の命で楫取素彦《かとりもとひこ》と改名）が亡き久坂玄瑞の遺稿を妻・美和子のために整理したものである。（美和子とは松陰の末妹で玄瑞の妻・文のこと。のち素彦と再婚した時に改名した。）文が楫取に嫁ぐ時、楫取に「私は過去はすべて捨てます。けれども久坂からの手紙だけは捨てられません』と告白したという。書簡を整理した楫取は、発信の年月居所などを考定し丁重に装丁を施し、自ら箱書して「涙袖帖」と称した。前半は久坂が15歳で嫁いだ文に宛てた手紙を元に二人の姿が物語風に描かれ、後半は松陰が一番上の妹、千代に与えた「女誡」を掲載。千代、寿、文の三姉妹の姿を通して松陰の人間性も伝わってくる。この「涙袖帖」に編纂された玄瑞の書簡は21通。安政5年（1858）が1通、万延元年（1860）が3通、文久2年（1862）が10通、同3年が4通、元治元年（1864）が3通で、元治元年6月6日の手紙が最後となる。玄瑞の妻を思いやる心情と、それに応える文の愛情が伝わってくる書簡集である。編集の経緯について、伊賀上茂《いがうえしげる》著「久坂玄瑞とその妻 涙袖帖」から抜粋して要約する。「久坂の手紙は、元治元年六月六日付を最後として終っている。それから後、遂に故郷に帰らず妻文にも対面の時なく、その同じ月の十六日に義軍を統率して、三田尻（現・山口県防府市三田尻）を出発し、大坂を経て山崎の天王山に進み、ここで長州藩入洛の最後的交渉を開始した。玄瑞こそは、松下村塾では松陰門下の一偉材、京都に出れば長州勤王党の代表として志士の棟梁株となり、江戸に行けばそこでまた他藩士との提携に重きをなす人であり、一軍を率いれば部下が悦んで推服するほどの名将の器であった。のみならず蘭学に通じ漢学に長じ、詩文にも和歌にも素晴らしい造詣をもち、彼の才能は往くところ可ならざるはなき稟質《ひんしつ》」を示していた。その玄瑞の家庭の人としての半面は、この一束の書簡集に尽きている。

楫取素彦は、この久坂の手紙を最後まで飽かず読み耽っていたが、往時の追懐と思慕の情に堪えぬらしく、幾度も老いの眸を濡らしていた。やがて書簡を整理し終った素彦は、早速、製本屋に命じて清楚な装幀を施した。そしてある日。素彦は書簡集の表題を選ぶために、硯を引き寄せて筆の穂を噛みしめていたが、やをら筆を起こして、「涙袖帖《るいしゅうちょう》」という三文字を書き付けた。涙袖帖、これぞ美和子（文）にとっては、往年の玄瑞を偲ぶ袖に涙の形身であり、それと同時に、素彦にとってもまた、勤王の苦闘に喘ぎつつ具《つぶ》さに嘗《な》めて来た艱難辛苦《かんなんしんく》の、そのかみの（当時の）同志久坂を慕う男らしい袖に涙の記念だった。「ああ、これで自分も久坂に一分の申し訳が立つ」、楫取素彦は、誰にともなくひとり呟いて、静かに筆を投じた。

98 文《ふみ》の兄、吉田松陰

吉田松陰（１８３０〜１８５９）は、文政13年8月4日、萩城下松本村で長州藩下級武士・杉百合之助（１８０４〜１８６５）の次男として生まれる。母は瀧（１８０７〜１８９０）。長男梅太郎（のちの民治《みんじ》）・次男が本人虎之助（松陰）・長女千代（芳子）・次女寿（寿子）・三女艶・四女文（文子）・三男敏三郎の三男四女であった。

松陰幼名は杉虎之助または杉大次郎。養子後の名字は吉田、通称は吉田寅次郎。字は義卿、号は松陰の他、二十一回猛士など。

杉家は貧しかったが、勉強家であり勤勉な武士の父の下、幼い頃は兄梅太郎と共に「論語」「孟子」などの中国の古典を学んだ。父や兄と共に畑仕事に出かけ、草取りや耕作をしながら四書五経の素読、「文政十年の詔」、「神国由来」、その他頼山陽の詩などを、父が音読し、後から兄弟が復唱した。夜も仕事しながら兄弟に書を授け、本を読ませた。

天保5年（１８３４）、叔父で山鹿流兵学師範である吉田大助の仮養子となるが、天保6年（１８３５）４

長男梅太郎（民治）

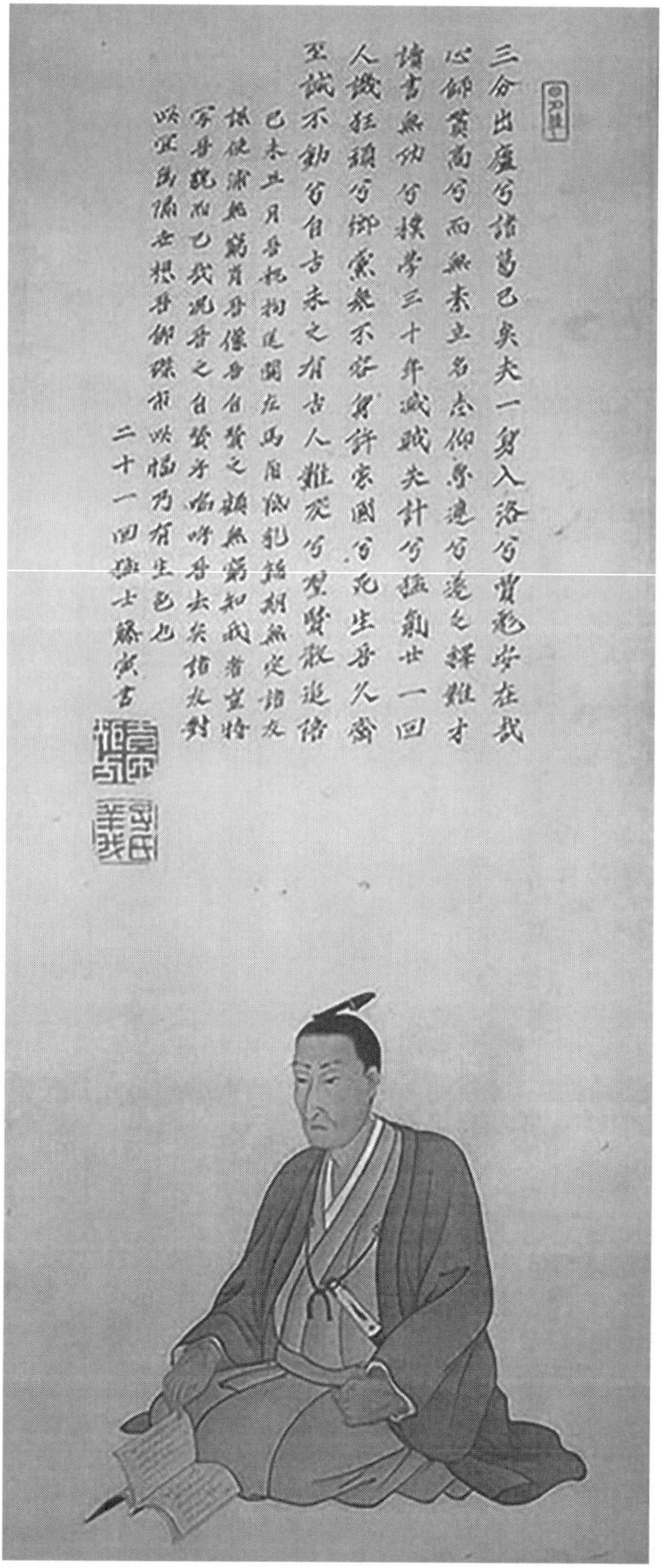

吉田松陰自賛肖像（松浦松洞作）

月に大助が29歳で死亡したため、同じく叔父の玉木文之進（1810～1876）らを家学教授代理として、松陰は吉田家を継ぐ。天保9年（1838）1月、始めて家学教授見習いとして藩校明倫館に登る。天保10年11月、始めて明倫館にて兵学を教授する。吉田大助の高弟であった林真人《まひと》らが後見人となる。天保11年（1840）11歳、藩主毛利慶親《よしちか》御前にて始めて「武教全書戦法篇」を講義する。藩主は見事な講義に驚く。天保13年（1842）8月、妻帯して杉家を出た叔父の玉木文之進が、家学後見人に命ぜられ自宅に「松下村塾」を開き、松陰も兄・梅太郎と共にこれに通って学ぶ。翌天保14年9月、父・杉百合之助が人格や学識を認められて百人中間頭兼盗賊改方を任命され、藩に出仕する。玉木文之進は、後見人を免ぜられる。弘化2年（1845）、林真人の下で、山鹿流兵学の勉学に励む。さらにこの年、松陰の学問に一つの跳躍をもたらす出会いがあった。それは同じく後見人の一人で、吉田大助の高弟であった山田宇右衛門（1817～1871）（生没異説あり）からの教えに接したことである。宇右衛門は、山鹿流だけではなく、他流の学問も学んで視野を広げること、また海外情勢にも目を向けることの必要性を松陰に教える。ある時、江戸で入手した箕作《みつくり》省吾《しょうご》（1821～1847）の著書・西洋地理書の「坤與図識《こんよずしき》」という一冊の書を与え、それに載っている世界地図を示して、欧米列強の存在や世界の状況について話し聞かせた。さらに宇右衛門は、藩重臣・村田清風の甥で長沼流の兵学者である山田亦介《またすけ》（1809～1865）を松陰に紹介する。山田亦介は、長沼流兵学だけでなく、西洋陣法や海防兵制などにも通じる人物で、世界情勢についての知識も豊富であった。松陰は、短期間ではあったが、この亦介に長沼流兵学を学び、翌弘化3年（1846）の3月には、長沼流兵学の免許を受けるのであるが、何よりも山田亦介によって、海外への目を開かされた意義は極めて大きい。さらに、「西洋陣法」を飯田猪之助（?～1864）、「兵要録」を佐藤寛作（信寛）（1816～1900）、「萩野流砲術」を守永弥右衛門に師事する。その後もさらに学問を進め、弘化4年（1847）18歳で、林真人

（1796～1852）より免許皆伝を受け、22歳の時には「三重傳」という山鹿流兵学でもっとも高い免許を受けた。翌嘉永元年（1848）、19歳にして後見人を解かれ、正式に独立の師範となった。そして、嘉永2年3月、御手当御用掛を命ぜられ、藩政の一画に参与することにもなる。

家学を修めるため嘉永3年（1850）に九州に遊学する。山鹿流兵学の本流・山鹿万介がいることから、軍学稽古《けいこ》という大義名分を立てて藩に九州遊学を願い出、8月、ようやく旅行の許可を得た。遊学の期間は10ヶ月というものであったが、松陰の学問は、4ヶ月のこの九州遊学によって、また大きく飛躍する。そして以後、松陰の生涯は、この初旅を含めて8回の旅と幽囚の日々によって綴《つづ》られてゆくことになる。九州では長崎、平戸《ひらど》、熊本を訪れ、肥前平戸藩では山鹿流兵学者の山鹿万介（助）（1819～1856）や家老葉山佐内（1796～1864）、肥後藩では高島流砲術家の池部啓太（1798～1868）を訪ね、直後に終生の友となる山鹿流兵学者で志士の宮部鼎蔵《ていぞう》（肥後熊本藩士）（1820～1864）を訪ねる。松陰は、アヘン戦争（1840～1842）で清が西洋列強に大敗したことを知って山鹿流兵学が時代遅れになったことを痛感する。

嘉永4年（1851）3月、西洋兵学を学ぶために、藩主に従い江戸に出て、安積艮斎《あさかごんさい》（1791～1861）、山鹿素水（1796～1857）、佐久間象山（1811～1864）に経学・兵学を学ぶ。嘉永4年（1851）7月、海防的見地からロシア艦隊の出没する東北地方に関心を抱き申請した、東北遊学の許可がおりるが、宮部鼎蔵らとの出発日の約束を守るため、長州藩からの過書手形（通行手形）の発行を待たず脱藩。現在の福島、新潟、佐渡、青森、岩手、宮城、栃木を巡る、この東北遊学では、水戸で会沢正志斎《あいざわせいしさい》（1782～1863）と面会、会津で日新館の見学を始めとして、東北の鉱山の様子等を見学。秋田では文政4年（1821）「相馬大作事件」の真相を地区住民に尋ね、津軽では津軽海峡を通行するという外国船を見学しようとした。翌年、江戸に帰着後、藩より帰国命令が出される。萩に帰り杉家自宅で謹慎。その後、脱藩の罪により藩士の身分を剥奪《はくだつ》され、父である杉百合之助の 育《はぐくみ》 となる。嘉永6年（1853）、藩主の命により、2回目の江戸遊学（諸国遊学）に出発する。嘉永6年6月マシュー・ペリーが浦賀に来航すると、再び師事した佐久間象山と黒船を視察し、西洋の先進文明に心を打たれ、外国留学を決意した。浦賀から帰ると藩主に意見書「将及私言」を提出、海防の重要性、朝廷中心の結束した国家の必要性を説く。海外を実際に体験したいと考えた松陰は、江戸を出発し、ロシア艦隊の来航した長崎へ向かう。同郷の長州藩足軽・金子重輔と長崎に寄港していたプチャーチンのロシア軍艦に乗り込もうとするが、ヨーロッパで勃発したクリミア戦争にイギリスが参戦した事から同艦が予定を繰り上げて出航した為に失敗。安政元年（1854）1月にペリーが日米和親条約締結の為に再航した際には、3月、金子重輔と二人で伊豆下田港に停泊中のポーハタン号へ赴き、乗船して密航を訴えるが拒否された（一説ではペリーの暗殺を計画していたともいわれる）。松陰は乗り捨てた小舟から発見されるであろう証拠が幕府に渡る前に下田町隣村の名主に自首し、下田で取調べを受けた後、伝馬町の牢屋敷に送られ

マシュー・ペリー

会沢正志斎

た。この密航事件に連座して佐久間象山も投獄されている。幕府の一部ではこのときに佐久間、吉田両名を死罪にしようという動きもあったが、老中首座の阿部正弘（１８１９～１８５７）が反対したため、助命されて長州へ檻送され野山獄に幽囚される。金子は士分以下の者が入る岩倉獄へ投獄される。松陰は、獄中で密航の動機とその思想的背景を『幽囚録』に著す。「伏見に幕府を移し京都を中心とした防衛網を引き強力な統一軍事国家を作る事、北はカムチャッカから南はルソンを領有せよと唱え、幕府・天子・藩公の為には死も厭わぬ」。松陰は、この野山獄で、後に松下村塾の教授となる富永有隣《ゆうりん》（１８２１～１９００）と出会う。このときより「二十一回猛士」の別号を用いる。生涯21回の猛心を発しようとの覚悟である。時に25歳。また同獄の人に「孟子」の講義を行う。唯一の女性の友人ともいうべき高須久《たかすひさ》との交流が始まるのもこのときである。松陰はこの女性をも獄中教化運動に入れた。往復の和歌が数首ある。高須久は獄中にいた唯一の女囚といい、当時37歳で在獄2年だった。藩士高須某の未亡人で、素行上の問題で家族からの借牢願いにより下獄したらしい。封建社会における女性圧迫の犠牲者だろう。安政6年（１８５９）、松陰が江戸送りとなるとき、久が手布巾《てふきん》を贈ったことは松陰自身が書き残し、歌も詠んでいる。「箱根山越すとき汗の出でやせん　君を思ひてふき清めてん」というのである。また俳句としては「一声をいかで忘れんほととぎす」という松陰の句に対し、久の「手のとはぬ雲に樗《おうち》の咲く日かな」の応答がある。こうしたことから在獄中、松陰と久の間に恋愛関係があったのではないかとの説がある。

安政2年12月に出獄を許されたが、生家・杉家に幽閉の処分となる。家族の希望で「孟子」の講義を始める。安政3年（１８５６）宇都宮黙霖《もくりん》（１８２４～１８９７）からの書簡に刺激を受け、一君万民論を彫琢《ちょうたく》。天皇の前の平等を語り、「普天率土の民……死を尽して以て天子に仕へ、貴賤尊卑を以て之れが隔限を為さず、是れ神州の道なり」との断案を下す。諸国を巡歴した、徹底した尊王論者・宇都宮黙霖は、安政3年8月萩に赴き、吉田松陰の「幽囚録」を読んで感動し、獄中の松陰に書を送って文通を繰り返したという。

安政4年（1857）松陰は11月に、叔父が主宰していた松下村塾の名を引き継ぎ、杉家の敷地に松下村塾を開塾する。この松下村塾において松陰は久坂玄瑞や高杉晋作、伊藤博文、山県有朋、吉田稔麿、入江九一、前原一誠、品川弥二郎、山田顕義などの面々を教育していった。なお、松陰の松下村塾は一方的に師匠が弟子に教えるものではなく、松陰が弟子と一緒に意見を交したり、文学だけでなく登山や水泳なども行うという「生きた学問」だったといわれる。

同門下生のひとり正木退蔵（1846～1896）の回顧によれば、身辺を構わず常に粗服、水を使った手は袖で拭き、髪を結い直すのは2ヶ月に1度くらい、言葉は激しいが挙措《きょそ》（立ち居振る舞い）は穏和であったという。正木退蔵は、明治9年（1876）、海外留学生の監督として再渡英し、化学や物理学などのお雇い外国人教師を日本へ紹介する。スティーヴンソン父・トマスの教えを受けた退蔵は、滞英中にロバート・ルイス・バルフォア・スティーヴンソン(Robert Louis Balfour Stevenson)（1850～1894）に会い、師松陰についての情報を提供、スティーヴンソンが著した〝YOSHIDA-TORAJIRO〟（1880年発表）は、世界最初の松陰伝となった。

安政5年（1858）7月、幕府が無勅許で日米修好通商条約

正木退蔵

を締結したことを知って激怒し、藩主毛利敬親《たかちか》に幕府への諫争《かんそう》を建言、11月、老中首座である間部詮勝《まなべあきかつ》（1804～1884）の暗殺を計画する。だが、弟子の久坂玄瑞、高杉晋作や桂小五郎（木戸孝允）らは反対して同調しなかったため、計画は頓挫した。さらに松陰は、幕府が日本最大の障害になっていると批判し、倒幕をも持ちかけている。いよいよ長州藩は警戒した。12月藩命により野山獄に再幽囚される。遂には藩も幕府も朝廷もなく、自分一人の肉体こそが頼りという、草莽崛起《そうもうくっき》の論に達する。一切の既存勢力に頼らない変革を求めたのである。

安政6年（1859）2月、計画に協力した門下生・入江杉蔵（九一）（1837～1864）が岩倉獄へ投獄される。京で計画を実行できなくなった入江杉蔵の弟・野村和作（靖）（1842～1909）も自首し、萩に護送され、岩倉獄へ投獄される。同年4月19日、幕府から松陰を江戸に送致する旨の命が下される。5月14日萩に伝えられると、松陰との別れを惜しみ多数の塾生や友人たちが松陰の元を訪問。久坂玄瑞の提案で松浦松洞《しょうどう》（1837～1862）が松陰の肖像画を描き、自ら賛（画に添える文）を書く。松陰は江戸送致の前日、自宅に戻り、家族に別れを告げる。5月25日、野山獄から江戸に向け萩を発つ。約1ヶ月後6月4日江戸に到着。長州藩桜田藩邸の牢屋に入れられたのち、評定所から呼び出され、伝馬町牢獄へ投獄される。松陰は老中暗殺計画を自供して自らの思想を語った。10月20日、「永訣書」、「諸友に語ぐる書」を書く。25日死を予知して遺書「留魂録」を書き始め、翌日の暮れにおよぶ。その同年10月27日に江戸伝馬町の獄において斬首刑に処された。享年30（満29歳没）。生涯独身であった。

獄中にて遺書として門弟達に向けて書き残した「留魂録」、その冒頭に記された辞世は〝身はたとひ　武蔵の野辺に朽ちぬとも　留め置かまし大和魂〟。また、家族宛の「永訣書」に記された〝親思う心にまさる親心けふのおとずれ何ときくらん〟も辞世として知られている。また留魂録では取り調べのときの様子や捏造口書《ねつぞうこうしょ》に署名させられた松陰の無念さなども記されている。留魂録と永訣書は、松陰の処刑後、獄内の牢名主の協力で門弟の飯田正伯《しょうはく》（1825〜1862）の手に伝わり、萩の高杉晋作らの主だった塾生に宛てて送られたために、今にいたってもこれら辞世の句が伝えられている。

処刑後、小塚原回向院下屋敷常行庵（現・東京都荒川区）に葬られたが、文久3年（1863）に高杉晋作ら攘夷派の志士達により現在の東京都世田谷区若林（松陰神社）に改葬された。この一帯は江戸時代から長州毛利藩主・毛利大膳大夫《だいぜんだいぶ》の別邸のあったところで大夫山と呼ばれていた。

明治15年（1882）11月21日、松陰門下が相謀り、墓畔に社を築いて御霊を祀り忠魂の鎮座するところとなる。松陰神社である。他の墓は山口県萩市の護国山他。

99 文《ふみ》が再嫁した楫取素彦《かとりもとひこ》

楫取素彦（1829〜1912）は「松門」関係者として無名に近い人であるが、もとは「小田村伊之助」として、藩校明倫館の儒者で松陰の後継者として一時村塾を主宰し、藩主側近として活動した。

文政12年3月15日、長門国萩魚棚沖町（現・山口県萩市）に藩医・松島瑞蟠の次男として生まれる。兄に松島剛蔵、弟に小倉健作がいる。小田村家の養子となるのは天保11年（1840）で、その家は世々儒官であった。

弘化元年（1844）明倫館に入り、同4年（1847）19歳で司典助役兼助講となる。22歳、大番役として江戸藩邸に勤め、安積艮斎《あさかごんさい》・佐藤一斎に教えを受ける。

嘉永4年（1851）5月、江戸遊学の吉田松陰と知り合う。

嘉永6年（1853）8月、松陰妹・寿《ひさ》を娶《めと》る。松陰との関係は更に密接となり、以後公私にわたる。

安政2年（1855）4月、明倫館舎長書記兼講師見習となる。

安政3年（1856）2月相模出衛を命ぜられ、同4年（1857）4月帰国、明倫館都講役兼助講となる。この頃から松陰の教育事業はようやく盛んになり、翌5年（1858）11月松下村塾閉鎖まで、小田村は直接関係は無かったが、松陰の信頼厚く、初めはその計画に参与し、また時々訪問し間接の援助を与え塾生とも相知ることとなる。松陰の激論を受け止め相敬《あいけい》愛するところは両人の交わりの特色である。吉田松陰投獄後は塾生指導の任に当たり、国事に忙しくなると、塾の世話ができなくなったが、明治以後杉民治と共に一門の中心となって、松陰の顕彰に尽力。吉田松陰は、安政6年5月に幕府からの召喚命令を受けて「萩」を

楫取素彦（前列中央）、向かって右隣は美和子（文）

出発するにあたって、小田村に松下村塾の後事を託した。その時の言葉が有名な「至誠にして動かざる者未だかつて有らざるなり」という「孟子」のことばとされる。

安政6年（1859）11月、明倫館教授（助教）となり、藩主毛利敬親《たかちか》の側儒に抜擢される。

万延元年（1860）山口講習堂及び三田尻越氏塾《えっしじゅく》で教える。

文久元年（1861）以後は専ら藩主に従って江戸・京都・防長の間を東奔西走し、藩政中枢に参与。

元治元年（1864）10月、藩の恭順派のために政務員を解任、12月野山獄に投ぜられ、翌慶応元年（1865）2月出獄する。5月には藩命により当時太宰府滞在中の五卿（七卿落ちの7人から錦小路頼徳と澤宣嘉を除いた5人）を訪ねる。四境《しきょう》戦争の時は、広島へ出張の幕軍総督への正使宍戸璣《たまき》（山県半蔵）の副使となり、幕府と交渉した。

慶応3年（1867）4月高杉晋作が死去、同居の野村望東尼《ぼうとうに》を小田村伊之助が引き取る。9月、藩命により小田村伊之助は「楫取素彦」に改名。「楫《かじ》を取る」としたのは、祖先が「萩藩御船手組《おふなてぐみ》」であったことに因む。冬、長州藩兵上京の命を受け諸隊参謀として出征する。公卿諸藩の間を周旋し、遂に「鳥羽・伏見の戦い」において、江戸幕府の死命を制するに至った。

明治維新政府の「参与」となったが、すぐに免官し帰国して藩に出仕。

明治3年（1870）2月山口藩権大参事、3月初代の三田尻宰判管事に就任、明治5年（1872）に足柄県参事（1872〜1874）となり、小田原着任。明治7年（1874）に熊谷県権令（1874〜1876）、明治9年（1876）の熊谷県改変に伴って新設された群馬県令（1876〜1884）となった。楫取の明治17年（1884）までの在任中に群馬県庁移転問題で前橋が正式な県庁所在地と決定され、高崎から楫取は反発を受けた。が、高崎にあった県庁を前橋に移し、群馬県を全国屈指の養蚕と教育県として発展させた。そして彼の作った前橋の街には、平成26年（２０１４）「世界文化遺産」となった「富岡製糸場」がある。富岡製糸場は明治５年（１８７２）、明治政府が日本の近代化のために最初に設置した模範器械製糸場だ。明治９年（１８７６）４月群馬県令となった楫取は、その発展のため県内各地を巡り製糸業の振興に務め、その後の発展の功労者でもある。また「明治の三老農」の一人・船津伝次平《でんじべい》に駒場農学校へ奉職するよう勧めている。

明治14年（１８８１）１月30日、妻・寿《ひさ》（享年43）を失う。寿はよく家を守り、二児を育てる。夫の入獄・四境戦争のときは烈婦として名を馳せる。明治16年５月、松陰のもう一人の妹・文《ふみ》（久坂玄瑞の未亡人、美和子と改称）と再婚。

明治17年（１８８４）、楫取素彦は７月元老院議官となり東京着任。群馬を去る際、数千人の群馬県民が沿道で別れを惜しむほど人気だったという。

明治20年（１８８７）、男爵となり華族の列に入る。

明治22年、吉田松陰没後30年を迎え、楫取は荒廃した塾舎を見かね、その保存と共に、松陰の功績を称えるように呼び掛ける。翌年、塾舎の保存工事が実現し、松陰を祀る小さな祠も建てられた。

明治23年（１８９０）10月20日、錦鶏間祗候《きんけいのましこう》となる。

明治26年、この頃、それまで住んでいた東京から、現在の防府市岡村町に屋敷を構えた。

明治27年（１８９４）、故野村望東尼に贈正五位の宣下、８月墓を新築し、望東尼の命日、11月６日に、楫取素彦が祭主となり落成式兼追祭を執行。

明治30年（１８９７）７月10日、楫取素彦は貴族院議員（男爵議員）に選ばれる。同年から明治帝の皇女御用掛となり、第10皇女貞宮に仕えた。美和子（文）も御付になり、青山離宮の貞宮御殿に勤仕した。貞宮多喜子内親王は明治32年１月11日世を去られ、二人は防府町三田尻岡村に戻る。

明治35年（1902）、三田尻で行われた「菅公一千年式年大祭」で奉賛会総裁となる。

明治37年7月10日、貴族院議員（男爵議員　二期目）に選ばれる。

明治44年（1911）7月10日、貴族院議員を退任。

大正元年（1912）8月14日、山口県の三田尻（現・防府市）で死去。享年84。没後に正二位に追叙され、勲一等瑞宝章を追贈された。

群馬県令楫取素彦

楫取は製糸場開設から4年後の明治9年（1876）、第二次群馬県の初代県令に就任。政府から養蚕県群馬の近代化を託され、生糸が最大の輸出品だった時代に、県令として8年間、養蚕、製糸業の発展と教育振興に力を注いだ。明治維新政府の最高官庁「太政官」は明治13年（1880）11月、全国の官営工場の払い下げ案を示したが、富岡製糸場は規模が大き過ぎて民間資本の希望がなく、翌年には「請願人がいない場合は閉場」する方針が決まった。このため、楫取は富岡製糸場が全国製糸工場の模範となったことや欧米にも名声が広まっていることを指摘し「政府がこれ（富岡製糸場）を廃滅すれば工業が日新の今日、各国に対してすこぶる恥。（中略）しばらく官設に」などと記した意見書を農商務省へ明治14年（1881）11月に提出。政府は翌年には官営製糸場の継続を決め、明治26年（1893）に三井家が所有するまで官営が続いた。その後、明治35年（1902）には原合名会社に譲渡され、御法川《みのりかわ》式繰糸機による高品質生糸の大量生産や、蚕種《さんしゅ》の統一などで注目された。昭和13年（1938）には株式会社富岡製糸所として独立したが、昭和14年（1939）には日本最大の製糸会社であった片倉製糸紡績株式会社（現・片倉工業株式会社）に合併された。その後、戦中・戦後と長く製糸工場として操業したが、生糸値段の低迷などによって昭和62年（１９８７）３月ついにその操業を停止。その後も場内のほとんどの建物は大切に保存されている。群馬県庁の裏に「楫取素彦の顕彰碑」が建っている。

楫取（小田村）寿

楫取素彦の最初の妻、寿は、杉百合之助の二女で吉田松陰の実妹である。15歳で藩儒小田村伊之助（のちの男爵楫取素彦）の妻となった。安政元年（１８５４）、長男篤太郎が出生した際、兄松陰から「お寿若くして偏癖の気あり、この気恐らくは生まれる子の患いとならん」と勝気な気性を戒められている。楫取素彦が勤王活動や維新後県令（熊谷県、栃木県など）を勧め上げた功績に大いに内助の功があったという。明治14年（１８８１）、風邪がもとで胸膜炎を併発し、43歳で他界した。楫取素彦は、寿の後添えとして松陰の末妹の文と再婚した。

100 松陰弟子の高杉晋作《しんさく》

高杉晋作（１８３９～１８６７）は、江戸時代後期の長州藩士。幕末に長州藩の尊王攘夷の志士として活躍した。奇兵隊など諸隊を創設し、長州藩を倒幕に方向付けた。

長門国《ながとのくに》萩城下菊屋横丁（現・山口県萩市南古萩町）に長州藩士・高杉小忠太（大組・２００石）・道《みち》の長男

として生まれる。武《たけ》、栄《はえ》、光《みつ》の三人の妹がいる。高杉家は戦国時代毛利家中興の祖・毛利元就《もとなり》からの家臣であり、代々毛利家に仕えてきた名門。父、祖父は藩の重要な仕事に就いてきたこともあり、高杉家の武士としての誇りを持って育っていった。

諱は春風《はるかぜ》。通称は晋作、東一、和助。字は暢夫《ちょうふ》。号は初め楠樹、後に東行と改め、東行狂生、西海一狂生、東洋一狂生とも名乗った。他に些々などがある。変名を谷梅之助、備後屋助一郎、三谷和助、祝部太郎、宍戸刑馬、西浦松助など。のち、「谷潜蔵」と改名。

弘化3年（1846）8歳の時に寺子屋「吉松塾」に入り、後に晋作と共に松下村塾の双璧と言われた久坂玄瑞（年齢は晋作の1歳下）と出会う。

嘉永元年（1848）、10歳の頃に天然痘（疱瘡）を患う。12月6日に高熱を出し、9日に至ってはっきりとした症状が現れ、一時は絶望かと思われたが、シーボルトについて西洋医学を学んだことがある青木周弼《しゅうすけ》（1803～1864）の診断により、ようやく一命を取り留めた。しかし、後遺症として「あばた」が顔に残り、以後「あずき餅」とあだ名されることになる。

漢学塾（吉松塾）を経て、嘉永5年（1852）14歳に藩校の明倫館に入学。内藤作兵衛に柳生新陰流剣術も学び、のち免許を皆伝される。

安政4年（1857）19歳には、幼馴染の久坂玄瑞に誘われ生涯の師・吉田松陰が主宰していた松下村塾に入り、久坂玄瑞、吉田稔麿、入江九一と共に「松門四天王」と呼ばれた。ペリー来航時に黒船の艦隊に乗り込み密航を企てるなど国禁を犯していた松陰を晋作の家族は快く思っていなかったが、単なる知識ではなく、物事を実践する知識として教えていく松陰に晋作は引き込まれていった。松陰の下で一心不乱に勉学を始め、「人物・高杉晋作」が形成されていった。そして、晋作と玄瑞は、松下村塾の双璧として、たちまち人々の知るところとなった。

安政5年（1858）7月20日には藩命で江戸へ遊学の途に上り、8月大橋訥庵《とつあん》の大橋塾で学び、11月昌平坂学問所に入る。当時の最高学府で学ぶものの、晋作は久坂玄瑞への手紙で「江戸の学問は面白くない」と記している。

安政6年（1859）には師の松陰が安政の大獄で捕らえられると伝馬町獄を見舞って、獄中の師を世話をし、よく学ぶが、藩より命ぜられて10月に萩に戻る途中で、江戸出10日後、松陰は処刑される。安政6年（1859）11月26日、長州藩の要職・周布政之助《すふまさのすけ》に宛てた手紙で「松陰先生の仇は必ず取ります」と激しい怒りを書き記す。

高杉雅

万延元年（1860）11月に帰郷後、防長一の美人と言われた山口町奉行井上平右衛門（大組・250石）の次女・雅《まさ》と結婚する。晋作は22歳、雅は16歳。同年12月10日明倫館舎長より都講《とこう》（塾頭）に進む。
文久元年（1861）1月、父小忠太の跡を継いで毛利藩世子毛利定広（のちの元徳《もとのり》）の小姓役となる。3月には海軍修練のため、藩の所蔵する軍艦「丙辰丸」に乗船、江戸へ渡る。神道無念流練兵館道場で剣術稽古。8月には北関東、北陸遊学・試撃行《しげきこう》を行い、笠間の加藤有隣《ありちか》、松代《まつしろ》の佐久間象山、福井の横井小楠《しょうなん》などの名士に会う。

文久2年（1862）5月には藩命で、五代友厚らと共に、幕府使節随行員として長崎から幕府船千歳丸に乗船し中国の上海へ渡航、清《しん》が欧米の植民地となりつつある実情や、太平天国の乱を見聞して7月に帰国、日記の「遊清五録」によれば大きな影響を受けたとされる。

長州藩では、高杉の渡航中に守旧派の長井雅楽《うた》らが失脚、尊王攘夷（尊攘）派が台頭し、高杉も桂小五郎（木戸孝允《たかよし》）や久坂義助（久坂玄瑞）たちと共に尊攘運動に加わり、江戸・京都において勤王・破約攘夷の宣伝活動を展開し、各藩の志士たちと交流した。

同年、高杉は「薩藩はすでに生麦に於いて夷人を斬殺して攘夷の実を挙げたのに、我が藩はなお、公武合体を説いている。何とか攘夷の実を挙げねばならぬ。藩政府でこれを断行できぬならば」と論じていた。高杉は、世子に公武合体周旋策の放棄、富国強兵策を忠諫して亡命する。折りしも、外国公使がしばしば武州金澤（金澤八景）で遊ぶからそこで刺殺しようと同志（高杉晋作、久坂玄瑞、大和弥八郎、長嶺内蔵太、志道聞多《しじ》（井上馨）、松島剛蔵、寺島忠三郎、有吉熊次郎、赤禰《あかね》幹之丞（武人《たけと》）、山尾庸三、品川弥二郎）が相談した。しかし久坂が土佐藩の武市半平太に話したことから、これが前土佐藩主・山内容堂を通して長州藩世子・毛利定広に伝わり、無謀であると制止され実行に到らず、江戸櫻田邸内に謹慎を命ぜられる。

この過程で、長州藩と朝廷や他藩との提携交渉は、専《もっぱ》ら桂や久坂が担当することとなる。同年12月12日には、幕府の異勅に抗議するため、同志と共に品川御殿山に建設中の英国公使館焼き討ちを行う。長州藩対幕府の戦争を勃発させるという計画だった。

文久3年（1863）1月、松門、知友らと、松陰の遺骨を小塚原から回収、頼三樹三郎の遺骨と共に、武蔵国荏原郡若林村に改葬。3月上洛、尊攘運動の興奮を厭《いと》い10年間の暇を乞う。「西へ行く人を慕ふて東行く　心の底ぞ神や知るらん」と帰国、吉田松陰の生誕地である松本村に草庵を結び僧形となり、西行《さいぎょう》にちなみ、

「東行《とうぎょう》」と号して萩に隠棲する。

同年5月10日、幕府が朝廷から要請されて制定した攘夷期限が過ぎると、長州藩は関門海峡において外国船砲撃を行うが、逆に米仏の報復に逢い惨敗する（下関戦争）。

直後の6月、高杉は藩命により下関の防衛を任せられ、馬関総奉行手元役となり、次いで政務座役に上がる。6月6日には廻船問屋の白石正一郎邸において身分に因らない志願兵による「奇兵隊」を入江九一らと結成し、奇兵隊開闢（初代）総督を兼ねる。奇兵隊の「奇」は正規軍の「正」に対する「奇」であった。阿弥陀寺（赤間神宮）を本拠とするが、9月には「教法寺事件」の責任を問われ総監を罷免された。奇兵隊が正規軍先鋒隊の宿舎に押し入って、隊士を斬り殺すという事件であった。


京都では薩摩藩と会津藩が結託したクーデターである文久3年（1863）「八月十八日の政変」で長州藩が追放されたのち、長州藩内に高まる武力上洛論に反対、元治元年（1864）1月、高杉は京坂へ潜伏する。長州藩遊撃隊総督・来島又兵衛は入京して藩主の冤《えん》を雪《そそ》がんとの強硬論者であったが、高杉はこれを阻止するため激論の後、亡命して、大坂に待機し画策中の久坂玄瑞・入江九一らと面会し、共に活動しようとしたが、世子が直筆の手紙を書き、近侍岡部繁之助（1842～1919）及び山県甲之進を遣わし、召還したので遂に2月には帰郷するが、脱藩の罪で野山獄に3月末に投獄され、6月には出所して謹慎処分となる。

7月、長州藩は「禁門の変」で敗北して朝敵となり、来島又兵衛は戦死、久坂玄瑞は自害する。8月には、イギリス、フランス、アメリカ、オランダの四ヶ国連合艦隊が下関を砲撃、砲台が占拠されるに至ると、晋作は赦免されて和議交渉を任される。時に高杉晋作、25歳であった。交渉の席で通訳を務めた伊藤博文の後年の回想によると、この講和会議において、連合国は数多の条件と共に「彦島の租借」を要求してきた。高杉はほぼ全ての提示条件を受け入れたが、この「領土の租借」についてのみ頑として受け入れようとせず、結局は取り下げさせることに成功した。これは清国の見聞を経た高杉が「領土の期限付租借」の意味するところ（植民地化）を深く見抜いていたからで、もしこの要求を受け入れていれば日本の歴史は大きく変わっていたであろうと伊藤博文は自伝で記している。ただし、このエピソードは当時の記録にはなく、ずっと後年の伊藤の回想に依拠しているため、真実か否かは不明。

この講和談判をきっかけに、長州藩は尊王攘夷から尊王討幕に転換した。

幕府による第一次長州征伐が迫る中、長州藩では幕府への恭順止むなしとする保守派（高杉は「俗論派」と呼び、自らを「正義派」と称した）が台頭し、危機を察して10月には福岡へ逃れる。平尾山荘に匿われるが、俗論派による11月11日の正義派家老の処刑を聞き、再び下関へ帰還。功山寺にいる五卿の前で「今こそ長州男児の肝っ玉をご覧に入れます」と気勢を挙げ、12月15日夜半、伊藤俊輔（博文）率いる力士隊、石川小五郎率いる遊撃隊ら長州藩諸隊を率いて功山寺で挙兵。下関で長州藩の奉行所を襲撃、そして三田尻で奇襲攻撃をしかけ、藩の軍艦3艇を強奪。この活躍に奇兵隊ら他の諸隊も次々に同調、兵力はどんどん増えていき、2000人にも達する規模となる。大田・絵堂の戦いを皮切りに、次々に正規軍と交戦し勝利していき、元治2年（1865）2月2日には俗論派の首魁《しゅかい》・椋梨藤太《むくなしとうた》らを排斥して藩の実権を握り、藩論を倒幕に統一することに成功する。同月、海外渡航を試みて長崎でイギリス商人グラバーと接触するが、反対される。4月には、下関開港を推し進めたことにより、攘夷・俗論両派に命を狙われたため、愛妾・おうの（後の梅処尼）と共に脱藩して四国へ逃れ、日柳燕石《くさなぎえんせき》を頼る。6月に桂小五郎の斡旋により帰郷。

慶応元年（1865）1月11日付で晋作は高杉家を廃嫡されて「育《はぐくみ》」扱いとされ、そして同年9月29日、藩命により「谷潜蔵」と改名する。晋作は再度の長州征討に備えて、防衛態勢の強化を進める。

慶応2年（1866）1月21日（一説には1月22日）、土佐藩の坂本龍馬・中岡慎太郎・土方久元を仲介として、晋作も桂小五郎・井上聞多（馨）・伊藤俊輔（博文）たちと共に進めていた薩長盟約が京都薩摩藩邸で結ばれる。

5月には伊藤俊輔とともに薩摩行きを命ぜられ、長崎で蒸気船「丙寅丸」（オテントサマ丸）を購入。

6月の第二次長州征伐（四境戦争）では幕府は、まず大島口を攻撃、あっと言う間に周防大島を占領した。この知らせを聞いた長州藩は、高杉晋作を現地に派遣。高杉は海軍総督として「丙寅丸《へいいんまる》」に乗り込み、周防大島沖に停泊する幕府艦隊を夜襲してこれを退け、林半七率いる第二奇兵隊等と連絡して周防大島を奪還。芸州口では井上聞多（馨《かおる》）、石州口では大村益次郎の活躍により勝利。周防大島から戻った高杉は、小倉方面の戦闘指揮ではまず軍艦で門司・田ノ浦の沿岸を砲撃させた。その援護のもと奇兵隊・報国隊を上陸させ、幕軍の砲台、火薬庫を破壊し幕府軍を敗走させた。その後さらに攻勢に出るも小倉城手前で肥後藩細川家の猛反撃に合い、一時小康状態となる。細川家は元の小倉城主であった。

しかし、幕府軍総督・小笠原長行《ながみち》の臆病な日和見ぶりに激怒した肥後藩細川家をはじめとする幕府軍諸藩が随時撤兵し、7月には将軍・徳川家茂《いえもち》の死去の報を受けた小笠原長行がこれ幸いと小倉城に放火

山県狂介（有朋）

し戦線を離脱したため幕府敗北は決定的となる。この敗北によって幕府の権威は大きく失墜し、翌慶応3年（1867）10月の大政奉還への大きな転換点となった。

慶応3年（1867）3月29日には新知100石が与えられ、谷家を創設して初代当主となる（明治20年、晋作の遺児・谷梅之進が高杉東一《とういち》と改名し現在に至る）。高杉本家は義兄の春棋が継いだ。

その後、晋作自身は、慶応2年8月頃からの肺結核のため桜山で療養生活を余儀なくされ、慶応3年（1867）4月14日、江戸幕府の終了を確信しながらも大政奉還を見ずしてこの世を去る。享年29。「おもしろきこともなき世をおもしろく」という辞世の句を残したとされる。臨終には、父・母・妻と息子がかけつけ、野村望東尼と山県狂介（有朋）、田中顕助が立ち会ったとされるが、田中の残した日記によれば、彼はその日京におり、詳細は定かではない。遺骸は長門厚狭郡吉田村（下関市）に葬り、遺髪を萩の松陰墓地の近くに埋める。

なお、木戸孝允・大村益次郎らによって、現在の靖国神社に、東京招魂社時代の始めから吉田松陰・久坂玄瑞・坂本龍馬・中岡慎太郎たちと共に表彰・鎮魂され祀られている。

栄典は贈正四位、明治24年（1891）4月8日。

歴史読本　図説　幕末女性伝		1999
別冊歴史読本 子孫が語る幕末維新人物 100		1979
別冊歴史読本 事典にのらない日本史有名人の子ども		2004
ある日の松下村塾 玄瑞のお嫁さん（別冊歴史読本吉田松陰と松下村塾の青春所収）	古川薫	1989
頼三樹三郎	安藤英男	1974

■新日本教育図書

松下村塾と吉田松陰― 維新史を走った若者たち	古川薫	1996

■叢文社

討幕軍師　平野国臣	日下藤吾	1988

■大和書房

高杉晋作と久坂玄瑞	池田諭	1993

■宝島社

新撰組“散りざま”列伝 （別冊宝島 2036）		2013

■たちばな出版

新篇 吉田松陰	奈良本辰也	2004
幕末維新人物列伝	奈良本辰也	2005

■筑摩書房

山県有朋（ちくま文庫）	半藤一利	2009
龍馬と八人の女性（ちくま文庫）	阿井景子	2009

■致知出版社

吉田松陰	川口雅昭	2011

■中央公論社

醒めた炎―木戸孝允〈上下〉	村松剛	1987

■中央公論新社

大久保利通 （中公新書―維新前夜の群像（190））	毛利敏彦	1969
長州奇兵隊―勝者のなかの敗者たち（中公新書）	一坂太郎	2002
幕末の長州―維新志士出現の背景	田中彰	1966
評伝　佐久間象山〈上下〉 （中公叢書）	松本健一	2000

■展転社

心に生きる日本人―歴史を彩る人物列伝	杉田幸三	1996

■東京図書出版会

国の扉―桂小五郎伝	水嶋元	2013

■西日本新聞社

平野国臣（西日本人物誌）	小河扶希子（著）・ 岡田武彦（監修）	2004

■日本評論社

京の花街―ひと・わざ・まち	太田達・ 平竹耕三	2009

■日本放送出版協会

松陰と女囚と明治維新 （NHK ブックス）	田中彰	1991

■ PHP 研究所

完全保存版 幕末維新なるほど人物事典	泉秀樹	2004
新選組日記（PHP 新書）	木村幸比古	2003
「適塾」の研究― なぜ逸材が輩出したのか	百瀬明治	1985

■文芸社

幾松物語	美原研	2000

■文藝春秋

花冠の志士　小説久坂玄瑞 （文春文庫）	古川薫	2014
高杉晋作―わが風雲の詩 （文春文庫）	古川薫	1995

■北斗書房

鴨の流れ第十五号	京都 維新を語る会	2012

■マツノ書店復刻版

久坂玄瑞	武田勘治	1998
品川弥二郎伝	奥谷松治	2014
吉田松陰の母	福本義亮	2014
涙袖帖～久坂玄瑞とその妻	伊賀上茂	2014

■ミネルヴァ書房

江戸の旅人吉田松陰― 遊歴の道を辿る	海原徹	2003

■公益財団法人毛利報公会

男爵楫取素彦の生涯	楫取素彦顕彰会	2012

■山川出版社

木戸孝允― 「勤王の志士」の本音と建前	一坂太郎	2010
山口県の歴史	小川国治編	1998
山口県の歴史散歩	山口県の歴史散歩 編集委員会	2006
レンズが撮らえた 幕末明治の女たち	小沢健志（監修）	2012

■山口県教育会

松陰と道	山口県教育会	1991

■山口県立博物館

激動の長州藩	小山良昌	1990
長州藩　幕末維新の群像	石原啓司	1991

■雄山閣出版

芸者論― 神々に扮することを忘れた日本人	岩下尚史	2006
日本花街史	明田鉄男	1990

■洋泉社

山県有朋の「奇兵隊戦記」	一坂太郎	2013

■吉川弘文館

木戸孝允（幕末維新の個性 8）	松尾正人	2007
月照（人物叢書）	友松円諦	1988
長州と萩街道（街道の日本史）	小川国治編	2001
明治維新人名辞典	日本歴史学会編	1981

主な参考文献

■暁教育図書

日本の女性の歴史 10 幕末維新の女性		1978

■秋田書店

歴史と旅　06 巻 05 号 (特集：徳川三百年の女性史)		1979
歴史と旅　07 巻 01 号 (特集：幕末維新の女性史)		1980
歴史と旅　08 巻 13 号 (特集：藩史の秘話・逸話 50 選)		1981
歴史と旅　09 巻 10 号 (特集：坂本龍馬光芒の生涯)		1982
歴史と旅　10 巻 10 号 (特集：大江戸の女性秘話 50 選)		1983
歴史と旅　11 巻 10 号 (特集：徹底調査　近藤勇)		1984
歴史と旅　11 巻 14 号 (特集：幕末維新暗殺剣)		1984
歴史と旅　12 巻 03 号 (特集：花ひらく明治の女性たち)		1985
歴史と旅　昭和 55 年 6 月号 (特集：大江戸の秘話 50 選)		1980
歴史と旅　昭和 56 年 7 月号 (特集：京都の史話 50 選)		1981

■朝日新聞出版

高杉晋作の「革命日記」(朝日新書)	一坂太郎	2010

■朝日新聞社

日本歴史人物事典		1994

■郁朋社

芹沢鴨の生涯—新選組異聞	城井友治	1988

■一水社

龍馬を支えた女たち— 「女性の視点」から歴史ドラマの主人公を考察	幕末維新英傑顕彰会	2009

■岩波書店

岩波日本史辞典	永原慶二・ 石上英一他	1999

■ NHK 出版

清河八郎の明治維新 草莽の志士なるがゆえに (NHK ブックス)	高野澄	2004

■学陽書房

勝海舟(人物文庫)	村上元三	2004
高杉晋作(人物文庫)	三好徹	1996

■角川書店

西郷隆盛(角川文庫)	池波正太郎	2006
新選組血風録(角川文庫)	司馬遼太郎	2003

■角川学芸出版

京の花街ものがたり	加藤政洋	2009
高杉晋作　情熱と挑戦の生涯 (角川ソフィア文庫)	一坂太郎	2014

■楫取素彦顕彰会

楫取素彦読本	中村紀雄	2013

■河出書房新社復刻

維新風雲回顧録(河出文庫)	田中光顕	1990

■京都新聞社

おんなの史跡を歩く		2000

■京都新聞出版センター

京に燃えた女	堀野廣	2004

■京都龍馬会

近時新聞		

■幻冬舎ルネッサンス

中井桜洲　明治の元勲に最も頼られた名参謀	屋敷茂雄	2010

■廣済堂出版

幕末ものしり読本	杉田幸三	1988

■講談社

大久保利通(講談社学術文庫)	佐々木克(監修)	2004
西郷隆盛 (講談社　火の鳥伝記文庫)	福田清人	1982
高杉晋作の手紙(講談社学術文庫)	一坂太郎	2011

■小峰書店

桂小五郎—奔れ！憂い顔の剣士	古川薫	2004

■三一書房

後藤象二郎と近代日本	大橋昭夫	1993
高杉晋作　詩と生涯	冨成博	1992

■集英社

清河八郎(集英社文庫)	柴田錬三郎	1989
小説　伊藤博文—幕末青春児 (集英社文庫)	童門冬二	2004
新撰組局長首座　芹沢鴨 (集英社文庫)	峰隆一郎	1998

■松陰神社維持会

吉田松陰—維新の先達	田中俊資	1974

■祥伝社

適塾（緒方洪庵）と松下村塾（吉田松陰）—凡才を英才に変えた二大私塾の教育法	奈良本辰也・ 高野澄	1977

■新人物往来社

伊藤博文直話(新人物文庫)		2010
新選組史料集		1995
新選組追究録	万代修	1998
新選組裏話	万代修	1999
新選組銘々伝〈全 4 巻〉		2003
動乱の長州と人物群像— 松陰と晋作松下村塾の志士たち		2005
幕末維新京都史跡事典	石田孝喜	1997
幕末維新グラフティー 150 人の群像		1998
物語　幕末を生きた女 101 人 (新人物文庫)		2010
歴史読本　新選組のすべて		1980
歴史読本　特別増刊 台所日本史となりの夫婦たち		1987
歴史読本　吉田松陰とその門下		1973
歴史読本　勝海舟		1974
歴史読本　妻たちの幕末維新 「翔ぶが如くの女たち」		1990
歴史読本　新選組 10 人の組長		1997

青木繁男　著者プロフィール

■昭和7年3月
京都市下京区にて出生。同志社大学商業学部卒業
旧第一銀行入行　京都、伏見、本町、丸太町、浜松、梅田、京都支店を歴任

■平成4年3月
第一勧業銀行京都支店にて定年退職
余暇を利用し、飲食業レジャーサービス業の研究と経営コンサルタント
また、京町家と幕末、特に第一銀行の創始者渋沢栄一の研究の際、土方歳三と栄一の接点から新選組の研究へと発展。昭和35年より始める。

■平成4年3月
京町家保存会を設立。「京町家草の根保存運動開始」、行政に町家保存を訴える。

■平成5年4月
京町家動態保存のため、京町家の宿、京町家ペンションをオープン。唯一の町家の体験宿泊施設。

■平成5年7月
池田屋事件記念日を機に、新選組記念館オープン。館長就任。

■平成9年10月
（財）京都市景観・まちづくりセンターが第3セクターを設立、町家保存事業に市が動き出し、ボランティアとして調査に参画。

■平成10年11月
京都市まちづくり事業幕末ボランティアガイド塾を立ち上げ、塾長として55名の市民と幕末京都の史蹟や史実、京町家町並みの調査研究、市民や観光客に紹介運動開始。

■平成11年6月
塾活動が大きく評価をあび、NHK、KBS、読売テレビや神戸新聞、静岡新聞、京都新聞、リビング新聞に紹介される。

■平成13年3月
21日より1か月間、関西初の「土方歳三京都展」を西陣織会館にて開催。地元大手企業と連帯して、土方の新しい京都に於ける実像に迫る。

■平成14年3月
京都で初めての新選組展を西陣織会館にて開催

■平成16年1月
NHKスタジオパーク「誠」に出演

■平成20年9月15日
内閣府エイジレス受賞

■現在
宇治市観光ガイドクラブ初代代表
新京都シティ観光ボランティアガイド協会顧問
京都町づくり大学院大学　講師

あとがき

幕末の京都は、日本女性史の中でも注目すべき時代でありました。和宮様はじめ、宮廷内の女性たちが、多く政治に参画し歴史を動かして行きました。また、京に多くあった花街の女性たちが、激動の「るつぼ」となった京へ集まった血気盛んな新しい時代を切り開いていく青年たちのエネルギーにひかれてか、その恋人となり、（経済・精神・肉体の）サポーターとして時代を動かして行きます。そして維新ののち、その青年たちは日本を動かし活躍をして行きます。

「封建時代には考えられない」ことに、花街の彼女らは、維新政府高官の正夫人として鹿鳴館に代表される近代外交の舞台で大活躍をしていく事になってゆくのです。その彼女らが京都でサポートした業績をこの中に多く入れました。日本の初めての軍歌や軍旗も彼女らのアイデア、その一つであります。

佐幕か勤王で、明日の命もしれず突き進む青年たちの逸話も多く取り上げました。その青年らの子孫の方々にも色々な話をうかがいました。

今では伝説的な話が風化しないために、私は人生の最後の仕事としてこの本を出版する事にした次第であります。

これを読み「幕末京都」の強くたくましい、各層の人々、宮廷から花街の芸者さんまでを思い起こしていただければ幸いでございます。

■写真提供
青木繁男、鳥越一朗、下関市、富岡市、福岡市、公益社団法人萩市観光協会、清河八郎記念館など

新選組記念館青木繁男
調べ・知り・聞いた秘話を語る！
京都幕末おもしろばなし　百話

定　価	カバーに表示してあります
	第１版第１刷
発行日	2015年1月5日
著　者	京都史跡研究家・ふるさと探訪クラブ代表
	青木繁男（新選組記念館館長・幕末史家）
編集・校正	ユニプラン編集部（鈴木正貴・橋本 豪）
デザイン	ユニプラン編集部（岩崎 宏）
発行人	橋本 良郎
発行所	株式会社ユニプラン
	http://www.uni-plan.co.jp
	(E-mail) info@uni-plan.co.jp
	〒604-8127
	京都市中京区堺町通蛸薬師下ル　谷堺町ビル1F
	TEL（075）251-0125　FAX（075）251-0128
	振替口座／01030-3-23387
印刷所	為國印刷株式会社

ISBN978-4-89704-338-8　C0021

新選組と幕末の京都
定価 本体 1238 円+税
978-4-89704-191-9 C2026
A5 判　144 頁
19 の歩いてまわるコースガイドと、300 を超える関連史跡・石碑を実地踏査。新選組と幕末維新のゆかりの地を、歴史ガイド、写真、マップで紹介。新選組と幕末の京都を探索する最強の『歩く』ガイド！

龍馬伝 京都幕末地図本
定価 本体 762 円+税
978-4-89704-265-7 C2026
B5 判　144 頁
京都を 27 のエリアに分けて実際に歩ける地図として紹介。1エリアで 5~8 ヶ所の史跡などの紹介に加えて近隣の飲食店や休憩時の甘味処、カフェを掲載。幕末グッズや龍馬年表など特集もあり、みどころがたくさんです！

龍馬・新選組が駆けた
幕末京都めぐり地図
定価 本体 648 円+税
978-4-89704-263-3 C2026
地図：928×616mm　索引冊子付
幕末頃の様々な施設（藩邸・寺etc)、事件の跡など約 600 件を、一枚の地図に凝縮！地図を参照しながら小説などを読んでも楽しめます！

ユニプランの幕末本

本書と併せて読めば、面白さ倍増！

その時、龍馬は、新選組は
維新の胎動 幕末年表帖
定価 本体 1143 円+税
978-4-89704-264-0 C2026
A5 変形判　312 頁
幕末から明治初期にかけての日付までも明記した歴史年表で、人物写真と事蹟写真も豊富に掲載。龍馬・桂・西郷・中岡・高杉・大久保・岩倉・近藤・土方…有名・無名の志士たちが、その時何をしていたのか。時系列で幕末の動きが分かる一冊。

その時、幕末二百八十二諸藩は？
戊辰戦争年表帖
定価 本体 1500 円+税
978-4-89704-322-7 C0021
A5 判　416 頁
鳥羽伏見戦いの幕開けから甲州戦争、北越戦争、会津戦争、秋田戦争などそして翌年明治 2 年の箱館戦争までの「戊辰戦争」が、どのように、そして同時的に進んで行ったのか。寄稿 青木繁男氏「会津戦争哀歌と逸話」も収録。

明治維新・大正ロマン
文明開化の京都年表帖
定価 本体 1500 円+税
978-4-89704-317-3　C2026
A5 判　320 頁
主に明治・大正期の京都の文明開化の諸施策、京都府・市の町施策や学校の成り立ちなど紹介。学校法人同志社所蔵写真約 70 点紹介。その他貴重な古写真多数掲載。

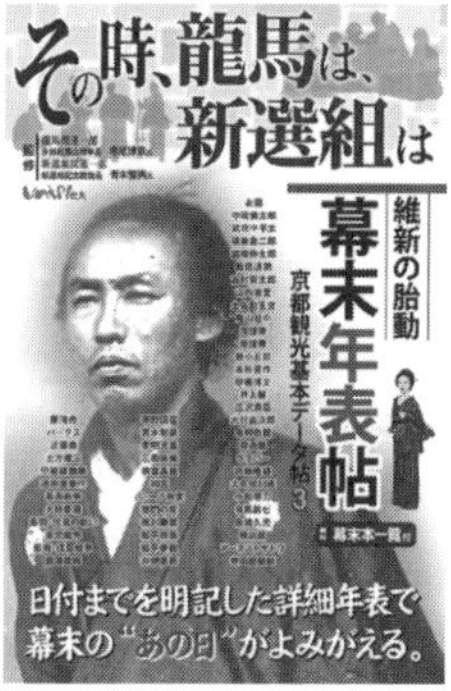